U0117989

韩向东 / 主编

DATA CENTER

数据中台

赋能企业实时经营与商业创新

人民邮电出版社

北　京

图书在版编目（CIP）数据

数据中台：赋能企业实时经营与商业创新 / 韩向东
主编. -- 北京：人民邮电出版社，2023.4
（企业数字化转型与智能财务实践系列）
ISBN 978-7-115-60639-6

Ⅰ．①数… Ⅱ．①韩… Ⅲ．①数字技术－应用－企业
经营管理－研究 Ⅳ．①F272.3-39

中国国家版本馆CIP数据核字(2023)第024752号

内 容 提 要

　　随着数字化的浪潮席卷而来，无论是个人还是企业，相信都已经真切地感受到了数字化的威力，而如何在数字化浪潮中乘风破浪，成为新时代不少企业面临的紧迫问题。

　　本书分为14章，第1至4章从业务的角度阐述数据中台的建设，并用"七步成诗"让数据中台成为企业经营的"全面赋能官"。第5至12章从技术角度阐述数据中台的应用，分为数据架构、数据治理、数据采集、数据开发、算法模型、数据标签、数据安全和数据服务8个方面。在上述内容的基础上，第13章和第14章通过综合性案例介绍数据中台在企业经营管理中推理和实时决策的过程。

　　本书特别适合非IT背景的读者（企业管理层、业务人员等）阅读。书中将晦涩难懂的IT知识采用通俗易懂的语言进行讲解，如将生活场景的运作逻辑类比讲解数据中台的运作逻辑，使得读者更容易理解。

◆ 主　　编　韩向东
　　责任编辑　刘　姿
　　责任印制　周昇亮

◆ 人民邮电出版社出版发行　　北京市丰台区成寿寺路 11 号
　　邮编　100164　电子邮件　315@ptpress.com.cn
　　网址　https://www.ptpress.com.cn
　　三河市祥达印刷包装有限公司印刷

◆ 开本：700×1000　1/16
　　印张：19　　　　　　　　　　2023 年 4 月第 1 版
　　字数：292 千字　　　　　　　2023 年 4 月河北第 1 次印刷

定价：89.80 元

读者服务热线：(010)81055296　印装质量热线：(010)81055316
反盗版热线：(010)81055315
广告经营许可证：京东市监广登字 20170147 号

新冠肺炎疫情的到来对全球经济造成影响，对于企业来说，也让数字化转型变成了必需课。无论是传统的大中型企业，还是新兴的小微企业、初创企业，都在通过数字化转型探索企业未来发展的新道路，重构企业自身的业务场景和商业模式，以期降本增效、增强抗风险能力。在国家政策和市场环境的双重推动或影响之下，数据中台建设成为众多企业推动"数字化转型"的重要突破口，越来越多的企业选择通过数据中台的建设，迈出"数字化转型"的第一步。

自中台理念推向市场起，已走过五载的发展历程，很多企业都尝试搭建属于自己的数据中台，但从结果来看，似乎大部分企业建设数据中台之路并不顺利。

从大数据平台阶段转变到数据中台阶段，最重要的变化是：以前建设平台的目的是建设"提供数据的系统"，现在变成了以"数据运营"和"数据驱动业务"为理念，建设"为业务提供公共数据服务的系统"，但是很多企业投入大量的资金和人力，最后还是把数据中台建成了一个"提供数据的系统"，而不是建成"为业务提供数据服务的系统"。为什么会这样呢？本书提到了一个重要的观点，也正是这个观点给我们提供了这个问题的根本原因和破解之道，那就是成功建设数据中台的第一步，首先要求建设者具备"数据和业务相融合"的思维。

建立"数据和业务相融合"的思维，需要破除以前的"业务是数据的需求方，IT是数据的提供方"的惯性思维，要让业务变成数据中台建设的重要参与者，甚至是主导者，只有这样才能让数据中台有效地服务业务，为业务带来持续的价值。那么从业务的视角讲清楚数据中台的组成、结构和功能就变得十分重要，只有让IT人员看到数据中台的业务本质，同时让业务人员深刻领会数据中台的内涵和外延，才能让业务和数据相融合，才能保障建设数据中台最终的成功。

本书贯彻了"让非技术人员都能轻松读懂数据中台"的创作理念，利用很多生活化的例子类比数据中台系统内的各项概念，比如用超市的流转体系类比数据中台的功能架构，形象地解释了数据中台各组成部分的功能作用，以及数据在中台中从被采集到被运用的运作逻辑，让数据中台的功能组件和运作逻辑不再只有 IT 人员才能读懂，非技术人员也能轻松看透数据中台的本质，能够规避"数据中台建设只是 IT 人员建设大数据平台，用平台实现常规数据治理"的误区，让非技术人员领会数据中台如何为业务带来巨大的价值裂变。

本书为读者提供了很多基于数据中台业务场景的实例讲解，比如数据中台赋能业财融合、数据中台的企业经营大脑和数据中台对于客户的管理等。这些实例均是理论与技术的结合，从企业模式转型、管理变革和卓越运营的高度出发，基于数据中台架构，体系化地讲述企业数字化转型的业务推进策略，这对于想要切实推动企业数字化转型、成功建设数据中台，利用数字化的手段提升业务效率、优化运营管理、创新商业模式，最终利用数字化变革方法、平台和工具，创造和提升直接和间接业务价值的企业具有十分重要的指导和参考意义。

李旭昶

新希望集团首席数字官（CDO）、数科集团首席执行官（CEO）

数十年来，高校的会计教育一直是以财务会计为重点。在传统会计学的教育下，每一位会计学子都会花费大量的时间来学习复式记账法，这被认为是会计人士的看家本领。但现在的市场竞争已经要求会计从核算型会计向决策型会计转变，管理会计愈发得到了重视。2014年财政部印发了《关于全面推进管理会计体系建设的指导意见》，为我国管理会计的发展指明了方向。

在信息技术的推动下，企业对决策的要求越来越高，这一方面因为企业对数据的准确性、及时性提出了更高的要求，另一方面因为企业对数据的作用有了更深刻的理解，已经将数据作为经营决策的重要基础。2020年，《中共中央 国务院关于构建更加完善的要素市场化配置体制机制的意见》首次将数据作为一种新型生产要素写入文件，这标志着"数据"的春天来了！

将数据作为新的生产要素，一方面给财务部门创造了难得的机会，另一方面也对财务部门提出了巨大的挑战。由于财务工作的性质，财务部门天然地具有"数据中心"的特点，不管是原始凭证还是记账凭证，无不充斥着大量的数据，这似乎可以让财务部门在企业的数据浪潮中"近水楼台先得月"。但作为生产要素的数据已经不仅是凭证上所记载的结构化数据，数据既包括我们通常所认为的结构化数据，也包括半结构化数据和数量更为庞大的非结构化数据。在大数据时代真正能为企业决策提供助力的往往是非结构化数据，这对财务部门、财务人员而言，都是一个难题！作为财务人员，唯有不断学习，提升自身专业素养与数据思维，才能契合当下数字化转型的趋势，紧跟企业和时代发展的步伐，实现适应未来需求的"转型"。

那财务人员该如何学习以提升自身的专业素养与数据思维呢？我认为，

颇为重要的是要对当下主流的 IT 工具有基本了解。

毫无疑问，在数据时代，数字化转型正在这片土地上如火如荼地进行着。在我看来，企业数字化转型应该从财务数字化转型方面切入，逐步延伸到业务的数字化，以管理会计和数据中台为主线、从底层 PaaS 平台入手而构建的数据中台，将数字化规划贯穿始终，这样才能真正将以"数据驱动"为主线的数字化转型落地。数据中台被认为是传统企业进行数字化转型落地的关键一环，那数据中台是什么，包含哪些内容，企业又应当如何建设数据中台呢？这是让财务人员十分苦恼的问题。

数据中台的建设离不开高深的 IT 技术手段，市面上的图书大多侧重从技术的视角来介绍数据中台，而忽略了非技术人员对数据中台的理解与应用，从某个角度来讲，这限制了数据中台的读者受众。本书从业务视角介绍了数据中台的内容和建设方法，运用通俗易懂的语言从数据架构、数据治理、数据采集、数据开发、算法模型、数据标签、数据安全和数据服务等方面进行了讲解，让非技术人员也对数据中台架构能有更加直观的认识。更重要的是，本书基于元年科技多年的实践，提炼数据中台建设的"七步成诗"方法，借助元年科技在管理会计领域二十多年的深厚积累，分享数据中台作为企业经营的"全面赋能官"是如何赋能企业经营管理闭环、价值链和产业平台升级的经验所得。相信这本书能够为广大读者，特别是非 IT 背景的实务界人士对正确认识数据中台、理解数据中台建设方法提供助力。

会计行业从财务会计到管理会计的发展，顺应了当前企业管理的要求，而数字化更为企业管理会计的发展与转型插上了腾飞的翅膀。企业数字化转型应以新技术手段为支撑，以数据、智能为内核，以改善企业运营模式和商业模式为结果，通过建设数据中台，打造数字化底座，为企业数据分析系统奠定坚实的基础，实现企业数字化转型，为腾飞的翅膀提供源源不断的动力，助力企业建设一流的财务管理体系！

王金科

湖北兴发化工集团股份有限公司总会计师

　　数据中台一夜之间风靡大江南北，作为一个热门词汇充斥在职场人士的举手投足之间，不说一说"中台"，似乎自己就落伍了。但是何为中台，如何建设中台？又有几个人说得清呢？雾里看花，水中望月，对于企业的管理者而言并不是一种朦胧美，而可能是一种"前途未卜"的冒险。

　　对于数据中台建设，有些人会认为技术扮演着最为重要的角色，然而，技术本身并不会直接创造商业价值，只有将技术与业务深度融合，把技术应用于商业实践中，企业才能感受到技术的魅力，中台建设才能真正体现它的价值，数字化才能帮助企业实现"华丽的转身"。也就是说，业务在数据中台建设中扮演着重要角色，然而对于企业非 IT 背景的管理者和业务人员来讲，"数据中台"似乎很高冷，那一串串冷冰冰的代码，首先就让人觉得"没有共同语言"。没有"语言"交流，就无法增进理解，更谈不上融合。

　　如何让非 IT 背景的管理者和业务人员了解数据中台，是数据中台建设的基础，也是本书的初衷。元年科技一直致力于将 IT 技术应用于中国本土管理会计的实践中，从甲骨文大中华区白金合作伙伴，到收购 IBM 的 Cognos 系统代码，再到研发出 C1 等一系列自有产品，元年科技取得了一次又一次的进步。在《企业数字化转型》《智能管理会计》等一系列畅销书面世之后，我们深感本土企业对经营管理数字化实践的渴求，衷心希望这本书能够成为让业界人士止渴的"梅"。

本书特色

近几年，与数据中台有关的图书大量面世，但是这些图书往往以技术人员为目标读者，书中高深的技术手段、纷繁复杂的 IT 术语让很多非 IT 背景的读者望而却步。而数据中台的建设并不仅仅是 IT 部门的事情，它更应当是业务部门的事情，同时也是企业"一把手"的工程，需要企业高管的深度参与。不幸的是，他们往往不是 IT 出身，掌握的 IT 知识有限。过多的技术细节和 IT 词汇严重影响了数据中台理念的普及推广。

作为数据中台图书市场的一股"清流"，本书主要面向企业管理者和业务人员，对非 IT 背景人员非常友好，即使作为 IT 小白通读全书也毫不费劲。书中尽量将艰深晦涩的技术术语与现实生活中耳熟能详的事物作类比讲解，比如将数据中台比作超市，既形象直观又不失严谨，十分有助于读者的理解。

另外，本书也从业务视角来探讨数据中台。建设数据中台的终极目标是为了提高企业的决策质量以提升企业价值，数据中台的最终用户是企业的管理层和业务人员，满足用户的需求是系统建设的出发点。单纯地从技术角度来阐述数据中台容易让读者"误入歧途"。

内容介绍

本书分为 14 章，第 1 到 4 章从业务视角阐述数据中台的作用，以及建设数据中台的方法论，这一部分是全书的重点，方便读者在全书一开始就能抓准建设数据中台的重点。第 5 到 12 章介绍了数据中台技术方面的内容，这部分内容尽量减少了技术细节，让读者能够更容易理解技术的本质。基于业务和技术的视角了解完数据中台后，本书在最后两章向读者展示了数据中台在企业经营决策中的综合应用。

第 1 章简要分析了当前数据中台建设的困局，并指出建好数据中台的前提。

第 2 章将数据中台比作超市，用生活中更为熟悉的场景帮助读者形成对数据中台更为直观的印象，大大降低了数据中台的理解难度，让读者一下子就能看透数据中台的架构。

第 3 章将数据中台建设区别于传统的 IT 规划，介绍数据应用规划的六大要点，并基于元年科技多年的实践，提炼数据中台建设的"七步成诗"。

第 4 章阐述了作为企业经营的"全面赋能官"，数据中台是如何赋能企业经营管理闭环、价值链和产业平台升级的。

从第 5 到 12 章，对数据中台相关技术进行介绍，尽量避免使用专业术语来讲解，而是通过对数据架构、数据治理、数据采集、数据开发、算法模型、数据标签、数据安全和数据服务共 8 个方面的介绍，让读者对数据中台架构形成更直观的业务认识。

在分别从业务和技术角度讲解数据中台之后，在第 13 章介绍了数据智能技术的发展，并在第 14 章中通过具体的决策场景展示了数据智能（小元元）在管理会计报告中帮助用户发现问题、探索问题、沟通问题和解决问题的过程。

致谢

本书是元年科技编写团队长期实践和思考的成果，是集体智慧的结晶。编写经历了 1 年多的时间，凝聚了很多人的努力。全书分成 3 个部分，共 14 章进行编写，严建成负责完成各章节观点形成、内容编写和全书内容的修订工作。第 1 部分为数据中台概述和方法论，共 4 章内容（即第 1—4 章），其中第 1 章由严建成和贾珺编写，第 2、3、4 章由严建成和方宗编写；第 2 部分为数据中台的建设技术，共 8 章内容（即第 5—12章），由严建成编写；第 3 部分为数据中台在企业经营管理中的应用，共 2 章内容（即第 13—14 章），其中第 13 章由张景文和邵家伟编写，第 14 章由余红燕和贾珺编写。上海大学管理学院会计系的方宗老师及曹越、李泽昊、杜生泉、范纪来、胡佳玉怡和全燕妮 6 位同学也参与了本书的部分编写工作。朱惠军、余红燕、季献忠从前期的策划到最终成稿，均提供了重要的意见。

　　感谢大家的辛苦耕耘，让本书得以顺利成稿，但受限于编写时间和内容视角的因素，书中难免存在欠妥之处，恳请各位专家和广大读者批评指正。

北京元年科技股份有限公司总裁　韩向东

第 ① 章
数据中台：是虚火还是趋势／001

1.1　数据中台是什么／002

1.2　为什么互联网巨头都在为数据中台背书／003

1.2.1　数字经济占经济的比重越来越大／003

1.2.2　数据中台助力互联网独角兽企业的发展／004

1.2.3　数据中台将支撑智能商业生态的数据应用／006

1.3　数字化转型中最亮的那颗星／006

1.3.1　数字化转型的成功实践／006

1.3.2　不是数据中台不行，是建设方法不对／008

1.3.3　数字化转型和数据中台建设面临的四大困局／009

1.4　建好数据中台的四个前提／012

1.4.1　具备业务、数据、技术相融合的新思维／012

1.4.2　找到高价值的业务场景／014

1.4.3　拥有高质量的数据／015

1.4.4　理解数据中台的能力／016

第 2 章
看透数据中台架构／019

2.1　数据采集类似于商品进货／020

2.1.1　数据按结构分类／021

2.1.2　数据按时效性分类／021

2.1.3　理解数据中台的运作过程／022

2.2　数据存储类似于门店后仓／023

2.2.1　数据类型／023

2.2.2　数据来源／025

2.3　数据开发类似于商品补货和生鲜加工／025

2.3.1　离线开发／026

2.3.2　实时开发／026

2.4　数据治理类似于商品陈列与标识／027

2.4.1　按数据治理范围分类／028

2.4.2　数据中台中各环节的治理工作／029

2.5　数据标签类似于卖场销售经验／029

2.5.1　基础标签／030

2.5.2　衍生标签／030

2.6　数据安全类似于超市安保／031

2.7　数据服务类似于超市服务／032

2.7.1　直连式服务／033

2.7.2　间接式服务／033

2.8　平台运维类似于超市运营管理／034

2.8.1　数据采集运维与数据储存运维／034

2.8.2　平台安全运维／035

2.9 这 5 类企业需要建设数据中台 / 036

第 3 章
数据中台建设：从方法论到实践 / 041

3.1 传统 IT 规划转变为数据应用规划 / 042
3.1.1 企业 IT 规划的三个阶段 / 042
3.1.2 信息化建设面临的问题 / 043

3.2 数据应用规划与传统 IT 规划的比较 / 044
3.2.1 流程建设方面 / 044
3.2.2 结构化数据方面 / 045
3.2.3 半结构化数据和非结构化数据方面 / 046
3.2.4 数据应用规划方面 / 047
3.2.5 经验决策方面 / 048

3.3 数据应用规划的六大要点 / 050
3.3.1 高价值业务场景 / 050
3.3.2 管理对象的数字孪生 / 051
3.3.3 沉淀管理与业务信息 / 051
3.3.4 承载企业大数据的技术架构 / 052
3.3.5 数据质量管理与数据安全管理 / 052
3.3.6 采用混合交付实现信息化向数字化转型 / 054

3.4 七步成诗：元年科技数据中台建设方法 / 055

第 4 章
数据中台：企业经营的全面"赋能官" / 059

4.1 数字技术与管理需求 / 060
4.1.1 数据赋能一线人员 / 060

4.1.2 数据赋能经营管理 / 061

4.2 数据赋予业务经营超能力 / 063

4.2.1 经营方面 / 063

4.2.2 业务实施方面 / 064

4.3 数据赋能企业经营管理环节闭环 / 065

4.3.1 全面预算管理 / 066

4.3.2 成本管理 / 069

4.3.3 管理会计报告 / 072

4.4 数据赋能企业价值链 / 076

4.4.1 采购环节 / 077

4.4.2 生产环节 / 078

4.4.3 营销环节 / 079

4.5 数据赋能产业平台升级 / 081

4.5.1 工业互联网 / 082

4.5.2 农业 / 082

4.5.3 新零售 / 084

第⑤章
数据架构：统一才是大势所趋／087

5.1 VUCA 时代的业务诉求与目标 / 088

5.1.1 时代变化节奏加快，企业的精准预测能力需提升 / 088

5.1.2 数据协同度不高，信息化建设需加强 / 089

5.1.3 积极进行企业的数字化转型 / 089

5.2 数据架构 / 090

5.2.1 什么是数据架构 / 090

5.2.2 数据架构在企业架构中的地位 / 093

5.2.3 数据架构的特点 / 094

5.3 数据架构是业务的黏合剂 / 095

5.3.1 数据架构是完成数字化转型的关键因素 / 095

5.3.2 数据架构对企业内部经营管理的重要作用 / 095

5.3.3 数据架构助力企业内、外部协同合作 / 097

5.4 数据架构落地的五个关键点 / 097

5.4.1 数据架构规划 / 098

5.4.2 数据架构设计 / 099

5.4.3 组织保障 / 100

5.4.4 制度流程制定 / 101

5.4.5 数据架构相关软件选择 / 101

第 6 章
数据治理是一座高质量的金矿 / 103

6.1 数据清洗后才能用 / 104

6.1.1 数据治理的发展 / 104

6.1.2 未清洗的数据可能存在的问题 / 105

6.1.3 企业进行数据治理的目标 / 106

6.2 数据治理都治什么 / 106

6.2.1 理解数据治理的相关概念 / 106

6.2.2 数据治理的概念 / 107

6.2.3 数据治理的详细分类 / 108

6.3 数据治理解放了谁的时间 / 110

6.3.1 高效展开跨部门协同作业 / 110

6.3.2 精准实施客户营销 / 111

6.3.3 提升数据加工效率 / 112

6.3.4 增强各级人员洞察业务的能力 / 113

6.3.5　增强多级穿透和业务追溯的信服力 / 113

6.4　数据治理和数据中台的关联 / 114

6.4.1　数据采集与数据架构 / 115

6.4.2　数据开发 / 116

6.4.3　确保数据被合法合规使用 / 117

6.5　一步到位的数据治理体系 / 118

6.5.1　数据治理体系咨询的总体方法 / 118

6.5.2　第一阶段工作：数据治理的现状评估 / 120

6.5.3　第二阶段工作：组织架构与制度流程的搭建，责任体系与数据质量、数据标准规划与设计 / 122

6.5.4　第三阶段工作：系统规划与推广 / 124

6.6　别做无用功 / 125

6.6.1　数据治理效果的评估模型、数据战略评估、数据治理评估 / 125

6.6.2　数据架构、数据应用、数据安全的评估 / 128

6.6.3　数据质量、数据标准、数据生命周期的评估 / 130

第 ⑦ 章
源源不断的数据之泉／133

7.1　无死角的数据采集 / 134

7.1.1　数据采集的高质量要求 / 134

7.1.2　量化决策能力的提升 / 135

7.2　数据采集：数字时代的掘金者 / 137

7.2.1　数据的分类 / 137

7.2.2　数据库分类 / 138

7.3　企业价值链中的数据采集 / 141

7.3.1　内部价值链 / 141

7.3.2　外部价值链 / 144

7.4　数据采集是数据中台的运输队 / 144

7.5　数据采集的具体方法 / 145

7.5.1　数据源链接的建立与埋点设计 / 145

7.5.2　数据采集同步 / 146

7.5.3　数据采集同步策略 / 147

7.5.4　运营与监测 / 149

7.6　评价所采集数据的质量 / 149

第 8 章
从 0 到 1 的数据开发／151

8.1　人找数，还是数找人 / 152

8.1.1　数据开发的现状与瓶颈 / 152

8.1.2　数据开发的目标 / 153

8.2　数据开发到底是什么 / 154

8.2.1　数仓分层 / 154

8.2.2　事实、维度、模型 / 154

8.2.3　数据开发类型 / 155

8.3　跃然"网"上的业务信息流 / 157

8.3.1　优化业务流程、权责界面和管控点 / 157

8.3.2　整合和加工各类数据 / 158

8.3.3　提升企业各方面的能力 / 158

8.3.4　实时经营管控技术 / 159

8.4　数据开发为数据中台挖掘有价值的数据 / 161

8.4.1　生产有价值的数据 / 161

8.4.2　数据价值的体现 / 161

8.5　遵循数据架构规范的数据开发 / 162

8.5.1　规划与设计 / 162

8.5.2　开发与实施 / 163

8.5.3　运营与运维 / 166

8.6　数据开发成果的评价指标 / 170

8.6.1　业务类指标 / 170

8.6.2　数据类指标 / 170

8.6.3　平台类指标 / 171

第 ⑨ 章
让算法模型做经营决策的智慧大脑／ 173

9.1　用算法模型代替"四拍" / 174

9.1.1　算法模型为何好 / 174

9.1.2　将数据价值逐步沉淀到数据平台 / 175

9.2　算法模型是客观世界的数学抽象 / 175

9.3　算法模型打造敏捷的决策支持体系 / 178

9.3.1　企业战略与决策 / 178

9.3.2　企业经营的各环节 / 180

9.3.3　全面优化企业的各项流程 / 182

9.4　算法模型是数据中台的首席服务官 / 182

9.4.1　不同业务场景下的服务能力 / 183

9.4.2　各模块调用算法模型层配合作业 / 183

9.5　构建算法模型的八个步骤 / 184

9.6　算法模型成果评价的五个维度 / 187

第 10 章

为数据打个标签／189

10.1　从业务数据到数据标签／190

10.1.1　面向业务主题分析的数据应用已经不能满足数字经济时代的数据应用需求／190

10.1.2　外部环境快速变化提高了对业务动态监控的要求／190

10.1.3　数字经济时代要求挖掘非结构化数据的价值／191

10.1.4　数字经济的发展要求新的数据汇总、展现方式／192

10.1.5　数字技术的发展要求新的数据加工与整合方式／192

10.2　摆脱数据负累的包袱／192

10.2.1　标签的分类／193

10.2.2　制定标签的标准／194

10.3　数据标签是数据中台的得力助手／194

10.3.1　生成精准化标签的依据／195

10.3.2　决定标签质量的因素／195

10.4　数据标签是业务分析与优化的有力抓手／196

10.4.1　数据标签在精准营销中的应用／196

10.4.2　数据标签在生产管理中的应用／196

10.4.3　数据标签在采购优化中的作用／197

10.4.4　数据标签在舆情监控中的作用／198

10.4.5　数据标签在资产管理中的作用／198

10.4.6　数据标签在审计中的应用／199

第 11 章

在安全的数据世界里徜徉／201

11.1　数据泄露问题不可小觑／202

11.1.1　对国家层面的影响／202

11.1.2　对社会层面的影响／203

11.1.3 对个人层面影响 / 203

11.1.4 对企业层面的影响 / 203

11.2 数据安全定义及相关概念 / 204

11.2.1 数据安全的定义与目标 / 204

11.2.2 数据安全的相关概念 / 205

11.2.3 数据安全的类型 / 207

11.2.4 数据安全能力成熟度模型 / 209

11.3 数据安全是数据中台的数据安保官 / 210

11.3.1 利用数据安全技术可以监管数据采集过程是否合规 / 211

11.3.2 数据安全是数据存储、数据传输的必备能力 / 211

11.3.3 数据安全是数据处理、数据销毁过程要考虑的基础要素 / 212

11.4 数据安全是企业业务增长的砝码 / 212

11.4.1 从企业风险的角度来看 / 212

11.4.2 从保障业务增长来看 / 213

11.5 实现数据安全的三部曲 / 213

11.5.1 数据安全实现的能力要求 / 213

11.5.2 数据安全管理的实现过程 / 214

11.5.3 数据安全实现度量指标 / 215

第 12 章

别让迟滞的数据服务蒙住了眼 / 217

12.1 把数据变成一种服务能力 / 218

12.1.1 需要避免共享数据不一致的问题 / 218

12.1.2 快速响应能力需要加强 / 219

12.1.3 数据安全防护能力需要提升 / 219

12.1.4 数据服务能力助力全链条发挥价值 / 220

12.2 可视化、零代码的全周期数据服务 / 220

12.2.1 数据服务分类 / 220

12.2.2 数据服务的管理方式分类 / 221

12.3 利用数据服务破解冷链企业找不到货的难题 / 222

12.3.1 数据的可视化配置 / 222

12.3.2 数据的实施推送 / 223

12.3.3 统一的数据服务窗口 / 224

12.3.4 安全与审计机制 / 224

12.4 数据服务模块是数据中台的外交官 / 225

12.4.1 数据服务模块的桥梁作用 / 225

12.4.2 各个模块如何为外交官助力 / 225

12.5 数据服务模块的建设之道 / 226

12.5.1 开发与实施 / 227

12.5.2 运营与运维 / 228

12.6 数据服务成果评价的三大指标 / 229

12.6.1 响应时间 / 229

12.6.2 安全性 / 229

12.6.3 便利性 / 230

第 ⑬ 章
数据智能技术让数据"能推理、会决策" / 231

13.1 数据智能技术已进入高光时刻 / 232

13.1.1 让数据智能化的技术 / 232

13.1.2 数据智能的历史回眸 / 234

13.1.3 数据智能什么时候取代人类 / 237

13.2 从计算智能、感知智能到认知智能 / 239

13.2.1 数据智能技术体系发展的现状 / 239

13.2.2 AI 在产业结构上的划分与应用 / 241

13.2.3 AI+BI：一种高效的数据智能模式 / 244

13.3 赢在数据智能技术 / 246

13.3.1 数据时代带来的挑战和机遇：焦虑和红利 / 246

13.3.2 数据价值率不高，亟待深度开发 AI+BI / 247

13.3.3 人工智能技术如何帮助企业提炼数据价值 / 247

13.4 未来的数据智能技术 / 248

13.4.1 数据智能技术面临的难题 / 248

13.4.2 畅想数据智能的发展应用 / 249

13.4.3 技术在迭代，企业怎样才能不被落下 / 252

第 14 章
智慧经营打破理想与现实之间的壁垒／255

14.1 当智慧经营照进企业现实 / 257

14.1.1 企业经营管理的技术现状 / 257

14.1.2 智慧经营中存在的问题 / 257

14.2 用"4+1"破解智慧经营迷雾 / 258

14.2.1 什么才算是智慧经营 / 258

14.2.2 数智运营中心支撑企业智慧经营 / 260

14.2.3 智慧经营的应用场景 / 261

14.3 没有数据中台，智慧经营无异于纸上谈兵 / 263

14.3.1 数据是智慧经营的基本生产要素 / 263

14.3.2 算法模型是智慧经营的核心生产力 / 265

14.3.3 智能应用是实现智慧经营的主要工具 / 266

14.3.4 人才是智慧经营的重要保障 / 267

14.4 智慧经营之路案例 / 268

14.4.1 智慧经营之路案例：T 公司的放手一搏 / 268

14.4.2 智慧经营之路案例：数据智能经营分析助手 / 270

第 **1** 章 数据中台：
是虚火还是趋势

　　什么是 2019 年信息技术（Information Technology，IT）领域最大的风口？当然是数据中台，2019 年也被业界称为"数据中台元年"。数据中台在互联网企业的成功应用一经推广，便成了各行各业进行数字化转型所热捧的对象。企业纷纷开始探索——用数据中台对企业数据资源进行统一管理，用数据中台构建企业级的数据资产，用数据中台打造面向业务的数据服务，用数据中台赋能灵活多变的业务需求……似乎数据中台就是企业实现数字化转型的万能手段。

　　然而，数据中台在各领域如火如荼的探索和实践过程中，我们同时也听到许许多多对数据中台的质疑声，因为一些企业的数据中台的建设之路好像并不顺利。

　　有的企业投入大量资源，发现只是建了一个数据仓库。

　　有的企业基于"数据中台思想"开发了大量数据应用，结果根本用不上。

　　有的企业虽然具备开展业务所需的数据服务能力，但是数据质量较差。

　　有的企业斥巨资购买的数据中台产品成了摆设。

　　…………

　　很多企业的数据中台建设陷入了困局，这引发了人们对数据中台新一轮的思考。

1.1　数据中台是什么

　　2015 年，阿里巴巴提出了双中台的概念，数据中台是这一概念的重要组成部分，其核心思想是数据共享。"业务数据化、数据资产化、资产服务化"这一逻辑在行业内达成了共识。若要让数据赋能业务，则需要数据中台进行数据处理，进而支持企业业务决策和优化运营。

数据中台已经从一个技术概念，逐渐转变为各行各业的经营数字化转型的共识。那到底应该如何理解数据中台呢？阿里巴巴最先提出数据中台的概念，认为数据中台是集方法论、组织和工具于一体的，"快""准""全""统""通"的智能大数据体系，它区别于传统数据仓库，能够帮助企业实现"好数据、联商业和通组织"。对这样更偏重于技术和数据的定义，大多数企业还在一知半解的时候，阿里巴巴又将双中台概念升级为面向数字化商业世界的全新组织方式和新型生产关系，即商业操作系统。它既是企业实现数字化经营的必要条件，也是企业实现数字化升级的关键。

因此，从企业的视角看，数据中台不仅是一个管理数据的软件平台，还服务于企业的业务目标。比如，美团基于其构建消费大数据的能力快速成为国内规模较大的外卖平台。构建消费大数据的能力并不是它的全部业务目标，这些大数据只是其实现"把世界送到消费者手中，帮消费者吃得更好，生活得更好"的首要业务目标的方法和技术支撑。

1.2　为什么互联网巨头都在为数据中台背书

1.2.1　数字经济占经济的比重越来越大

进入 21 世纪后，数字经济对全球经济的贡献越来越大。2010—2020 年全球 500 强企业中市值排名前十的企业的格局发生了重大变化。2010 年的市值排名前十的企业当中只有 2 家是与数字经济高度相关的，但 2020 年市值排名前十的企业中前 7 家均为互联网企业。据市场和消费者数据专业提供商德国 Statista 公司统计，2010 年与 2020 年全球市值排名前十的企业名单如图 1.1 所示。

单位：10亿美元

序号	企业	2010年市值	序号	企业	2020年市值
1	中石油	329.3	1	沙特阿拉伯国家石油公司	1 684.8
2	埃克森·美孚	316.2	2	微软	1 359
3	微软	256.9	3	苹果	1 285.5
4	中国工商银行	246.4	4	亚马逊	1 233.4
5	苹果	213.1	5	谷歌	919.3
6	必和必拓	209.9	6	脸书	583.7
7	沃尔玛	209.0	7	阿里巴巴	545.4
8	伯克希尔·哈撒韦	200.6	8	腾讯控股	509.7
9	通用电气	194.2	9	伯克希尔·哈撒韦	455.4
10	中国移动	193.0	10	强生	395.3

图 1.1　2010 年与 2020 年全球市值排名前十的企业

从图 1.1 中可以看到，数字化原生企业正在成为影响全球经济发展的重要力量，这意味着数字经济对全球经济的贡献也会越来越大，这将会进一步加速促进传统企业数字化转型的进程。传统企业急需形成符合自身管理和业务特征的数字化解决方案，进而打造数据赋能业务创新的新型能力体系。

据互联网数据中心（Internet Data Center，IDC）预测，到 2023 年数字经济产值将占到全球国内生产总值（Gross Domestic Product，GDP）的 62%，全球将进入数字经济时代，数字经济的前景是极其乐观的。2020 年，新冠肺炎疫情突如其来，以数字化的知识和信息作为关键生产要素的企业并未如部分行业的企业一样陷入衰退局面，疫情反而促使新技术、新业态、新模式层出不穷，因此数字经济将有望成为世界经济复苏的引擎。

数字经济已经作为一种新的经济形态，成为各行业转型升级的驱动力，同时也成为全球新一轮产业竞争的制高点。各类数字技术不断涌现，各行业的数字化需求不断迸发，各类数字商业模式层出不穷，未来数字经济会在 ToB 端，即面向企业端的市场迎来爆发性的增长。

1.2.2　数据中台助力互联网独角兽企业的发展

早在 21 世纪之初，我国以电商、社交、搜索为代表的互联网企业所形成的数字商业生态就取得了巨大成就，而这背后是基于线上数据获取和相关的数据中台能力转化所产生的巨大数据价值。这类企业的代表包括阿里巴巴、腾讯、百度等。

1. 阿里巴巴、腾讯、百度取得的成绩

（1）阿里巴巴

从 2000 年初的淘宝、支付宝，到如今的阿里云和蚂蚁金服，阿里巴巴已建成了世界级的商业王国。2020 财年，阿里巴巴生态系统的商品成交总额（Gross Merchandise Volume，GMV）突破了 1 万亿美元。驱动其快速发展的主要力量就是数字化能力。阿里巴巴基于数据中台思维、云计算、移动互联网、人工智能等基础能力，稳步推进新型商业操作系统的推广使用，持续不断地激发商业增长。

（2）腾讯

腾讯占据了我国社交软件的半边天，2020 年第四季度其支柱业务微信的月活跃账户数为 12.25 亿，同比增长 5.2%；腾讯 QQ 智能终端月活跃账户数保持在 5.95 亿。围绕社交基础所衍生出的支付、游戏、视频、云计算等产业也持续释放巨大的商业价值。而为各种庞大、复杂的业务形态持续赋能的正是数据中台，腾讯每年在建设数据中台上的投资金额达百亿量级，并且在数字新基建和底层技术方面还在加大投入。

（3）百度

百度作为我国最大的搜索引擎，日搜索量高达 50 亿次，其每天处理着数万亿次的链接分析和数百亿次的互联网资源采集。Spider 系统是百度搜索引擎数据的主要来源，它是一个无比强大的流式计算系统（见图 1.2），可以永无休止地为搜索引擎提供数据服务。Spider 系统的核心就是分布式的数据库 Tera——具备万亿量级百 PB^① 的容量，支持自动的负载均衡，自动扩容，自动缩容。

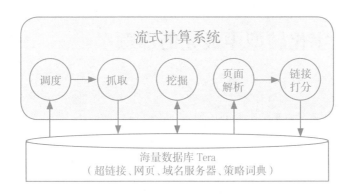

图 1.2　流式计算系统

———————

①1PB=1 024TB ＝ 1 125 899 906 842 624（2 的 50 次方）字节（Byte）。

2.其他优质企业纷纷使用数据中台

2010年之后，我国进一步形成了基于各类数据算法的更高级的互联网数字化商业生态，数据中台又一次大放光彩。其中，也诞生了一批具有竞争力的独角兽企业。

继阿里巴巴、腾讯、百度之后，成立仅5年的拼多多成了第4家拥有千亿美元市值的互联网企业。字节跳动作为一家2012年成立的企业，已经成长为我国互联网新巨头。它们都开创了数字化的新型商业形态。

不管是拼多多以低价、优惠为核心的商业模式，还是字节跳动千人千面的个性化的营销策略，其依赖的都是具备复杂算法优势的数据中台能力。

1.2.3 数据中台将支撑智能商业生态的数据应用

随着5G、云计算、人工智能、物联网、移动互联网等数字新技术在行业的应用越来越广泛和深入，企业的数据生产速度正呈现出爆发式的增长，数据中台作为企业数据的运营平台，势必承担着对企业内外部、多种类、全域的数据进行采集、加工、整理，并将其服务化的任务。

数据中台将以持续重塑企业价值链的经营方式，打造全触点、全场景、全链条的数字孪生的业务新能力，实现企业组织赋能、数据驱动、智慧决策，助力企业形成更强的竞争优势和可持续发展。

1.3 数字化转型中最亮的那颗星

1.3.1 数字化转型的成功实践

说到企业数字化转型，必然要弄明白数据驱动业务的技术方式。企业如何通过技术手段将各类数据集成和加工进行业务赋能呢？

随着信息化的日益成熟，以及社会多元化的发展，企业在行业细分领域的竞争越来越激烈，数据驱动业务的场景化需求不断涌现，而传统的面向特定数据统计所建立起来的技术方式无力做出及时响应，这也促使"构建全域数据资产、敏捷赋能多类业务"的新型能力平台出现。

因为消费互联网的商业模式取得了巨大的成功，各行各业也确信互联网企业所使用的数据中台可以为传统企业数字化转型注入全新的数据活力。近几年关注数据中台的人越来越多，上至企业高管，下至各类业务人员和技术人员，其都在围绕着数据中台这一新兴概念，展开对企业数字化建设的新的探索和实践。

1. 国家电网有限公司总部数据中台初步建成

国家电网有限公司是全球最大的公用事业单位之一，拥有海量电力业务，服务人数超过 11 亿。但公司数据管理基础较为薄弱，公司范围内缺乏统一的数据资源管理体系和运营机制。

为了提升数据资源整合与服务能力，国家电网有限公司让大数据中心承担数据中台建设、部署实施组织工作，围绕"打通、整合、共享"，将企业海量、多维的数据资产进行盘点、整合、分析，沉淀共性数据服务能力。总部数据中台已累计开展 492 张数据表的接入、整合与分析工作，完成 13 张一级部署系统数据表下发，实现 13 项中台数据服务（含数据动态脱敏加密服务）发布，完成 19 个业务场景的可视化报表开发。

2019 年年底，财务多维精益体系频道化报表等 32 个数据应用服务顺利通过总部数据中台试点任务验证，国家电网有限公司大数据中心负责组织建设的总部数据中台初步建成。

2. 青岛市政务数据中台为金融领域提供数据共享服务

2019 年年初，青岛大数据中心引入企业的数据治理理念和技术，创新形成数据中台服务模式，找到了破解政务数据共享难、开放难和利用难的有效办法。与其他平台不同的是，用户可以根据各种场景和应用需求，通过数据中台开发数据模型，读取和处理政府部门原始数据，输出智能分析结果，在确保政府部门原始数据"不出库"的前提下，实现数据的深度增值利用。

青岛市政务数据中台形成的第一批政务数据开放目录中，包括工商、税务、人社、公积金、不动产以及各类公共信用数据 56 类、398 个字段，涉及可深度利用的各类政务数据 1 216 万条。2020 年 8 月 7 日，招商银行"云政通"平台正式发布，这是青岛市政务数据中台在金融领域的首个落地成果。

1.3.2　不是数据中台不行，是建设方法不对

像国家电网有限公司总部和青岛市政务平台这样能够利用数据中台理念开始数据驱动业务之路的机构只有少数，绝大部分利用数据中台实现数字化转型的企业似乎并不顺利。

1. 某 500 强制造业企业中台项目被叫停

2019 年年初，某 500 强传统制造业企业开始进行数据中台建设。项目由企业首席信息官（Chief Information Officer，CIO）发起，并且由他担任项目经理，目标是完成全集团层面的三个统一，即数据统一、技术统一、业务流程统一，以此支撑企业未来三到五年的数字化转型的发展战略。

该大型集团十几年来，实施过企业资源计划（Enterprise Resource Planning，ERP）、客户关系管理（Customer Relationship Management，CRM）、客服系统、电商系统等，这是非常典型的 20 世纪 90 年代企业的 IT 架构。这种架构的"数据孤岛"问题很严重，缺乏治理，甚至连基本的用户账号统一都没能实现。

看起来是一个非常理想的数据中台场景，但结果是该项目在 2019 年年末被叫停，CIO 也因此辞职，并启动了一个临时的拆中台的项目作为收尾。当然建设成果还是有的，比如对部分业务数据进行了入湖，还建设了很多系统间数据互通的接口，但是业务没有得到场景化的应用数据服务，领导没有看到中台为企业带来的降本增效成果。

2. 某大型零售企业斥资几千万元购买的数据中台产品成为摆设

2019 年下半年，某大型零售企业集团领导层提出，希望通过数字化手段提升企业整体的运营管理能力和客户服务能力。2019 年年底该集团就快速与国内某较为知名的互联网公司达成合作，全面升级硬件基础设施和软件平台，并购买了其标准的数据中台产品，合同金额高达两千多万元。

但是问题出现了：该企业面对全新的数据中台，如何将企业各个系统数据打通？如何加工数据？如何形成统一的数据资产？如何使数据产生新的业务价值？……最终结果是，平台搭建起来了，但是没有形成企业级的

数据资产，更没有形成数据驱动业务能力。

从全国范围来看，这样的企业不止一两家。开拓创新精神固然是值得鼓励的，但是不结合自身的业务特色，盲目照搬互联网技术架构会使企业数字化转型止步不前。

最近两年，笔者在和很多企业高层的交流中发现，数据中台建设失败的例子还有不少。但是失败情况和原因各异，有方法问题、技术问题、组织问题……这也让个别希望用建设数据中台的方式实现数字化转型的实践者产生了困惑。

1.3.3　数字化转型和数据中台建设面临的四大困局

为了能够设计出符合企业自身发展的数据中台方案，笔者在近 2 年调研了 300 多家企业的高管和技术人员，从不同角度进行诊断和分析。最终笔者总结出了传统企业数字化转型和数据中台建设普遍面临的四大困局：缺少融合思维、缺少高价值数据应用场景、数据质量不高和照搬互联网企业架构。

1. 缺少融合思维

IDC 曾对 2 000 名跨国企业的首席执行官（Chief Executive Officer，CEO）做过一项调查：2020 年全球 1 000 强企业中的 67% 和中国 1 000 强企业中的 50% 都将数字化转型列为企业核心战略，但是有 70% ~ 80% 的企业缺少业务、数据、技术的融合思维和方法，导致数字化转型工作进展不顺利。

反观很多企业数据中台建设失败的原因，都是一开始就从单一视角、将表面化的业务或数据痛点作为牵引拓展建设思路，也就是很多人仍然在用马车夫的思维看汽车。

（1）第一种想法：不管是马车还是汽车，都只是一种交通工具

大家往往认为数据中台的输出端就是为商务智能（Business Intelligence，BI）展示、分析服务的，数据中台负责收集和加工数据，BI 负责报表展示、自助分析，通过数据可视化的方式为企业经营决策提供数据参考。

但是实际上数据中台的能力和价值的范围是更广泛的。数据中台除了为 BI 系统提供数据支持之外，更重要的是要结合其开放的数据服务和基础平台能力，为所有高价值的业务场景快速构建敏捷的数据应用，满足企业

随需而变的场景化业务需求，让数据和技术随时可以融入业务。

（2）第二种想法：马车和汽车之所以能运转是因为它们有运动的功能，本质上并没有什么不同

大家往往认为数据中台的加工端任务，不过就是对数据的清洗和转换，然后分层、分主题、汇总计算，形成标准的星型模型、雪花模型供前端进行固定报表的分析展示。

但是实际上数据中台对数据的分类和加工只是数据中台的能力之一，对业务对象的数字孪生才是数据中台主要的能力。数据中台为了满足随需而变的场景化业务需求，要求与业务对象相对应的数据对象必须随时在线，也就是要求构成现实业务场景中的人、事、物，以及三者之间的关系必须在数据中台中具有实时在线的数字孪生对象，这样才能将业务、数据、技术融合起来，数据和技术不再只是为业务数据的展示服务，而是和业务融为一体。

（3）第三种想法：汽车只能由汽油提供动力支持，殊不知锂电池、氢能源是更为清洁的动力源

大家往往认为数据中台输入端应该是企业各业务系统所沉淀的数据，它通过全量和增量的方式定时从业务系统数据库同步历史数据到数据中台。但实际上数据中台汇集的是企业内外部各种来源的数据，除了企业内部各个业务系统数据之外，还应包括机器设备数据、互联网数据、社交系统数据等。数据中台只有进行全方位、全渠道的数据收集，才能为各管理对象提供足够多的数据素材进行数字孪生，为数据和业务融合奠定基础。

笔者碰到的大多数数据中台建设者都很容易陷入过去信息化解决问题的思维方式：为了解决某个特定的业务问题，或者为了提高某项业务的执行效率，而进行流程化功能的开发和优化；而没有从根本上考虑数据和业务的关系，缺少将业务、数据、技术作为一个整体进行融合思考的新思维。

2.缺少高价值数据应用场景

数据赋能业务的前提是发现高价值的数据应用场景，但大部分企业的数据应用需求还停留在管理层所需的报表统计分析层面，企业未对各层级和各领域的数据赋能业务的场景进行需求梳理和目标定义，同时也缺少清晰度量数据应用价值的方法。

数据中台最重要的能力之一就是赋能场景化业务需求，但是笔者发现很多企业在开始建数据中台的时候，都面临这样的问题，即传统企业的场景化应用到底是什么，哪些场景是对企业经营管理有很高价值的场景。想来想去不知道如何下手，干脆先从传统 BI 的展现需求着手，导致最后用价格高昂的数据中台产品建设了一个数据仓库的复制品。最后，这些企业还是没有实现数据中台赋能场景化业务需求这一目的，所购买的数据中台也不能为企业数字化转型提供可靠的能力。

要想发现高价值的业务场景，数据中台的设计者一定要带着这样两个问题展开思考：一是如何将物理世界中的业务变成数字世界中的业务；二是如何将数据变成知识和智慧，构建平台型组织。

3. 数据质量不高

随着互联网的快速发展，传统企业也产生了大量非结构化和半结构化的数据，同时数据的量级也在快速增长，但企业级的数据共享能力还存在着数据不标准、数据不一致、数据不准确等质量问题。

你所在企业的员工是否会抱怨以下问题。

"我们大部分的精力都耗在了财务数据核对的工作上……"——财务管理部

"我们承担了太多 IT 部门获取数据的工作，无法专职于本职工作……"——风险管控部

"我们企业的信息化水平还不错，为什么经营分析需要的数据还要手工整理、层层上报呢？"——经营管理部

"虽然我们不断地在建立新系统和集成系统，但还是难以响应管理层和各业务部门不断变化的数据需求……"——信息管理中心

"为什么没有建立全企业的数据共享平台和统计分析应用呢？"——前端业务部

…………

自从企业有了数字化应用，部分企业对数据质量问题的抱怨就没有停止过，有的企业的数据质量问题甚至泛滥成灾。由于没有准确、及时、规范的底层数据做支撑，很多企业的经营分析平台以及各种数据应用都成了摆设，更不要提数据赋能业务、数据引导经营决策。

4. 照搬互联网企业架构

数据中台在互联网企业的成功应用，使得很多传统企业出现了盲目照搬互联网企业架构的现象。数据中台不是复制过去就可以即插即用的小工具，它是一套定制化、体系化的数据生态，盲目照搬注定失败。

数据中台诞生于数字化原生互联网企业，数据既是它们的业务原材料，也是它们的产品和服务的呈现形式，所以它们有着内在的数据基因和外在的数据形态。也就是说，互联网企业的平台应用建设从始至终就是按照数字化的模式进行的，这也是数据中台在互联网生态中得以产生和成功应用的根本原因。

而传统企业的业务原材料和产品、服务大部分都不是数据，信息化建设的主要目的也只是满足线下业务流程的标准化。所以传统企业建设数据中台是缺少数据基础的，不能完全照搬互联网企业的数据中台架构。

传统企业应当结合自身的业务特点和诉求，完成线下业务对象的线上数字化工作，以此为基础，打造符合自身业务发展的数据中台体系。

1.4 建好数据中台的四个前提

结合多年的实践经验，笔者认为要建好数据中台需要具备四个前提条件。

1.4.1 具备业务、数据、技术相融合的新思维

1. 数据中台

数据中台不仅是一个软件平台，也是一种大数据服务方式，更是一种数字化建设新思维，它需要将业务、数据和技术三者融合起来，才能真正使数据在经营活动中产生价值，实现企业数字化转型过程中的商业蜕变。

首先，数据中台是一个软件平台。从功能架构来看，数据中台包含数据采集、数据存储、数据处理、数据服务、数据治理和平台运营六大数据

处理功能模块，所以软件平台是其主要载体。

其次，数据中台是一种服务。几乎在所有关于数据中台的资料里都可以看到"服务"两个字，如"数据资产化、资产服务化"。数据中台将来自各种数据源的数据资产化后，最终目的是要通过应用程序接口（Application Program Interface，API）、消息队列、数据库、文件、自主分析终端等形式将数据开放、共享给数据消费者。所以数据服务是其外在的呈现形式。

2．数字孪生

企业经常会遇到这样的情况，即软件平台搭好了，数据内容也服务化了，平台各项技术指标也都验收通过了，但是面对业务的一些敏捷的、场景化的需求时，系统还是无法做出及时反馈。问题到底出在哪里呢？这就要引出一个重要的概念——数字孪生，其是业务、数据、技术融合的新思维。

数字孪生要将现实中的业务对象和对象关系在数字化的场景中模拟重现，所以必须要有大量全方位和全渠道的数据为其提供素材，并且需要强大的数据集成、加工和建模能力为其提供技术保障，而数据中台便是企业构建业务数字孪生的重要载体。

在电商领域有一个成功的数字化应用叫精准营销。面对海量的消费者，实时准确地定制出千人千面的营销策略，其底层所依托的核心技术就是用户画像。用户画像通过定义对象和标签的方式将现实中的用户模拟成数字化模型，再基于数字化模型构建场景化应用。这就是典型的数字孪生思维的商业实践。

比如，某互联网企业利用来自线上、线下用户的消费数据、生活数据、社会属性数据等，依托数据中台的数据处理能力，从人群属性、兴趣偏好、用户行为、实时场景四大维度，对用户对象的性别、年龄阶段、消费习惯、职业类型、购物偏好等几千个属性进行标签化处理，构成全方位、全类别的用户画像。在此基础上，无论面对多么复杂的营销场景，数据中台都可以使用丰富的用户标签快速、精准地定位目标对象。

那么传统企业的精准营销是什么？是精细化管理。很多企业都在建设精细化管理平台能力，但是基本都只是出了一些多维分析的报表，无法做到真正的精细化。为什么会出现这样的状况呢？因为分析数据的维度不够，同时缺乏及时性。那怎样才能丰富分析数据的维度，提高数据的及时性呢？方法是构建企业管理对象和业务对象相对应的数字化对象和数字化标签，形成各种对象的画像。这就是所说的业务、数据和技术相融合的新思维之一，只有通过技术手段将业务对象数字化，业务人员才能基于各种各样的数据对象灵活搭建数据使用场景。

1.4.2　找到高价值的业务场景

数据中台的核心能力是为业务提供随需而变的数据服务，找到和识别出高价值业务场景是数据中台项目成功的关键。笔者认为寻找高价值的业务场景应当从以下三个角度思考：工作效率提升、经济效益增长和模式创新。

1. 工作效率提升

要素 1：消除有大量重复工作的环节。例如，电子不停车收费（Electronic Toll Collection，ETC）系统的出现，消除了大量人工收费的重复工作，提高了收费效率，减轻了交通压力。

要素 2：设计完成复杂业务计算工作的逻辑。例如，地产投资测算多维模型可以让运营人员告别复杂的 Excel 表格公式。用户只需在系统中输入参数，便可一键完成测算。该模型可以减少大量复杂人工计算工作，解决投资测算不准确、不及时的问题。

要素 3：设法实现实时看清业务全貌、掌控业务过程的目标。例如，笔者在过往的咨询项目中曾为某大型能源化工企业打造了"四中心一平台"数智运营中心。"四中心"的内容如下。

a.监控中心，提供敏捷、及时的运营状态监控，实时捕捉业务动态，监控经营趋势，发现经营问题。

b.决策中心，提供深入的管理洞察能力，为企业决策层、管理层实时提供管理分析报告，帮助管理层准确掌握企业运营状态。

c.指挥中心，应用以人工智能为代表的智能化技术，为管理层提供敏捷、实时的决策能力，将管理决策和任务自动化下达到各业务系统，形成自动运营管理闭环。

d. 策略中心，提供以企业管理规则为基础的支持能力，将企业经营过程中积累的问题、策略方案、管理方法等内容数字化，是实现数字化运营的基础。

"一平台"指的是数据中台，它为各个中心的正常运作提供持续、稳定的数据服务。

要素 4：让各业务进行高效协同，消除信息孤岛。例如，统一的组织主数据管理系统，会让企业所有业务系统都使用同一套组织主数据开展业务，这样就减少了因为组织结构不清晰、责任不明确带来的协同困难。

2. 经济效益增长

要素 5：设法大幅降低成本。例如，无人超市利用图像识别、智能监控、移动支付等技术，极大减少了超市的人力资源成本。

要素 6：设法实时控制和预警业务中的风险。例如，地铁隧道的灾害预警功能，周期性地扫描隧道中的画面并进行图像识别和对比，对可能存在的安全隐患做出风险预警，及时提示工作人员进行安全检修。

要素 7：设法减少大量的人员编制。例如，机器播种、工厂的自动化生产线、无人驾驶、机器人餐厅等自动化、智能化的应用都在显著降低人力成本，解放生产力。

3. 模式创新

要素 8：设计可以在行业中产生绝对竞争优势的商业模式。例如，打车软件利用移动互联网和大数据的特点，将线上与线下相融合，颠覆了路边拦车的模式，用新的商业模式改变了传统打车的市场格局。

1.4.3 拥有高质量的数据

近些年大数据成为热议的话题，海量数据如果不能确保质量，不仅不能为业务赋能，反而可能制造出更多麻烦。只有对数据资产进行治理和管理，为数字化业务场景提供一致和可识别的数据，才能有效发挥数据的价值。笔者认为若要做好数据治理和管理，则需要做好以下四个方面的工作。

①管理好元数据，搞清楚企业有什么数据，数据存储在哪里、从哪里来等问题，形成企业级的数据地图。保证数据可查找、可溯源、可追踪。

②统一数据标准，对企业业务术语、数据模型标准、主数据和参照数据标准、指标数据标准四大类基础数据进行规范化维护和管理。数据标准化之后，系统才能更好地管控数据质量，支撑更高层面的数据应用。

③做好数据质量管理，从技术、流程、管理三个方面定制数据质量校验规则，从数据的收集、存储、加工、共享等环节，对数据进行质量校验，并借助流程引擎的支持，形成发现问题、分析问题、解决问题的全流程闭环。确保数据最终结果的准确、完整、一致。

④做好数据资产管理，挑选有价值的数据作为资产，然后对其分类、打上数据消费标签，让高价值数据资源能被快速定位，从而全面提升企业数据资产服务能力。

1.4.4　理解数据中台的能力

企业在建设数据中台之前，首先要正确地理解数据中台的能力，然后再结合企业的业务现状决定要不要建数据中台。笔者认为数据中台应当具备两方面的能力：提供高效的业务响应能力和强大的数据应用能力。

1. 数据中台提供高效的业务响应能力

①可以随时随地地获取到业务需要的数据。

②数据融入系统业务流程当中，业务流程的关键节点可以实时得到数据分析结果的监控和指挥。

③数据分析的结果更多的是对事中的监控和事前的预测，而不仅仅是对历史数据的呈现。

④以往的数据平台满足的是定制化需求，现在数据中台满足的是场景化需求。

2. 数据中台提供更方便、更强大、更智能的数据应用能力

①数据资产服务能力。数据中台对企业全域数据进行治理，在保证提供高质量数据的基础上，进行统一的数据资产管理，并提供单一视图的数据 API 服务。

②数据中台继承了大数据平台的所有技术能力，为企业提供海量数据存储、计算和建模能力，并将其封装成低代码、可视化的数据开发平台，

对业务人员更友好。

③自动化、智能化能力。数据中台集成了人工智能（Artificial Intelligence，AI）模型库和数据智能组件，支撑企业实现业务执行自动化和战略决策智能化。

④业务对象数字化能力。以往数据平台提供的是从业务源系统集成的数据，现在数据中台提供的是基于业务对象形成的标签数据。

不同行业、不同企业有着不同的业务特点，没有一套方法论、工具适合所有行业、企业，照搬别人的模式注定失败。所以建设数据中台必须从企业的业务需求出发，结合自身的业务特点和信息化现状，通过建设与企业相匹配的数据中台体系来提升业务响应能力和数据应用能力，切忌照搬互联网企业的数据中台架构。

第2章

看透数据中台架构

当谈到日常生活中的超市大卖场时，人们觉得它的作用是消费者可以买到日常所需物品，并且随需随买，很方便。数据中台的目标也应该如此，即为企业的各项经营管理场景提供随需而变的全业务在线赋能，形成数据驱动和智慧决策的新型商业竞争能力。它不仅能以数据的方式来呈现企业的业务全貌，也能实现各类风险指标的预警，还是构建企业"经营大脑"的核心。数据中台将一切可利用的数据汇聚起来，通过数据和算法的加工，形成对企业有价值的数据资产，实现企业"经营大脑"与"业务四肢"的联动，服务于经营模拟、业务洞察、智慧决策和跟踪执行的数字化经营管理闭环。用超市大卖场的业务运作机制与数据中台进行类比，就能够通俗易懂地理解数据中台的技术逻辑。

2.1　数据采集类似于商品进货

数据采集是利用数据中台的相关技术手段收集、获取和对接企业内外部事务、人员、机器设备等各类数据的过程。若用超市大卖场类比数据中台，则数据采集相当于超市的商品进货业务，如图 2.1 所示。

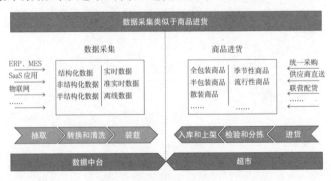

图 2.1　数据采集类似于商品进货

2.1.1　数据按结构分类

在数据采集环节，大家通常会从结构和时效性上对数据进行分类和描述。数据中台所采集的数据按结构可以划分为结构化数据、半结构化数据和非结构化数据，相当于超市按包装方式将商品分为全包装商品、半包装商品、散装商品。

1. 结构化数据

结构化数据是可以通过二维表结构逻辑表达和实现的数据，遵守数据的格式和长度规范，如 Greenplum、ClickHouse、Hive、MySQL、SQL Server、Oracle 等数据库一般保存的都是结构化数据。这类数据可以类比为超市中的全包装商品，其数量明确、标志清晰、便于运输。比如一箱牛奶、一盒巧克力，完整的包装使得顾客在选购与搬运时更为方便。

2. 半结构化数据

半结构化数据与纯文本相比具有一定的结构，同时也比关系型数据库中的数据更灵活，如 JSON、XML 格式的数据及操作日志等。这类数据可以类比为超市中的半包装商品，其包装更简单、成本较低，便于拆分、重组。

3. 非结构化数据

非结构化数据是不能通过二维表结构逻辑表达和实现的数据，如文本信息、图像信息、视频信息、声音信息。这类数据可以类比为超市中的散装商品，其无包装、可塑性强。比如谷物、生鲜，购买时需要称重。

2.1.2　数据按时效性分类

数据中台所采集的数据按时效性可以划分为实时数据、准实时数据、离线数据，相当于超市按时效性将商品分为流行性商品、季节性商品等。

1. 实时数据

实时数据是在某事发生、发展过程中的同一时间中所得信息的载体，可以类比为超市未经加工的商品。与之类比的流行性商品，作为在一定时期为众多消费者所接受和使用的时尚商品，看重的是时效性，强调对实时需求动向的掌握。

2. 准实时数据

准实时数据是指获取的有一定延迟的数据，这些数据可能存在着秒级别、分钟级别和不高于五分钟级别的延迟。准实时数据可以类比为超市的季节性商品，如农副产品、夏凉商品、冬令商品等，在生产、收购和销售上有显著季节性差别，需求也有一定时效性，从提前准备到实际销售有一定延迟。

3. 离线数据

离线数据是指存储在数据仓库中的过去发生的业务数据。在分析时，不在生产系统中直接做数据处理，而是把生产系统中的数据导入另外一个专门的数据分析环境（数据仓库）中，与在生产系统脱离的情况下对数据进行计算和处理相比，这种分析方式不具有实时性。这类数据可以类比为超市的大众化商品，如柴米油盐、卫生用品、日用品等，人们对之有着稳定的长期需求，且需求量庞大，因此货架与仓库中都要常备此类商品。

2.1.3　理解数据中台的运作过程

数据中台的数据来自不同的数据源，包括信息系统、软件即服务（Software as a Service，SaaS）应用、互联网、物联网、第三方大数据系统等，相当于超市按渠道将商品分为统一采购的商品、供应商直送的商品、联营配货的商品。

数据的抽取、转换和装载（Extract, Transform, Load，ETL）过程，是将业务系统的数据经过抽取、转换清洗之后装载到数据仓库的过程，目的是将企业中分散、零乱、标准不统一的数据整合到一起形成数据资产，确保前端业务场景对数据的调用。这相当于超市商品进货、检验和分拣、入库和上架的过程。超市根据需求购进商品，按照自己的方式将商品登记入库，对质量、规格、重量、数量、包装、安全及卫生等方面进行检查，最终把符合要求的商品摆放在货架上，提供给消费者。

正如上面类比的超市商品进货业务一样，超市大卖场通过进货源源不断地为消费者供应商品，数据采集也是数据中台的第一个环节，为数据中台汇聚企业内外部的各种系统、各种类型和各种需要的数据，为数据中台的数据开发工作提供源源不断的数据。

2.2　数据存储类似于门店后仓

数据存储是利用数据中台的数据采集功能把数据汇聚到数据库中，通常按照数据的类型储存数据。若用超市大卖场类比数据中台，则数据存储相当于超市的门店后仓业务，如图 2.2 所示。

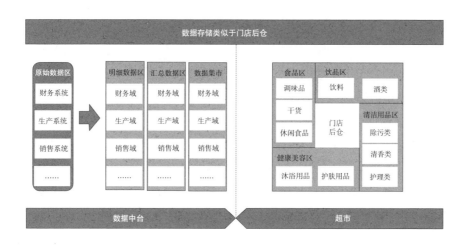

图 2.2　数据存储类似于门店后仓

在数据存储环节，大家通常会从数据类型和数据来源两方面进行数据存储分类的描述。

2.2.1　数据类型

按照数据类型，数据中台的数据存储一般会划分为原始数据层（ODS）、数据明细层（DWD）、数据汇总层（DWS）、数据应用层（ADS）等不同层级，相当于超市的门店后仓。后仓中的原始商品经过加工处理，按照商品类型上架到不同销售区域中，客户根据超市划分的销售区域找寻需要的商品。

1. 原始数据层

原始数据层存放刚采集的原始数据、文件加载的数据或者信息系统、SaaS 应用、互联网、物联网、第三方大数据系统采集的原始数据。原始数据层中的数据不经过任何加工处理，直接存储。原始数据层的数据类似于超市刚采购的商品，只是放置在门店后仓中，还没有进行清点、质检、加工，例如采购的干果、蔬菜、生活用品、清洁用品等。

2. 数据明细层

数据明细层是数据仓库的主体，其将从原始数据层中获得的数据按照主题建立的各种数据模型处理完毕，但尚未把数据规划到每个应用场景中。就好像根据业务的逻辑把需要的指标数据处理完了，生成了一张指标表，把这张表分到数据应用层。数据明细层的数据类似于超市刚采购的蔬菜、干果，在门店后仓中经过盘点、清算、称重、打包等加工程序，然后被放在超市蔬果销售区，等待顾客购买。

3. 数据应用层

数据应用层是数据产生价值的出口，负责根据每个业务的逻辑处理数据，并将其存放在不同的应用业务中，提供给数据产品和数据分析使用。例如，生成的顾客画像数据存放在画像应用层，企业的收入和销售汇总数据存放在财务应用层。数据应用层类似于超市的每类商品销售区，如食品区、饮品区、清洁用品区等，在这些区域的商品已确定售卖价格和售卖日期等信息，顾客可以按照超市划分的区域快速购买商品。

4. 数据汇总层

数据汇总层以分析主题对象作为建模驱动，基于上层的应用和产品的指标需求构建公共粒度的汇总表，它可以对 DWD 层数据进行一个轻度的汇总。汇总数据层的一个表通常会对应一个统计粒度（维度或维度组合）及该粒度下若干派生指标。一行信息代表一个主题对象在一个指定期间（指定期间可以是一天、一周、一个月等）的汇总行为，例如一个用户一周下单次数。

2.2.2　数据来源

数据中台中原始数据一般来源于信息系统、SaaS 应用、互联网、物联网、第三方大数据系统等，通常会存在数据质量问题，例如数据串列、数据格式错误、数据内容错误和数据中有特殊字符等。需要根据维度中定义的数据格式和内容规范对这些数据进行过滤、排查，再根据业务的逻辑进行指标开发，并把这些数据存放在数据仓库中，然后根据业务的需要把结果数据划分到不同的应用层，如画像应用层、财务应用层等。

正如上面类比的门店后仓一样，对商品按照不同的商品类型进行划分，使相关的门店后仓业务人员能快速查找商品，并对商品进行盘点、清算、称重、打包，源源不断地为超市销售区域提供质量可靠、规格相符、数量和重量合格的商品。在数据中台中，数据存储是汇聚数据和提供有价值数据的重要环节，为每个业务模块源源不断地提供数据。

2.3　数据开发类似于商品补货和生鲜加工

数据开发是以数据中台的数据存储为基础，利用数据中台的相关技术手段，进行数据开发，将数据转化为数据资产及业务需要的新形态，提炼数据价值的过程。若用超市大卖场类比数据中台，则数据开发相当于超市的商品补货和生鲜加工业务，如图 2.3 所示。

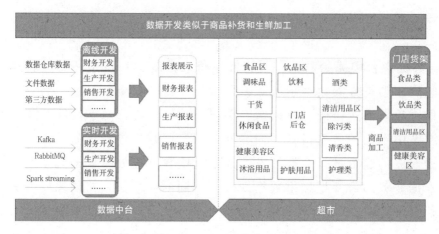

图 2.3   数据开发类似于商品补货和生鲜加工

在数据中台的数据开发环节，数据开发的类型可划分为离线开发和实时开发，这相当于超市的成品区和半成品区。

2.3.1 离线开发

离线开发以数据存储中的数据为基础，根据不同的业务需求开发不同的指标，对数据时效性的要求不是很高，例如财务开发可以开发年/季/月/日的销售情况以及年/季/月/日的利润情况。根据这些指标可以进行报表展示。这可以类比于超市中在商品加工时，会查看食品区干果的包装是否有损坏，商品的质量是否符合标准，商品的安全性是否达标，并对散装干果进行称重、打标签，并将其存放到门店货架上进行销售。

2.3.2 实时开发

实时开发以流式数据为基础，根据业务数据进行简单的计算，对数据时效性的要求比较高。这可以类比于超市的商品加工，超市在客户购买商品后会提供现场加工服务，例如超市的凉菜区、生鲜区、烘焙区会根据客户的需求对不同商品进行加工。比如，有的客户在购买鱼时会要求工作人员将鱼切成鱼片，有的客户则会让工作人员把鱼剁成两半。

　　数据中台的数据一般来源于数据仓库数据或者文件数据，又或者第三方大数据系统数据等。这些数据或多或少会存在一些数据质量问题，例如数据串列、数据格式错误、数据内容错误、数据中有特殊字符等，需要及时修复。经过第一步对问题数据的排查、修复后，再根据业务的需求开发出各种指标数据，为报表展示提供源源不断的、有价值的数据。

　　正如上面类比的商品加工一样，商品类型可以划分为半成品和成品。半成品在工作人员再次加工后才可以销售，成品则可以直接销售。在数据中台中，数据开发是挖掘数据潜在价值的重要环节，为实现数据可视化提供强大的支撑。

2.4　数据治理类似于商品陈列与标识

　　数据治理基于数据中台中数据采集、数据存储、数据开发过程中对元数据和元数据的关系，以及企业的决策定义、数据职责分工、软件功能等相关活动集合，对企业自上而下全域业务过程中数据的定义、产生、加工、展现的全过程进行监测和控制，确保数据资产中的数据可用、可管理和高价值。若用超市大卖场类比数据中台，则数据治理相当于超市的商品陈列与标识业务，如图 2.4 所示。

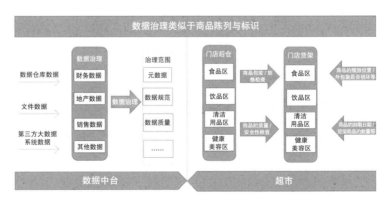

图 2.4　数据治理类似于商品陈列与标识

2.4.1　按数据治理范围分类

按照数据治理的范围划分，数据治理可分为元数据治理、数据质量治理。数据治理相当于超市对商品进行包装检查、摆放位置检查、商品规格检查，以及商品的质量和安全性检查，并定期对门店货架上商品是否过期、商品的数量是否需要补充进行检查。

1. 元数据治理

元数据治理包含表的表结构治理、表中数据治理、字段元数据治理、表与字段的血缘关系治理等，分别可以类比作检查超市食品区的面包的包装是否损坏、面包的配料是否合理、面包的到期时间和货架补充情况，以及货架上面包的摆放顺序和位置。

2. 数据质量治理

数据质量治理一般包含数据的一致性、准确性、及时性、可理解性、唯一性、完整性、规范性治理。

①数据的一致性可以类比为超市的商品和其说明一致，例如进口食品的商品标签与该商品的描述一致。

②数据的准确性可以类比为超市上架的商品与当前的货架分类吻合，例如购买的进口商品的数量准确。

③数据的及时性可以类比为超市能及时提供、上架商品。

④数据的可理解性可以类比为进口商品的使用方法、配料、注意事项可被理解，例如进口商品一般会贴上中文标签。

⑤数据的唯一性可以类比为超市采购的商品是唯一提供商提供的。例如老干妈就是贵阳南明老干妈风味食品有限责任公司提供的，没有其他厂商可以提供。

⑥数据的完整性可以类比为超市的商品没有损坏或过期的现象。

⑦数据的规范性可以类比为超市的商品来自正规渠道，商品质量符合国家规定的标准。

2.4.2　数据中台中各环节的治理工作

在数据中台中，数据采集、数据存储、数据开发等环节都涉及数据治理的工作，具体内容如下。

在信息系统、SaaS 应用、互联网、物联网、第三方大数据系统中，数据的采集是否符合要求，数据的格式和规范是否符合要求，元数据的定义是否规范。

在数据存储环节是否按照不同类型的数据进行划分，例如划分为原始数据层、数据明细层、数据汇总层、数据应用层。

在数据开发环节有数据串列、数据格式错误、数据内容错误、数据中有特殊字符等问题。

通过数据治理工作解决这些问题，数据的价值才可以体现，才能源源不断为报表展示或者其他应用提供有价值的信息。

在数据中台中，数据治理是提供可靠的、有价值的数据的重要环节。正如上面类比的商品治理一样，只有检查商品包装和质量、确认数量，以及查看配料和注意事项、商品的生产日期和过期时间，检查质量是否符合国家规范等，才能保证销售的商品值得信赖。

2.5　数据标签类似于卖场销售经验

数据标签以业务对象为核心，将与业务对象相关的特征信息进行标记、分类、分析和描述，通过标签表达出数据潜在的价值，支撑前端业务的跨域分析和模式创新。借用超市大卖场类比数据中台，数据标签对数据的描述具体丰富，可以精准到客户，就好比卖场基于销售经验，分时间段、分季节安排热卖商品，将其安放在合适的明显区域，如图 2.5 所示。

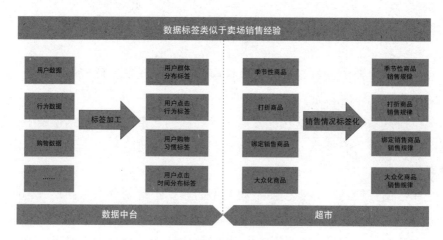

图 2.5　数据标签类似于卖场销售经验

数据标签按照标签的种类可分为基础标签和衍生标签。类似于超市按照不同时间段对商品进行标签化管理，根据销售数量决定采购商品的数量，根据客户标签决定采购商品的种类和营销手段，以优化销售策略，进而提升自身在同行业中的竞争力。

2.5.1　基础标签

基础标签一般与数据仓库中的实体表进行绑定，并与实体表进行字段上的映射。基础标签的实体表是通过数据开发生成的新的表。这类似于在超市采购的蔬菜，经过筛选后上架售卖，超市根据销售数量、销售时间段以及客户群体所总结出的销售规律，对销售的蔬菜打上标签。超市根据这些标签可以发现哪些商品在什么时间段卖得好，从而在以后做出更恰当的采购决策。

2.5.2　衍生标签

衍生标签在加工方案的基础上与实体表进行字段上的映射。衍生标签的实体表是根据标签的加工方案加工出来的。这类似于在超市采购的蔬菜，在销售时会通过优惠活动来促销，例如买 10 千克赠 1 千克，买 20 千克赠 3 千克，再根据这样的优惠活动对销售的蔬菜打上标签。超市会根据以上标签，决策出哪种方式更适合销售商品。根据优惠活动所总结出来的规律，超市管理人员可以发现在什么活动中哪些商品卖得好，决策出哪种方式更适合销售商品，从而改变销售的方式和策略。

在数据中台中，数据标签通常以业务为中心，对业务中的特性数据进行标记和分类，并对这些数据进行处理和分析，挖掘出这些数据潜在的规律和价值，帮助企业创新经营模式。

在数据中台中，数据标签起着重要作用，可帮助企业获得更强的竞争力。正如类比的超市的商品标签一样，企业应用根据商品的销售情况总结的销售规律，可以提高商品销量。

2.6 数据安全类似于超市安保

数据安全通过采用技术和管理手段，保护数据不因偶然或恶意的原因遭到破坏、更改和泄露，确保数据的可用性、完整性和保密性。若用超市大卖场类比数据中台，则数据安全相当于超市安保系统，有效地保护了超市各类商品的安全，保障超市正常的运行，如图 2.6 所示。

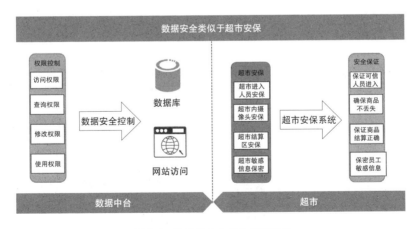

图 2.6 数据安全类似于超市安保

数据安全是指对数据本身和数据防护进行的有效保护，确保数据不被泄露、破坏、篡改、他人利用，确保数据的完整性、可用性、保密性和可靠性。这类似于超市安保系统，保安应确保进入超市的人都是可信任的，避免有人进入超市后破坏商品和实施偷窃；在超市商品区内安装摄像头，保证商品不丢失，不被破坏，同时在结算区配置摄像头，确保商品结算正确，不被重复结算。这是超市安保系统的第一道防线。

在数据安全方面主要是通过某些手段对数据进行脱敏或者加密处理，避免敏感数据泄露，有时也应该对数据进行定期的备份处理，避免数据丢失，给企业造成不必要的损失。

数据中台中的数据安全是访问控制权限和数据保护的安全。正如上面类比的超市安保系统一样，它能有效保护超市的商品和信息等的安全，避免超市出现不必要的商品损失和财产丢失。

2.7　数据服务类似于超市服务

在数据中台中，数据服务是基于数据分发、发布的框架，将数据作为一种服务产品来提供，以满足客户的实时数据需求的环节。它能复用并符合企业和工业标准，兼顾数据共享和安全。若用超市大卖场类比数据中台，则数据服务相当于超市服务，如图 2.7 所示。

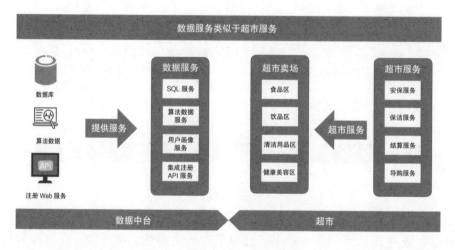

图 2.7　数据服务类似于超市服务

数据服务的类型可划分为直连式服务和间接式服务。这相当于超市的安保服务、保洁服务、结算服务和导购服务等，为客户提供直接或者间接的服务，让客户在购物时更方便和舒适。

2.7.1　直连式服务

直连式服务是直接连接相关联的服务，例如可以通过 JDBC/ODBC 的形式直连数据库，通过自定义查询 SQL，生成数据服务 API，通过算法模型生成算法数据或者通过算法实验生成算法服务 API。这类似于超市提供的必需服务，如保洁人员会及时把超市打扫干净，等待客户来购物；收银人员会在结算区为每次来购物的客户提供结账服务。

2.7.2　间接式服务

间接式服务是指将其他服务能力集成到平台中，以形成统一的授权管理和任务管理的服务。这类似于超市的导购服务，客户可以选择让导购讲解商品的特点或使用方式，也可以自主查看商品的说明或者按照自己的购物经验购买商品。

在数据中台中，数据服务提供的任何与数据相关的服务都能够发生在一个集中化的位置，如聚合、数据质量管理、数据清洗等；或者借助于第三方服务平台，将数据提供给不同的系统和用户，而无须考虑这些数据来自哪些数据源。数据服务有 SQL 服务、算法数据服务、用户画像服务和集成注册 API 服务等。

数据中台中的数据服务在满足客户的实时数据需求的同时，兼顾数据共享和安全，是数据中台中不可缺少的环节。正如上面类比的超市服务一样，其使超市能及时为客户提供各种服务，使客户购物更便捷高效。

2.8　平台运维类似于超市运营管理

在数据中台中，平台运维是帮助运维工程师以最低的成本和最快的速度完成面向用户的服务交付和服务质量保障的环节。在数据中台中，平台运维一般包含数据采集运维、数据储存运维、平台安全运维等工作。若用超市大卖场类比数据中台，则平台运维相当于超市运营管理，如图 2.8 所示。

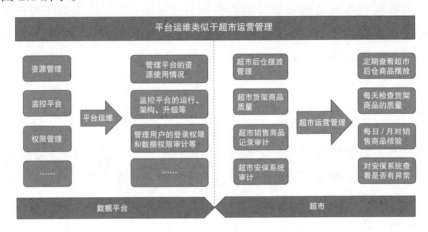

图 2.8　平台运维类似于超市运营管理

平台运维按照运维的类型可分为数据采集运维、数据储存运维、平台安全运维，相当于超市后仓的商品摆放管理、超市商品质量管理，以及对超市销售的商品定期的审计和对超市的安保系统的审计等。

2.8.1　数据采集运维与数据储存运维

1. 数据采集运维

数据采集运维一般会管理离线采集和实时采集的任务，任务类型的分布、任务运行的成功与失败、任务的运行耗时与日志等，类似于超市后仓的商品摆放，以及查看商品是否按照规定的区域摆放、商品是否损坏和商品是否过期等。

2. 数据储存运维

数据储存运维是对保存的数据进行统一的管理，例如对数据的储存和规范、数据的质量情况等进行管理，类似于超市检查货架上的商品摆放是否规范、货架上商品的销售数量以及商品的到期时间，对商品进行统一管理，保证待销售的商品符合标准、规范。

2.8.2　平台安全运维

平台安全运维中的数据安全是指对数据本身和数据防护进行的有效保护，确保数据不被泄露、破坏、篡改和他人利用。这类似于超市安保系统，超市定期地对安保人员培训相关的安全知识，加大超市的安保力度，确保不放入可疑人员、超市设施不被破坏、商品不丢失等；实时查看超市结算区的结算情况，对结算的商品和金额进行核验，保证商品不漏结、不重结和结算正确等；对超市的敏感数据进行人员权限控制，例如商品的进货商、商品利润、员工的工资和超市的收入等情况都只对有权限的人员开放。

在数据中台中，平台运维的最终目的是保证平台所需要的硬件和软件正常运行，发现异常能及时处理，保证平台中访问的用户都是可信任的，平台中的数据不被泄露、篡改、别人利用。对平台产生的日志及时地审计，确保用户的每一步操作都有记录，每一步危险的操作都会被警告，避免突发情况造成用户损失。

数据中台中的平台运维，通过数据采集运维、数据储存运维和平台安全运维，帮助运维工程师完成面向用户的服务交付和服务质量保障。正如上面类比的超市运营管理一样，只有保证超市的设施不被破坏，超市的商品不丢失、不漏结、不重结，费用结算正确以及超市敏感信息不泄露，超市才能正常运行。

2.9 这 5 类企业需要建设数据中台

数据中台提供的自动化、全局性、灵活性，对现阶段需要进行全域、敏捷数字化改造的企业来说价值较高，有 5 类企业迫切需要建设数据中台。数据中台的用户画像如图 2.9 所示。

数据中台的用户画像

业务敏捷需要 01
业务场景具备不稳定性，迭代速度快，所处市场环境变化快，需要具备快速试错和敏捷反应的能力

生态与流程复杂导致互联互通问题 02
事业部生态、流程和组织架构系统复杂导致数据和信息系统存在互联互通问题，需要打通壁垒进行统一管理

精细化运营管理闭环 03
面对复杂多变的外部环境，需要做到敏捷市场洞察和内部风险管控，更需要构建精细化的战略到业务运营的管理闭环

IT制约商业进化能力 04
营收具有一定规模，信息化达到一定的水平，但信息技术仍对企业发展存在制约，需要进行整体的技术升级、业务重构

多业态扩张战略 05
需要实施多业态扩张、多消费渠道触达，希望协调整个产业链上下游合作伙伴之间的资源

资料来源：元年科技

图 2.9　数据中台的用户画像

1. 对业务敏捷性要求比较高的企业

由于企业业务场景具有不确定性，业务场景迭代速度快，所处市场环境变化快，所以企业需要具备快速试错和敏捷反应的能力，这样才能适应市场的快速变化，提升企业竞争力。在敏捷开发的过程中一般企业往往会遇到以下问题。

①企业有正在运行的业务系统，但随着业务越来越多，现有系统二次开发代价越来越大，迭代速度越来越慢，逐渐难以满足企业业务发展需要。

②企业现有业务系统与其他新系统很难集成，在工作协调方面存在问题。

③原有系统每项业务的开发语言、开发规范不统一，为多团队合作开发带来困难，严重阻碍敏捷开发的顺利展开。

针对上述问题，数据中台提供了相应的解决方案。元年科技数据平台提供组件化的开发方式，可以快捷、高效地扩展二次开发能力。企业

通过运用数据中台组件化的开发方式，在符合产品功能逻辑的同时，有助于保持交互一致性，降低耦合度，减少冗余，优化性能，便于多开发协作与查错修改。

2. 生态与流程复杂的企业

企业中如果存在生态与流程复杂的情况，通常是因为企业的生态发展太快，从而没有形成统一的管理方式，为了快速完成任务，没有使用统一的开发规范。这类企业往往会遇到以下问题。

① 企业在扩展新业务时，由于业务流程复杂，所以没有合理规划，也没有使用企业制定的规范。同时企业原有的组织架构导致每个业务模块存在互联互通问题，比如财务、生产和销售之间往往存在业务互联互通的问题，又如各产品事业部之间也存在互联互通的问题。当领导需要报表数据时，因企业每个部门的业务数据系统难以打通，查找各部门的数据非常烦琐，需要通知每个部门的领导进行汇总；有时数据口径不一致，导致大家相互推责，最后导致不能按时提供数据，大大降低了效率。

② 业务的流程比较复杂，在创建任务时没有合理地进行管理，最终导致任务多而乱，在查找、修改任务时流程复杂；使用的技术架构不统一，如每个部门使用的架构大不一样，使用的开发语言不统一，每个部门都是按照自己熟悉的语言开发，导致使用的语言多元化，最终形成维护难、人员成本高、效率低的局面，严重阻碍企业的发展。

针对以上问题，数据中台提供相应的解决方案。元年科技数据平台使用比较流行的架构方式，同时集成了多种开发语言，形成了统一的语言管理，同时通过数据服务把有价值的数据提供给应用调用，打通数据平台中每类数据的通道，以更好地发挥数据的价值。

3. 精细化运营管理闭环的规模企业

这类企业的业务规模大，业务管理的复杂度也高，同时，信息化建设基本覆盖了全企业的业务，有一定的信息化水平。企业面对复杂多变的外部经济环境，需要做到敏捷的市场洞察和内部风险管控，需要通过数据驱动业务的方式，构建从战略到业务执行末端的反馈闭环；同时可以根据不同的业务预警状态进行沙盘模拟，模拟出可执行的管理措施供管理者选择，最终全面构建企业的商业竞争能力。实现数字化经营的企业目前往往存在以下问题。

①企业的业务具有一定的规模，但随着新业务的发展，在创新时企业不能及时适应市场发展的速度。

②企业业务复杂，没有形成合理的管理方案，导致管理者管理困难，问题解决不及时。企业应根据业务场景进行沙盘模拟，从而模拟出可执行的、高效的管理方案。

针对以上问题，数据中台提供了相应的解决方案。元年科技数据平台可以管理复杂业务的流程，做到管理合理、高效，为敏捷性新业务的发展做强大的支撑。该平台的沙盘模拟功能，可以以业务数据做沙盘模拟，模拟出可执行的、高效的管理方案。

4. 被 IT 制约了新型商业进化能力的企业

有的企业会受到 IT 制约，通常是在营业收入具有一定规模，信息化建设达到一定水平后，随着市场化业务的发展，企业中已有的 IT 已不能满足企业的发展需要，IT 严重制约企业的发展步伐，急需升级 IT 或者重构 IT 架构。例如某茶的案例，由于其管理模式是从上到下的管理，如果总店的数据因为 IT 的制约不能及时传达给加盟店，会导致加盟店的数据获取不及时，从而影响加盟店的新型商业能力的提升。这类企业往往会遇到以下问题。

①由于企业发展的时间比较长，使用的是旧 IT，但随着社会快速的发展，新业务的要求不断提高，旧 IT 已不能满足新的业务需要，急需升级旧 IT 或者重构旧 IT 架构，否则会严重影响企业发展新的业务，降低企业在市场中的竞争力。

②旧 IT 在二次开发和维护的时候耗时长且成本高。

针对以上问题，数据中台提供了相应的解决方案。元年科技数据平台技术积累雄厚，具备开发的规范性、性能的优越性、代码的易维护性、平台运行稳定等特点。

5. 实施多业态扩张战略的企业

企业实施多业态扩张战略通常是因为其对外有多业态扩张的需求，希望达成多消费渠道触达，协调整个产业链上下游合作伙伴之间的资源。这类企业往往会遇到以下问题。

①原有业务平台系统在集成第三方数据时加载慢、流程多、任务管理烦琐。

②为产业链的上游或者下游提供数据不及时，导致客户丢失，严重影响企业的发展。

针对以上问题，数据中台也提供了相应的解决方案。元年科技数据平台可以快速集成每个业务的数据，使多种不同业务的数据无缝连接在平台中，便于数据使用者快速地了解每个业务数据的价值，了解每个业务数据的走向，从而分析上下游数据的走向，提升数据的处理能力，为企业实施多业态扩张战略提供有力支持。

第**3**章　数据中台建设：从方法论到实践

数据中台建设是一项长期工程，不可能一蹴而就。为保证数据中台建设能够稳妥、有序地进行，企业在建设数据中台时需要先谋篇布局，即做好数据应用规划。

3.1 传统 IT 规划转变为数据应用规划

2000 年前后，国内企业进入了信息化建设热潮，彼时 ERP 成为业界的一个热词，不同企业的信息化建设路径并不相同。对于中小企业而言，组织结构、业务类型和流程等复杂度较低，企业可以通过购买套装 ERP 软件的方式进行信息化建设。中小企业的信息化建设较为简单，不需要进行 IT 规划，但对于大型企业来说情况就不一样了。与国外企业不同，我国大型企业，尤其是集团企业，规模庞大、组织结构复杂、业务流程较为冗长，加上我国大型集团企业往往多元化经营，不同业态经营管理的内容往往有较大差异，使得大型集团企业信息化建设需要借助于 IT 规划，通过分步实施的方式进行信息化建设。

3.1.1 企业 IT 规划的三个阶段

彼时，对于如何进行 IT 规划，像 IBM 公司（International Business Machines Corporation，国际商业机器公司）、德勤、凯捷这些头部咨询公司进行了有益的探索，并提出了各自的建设方法论，但其在内容上大同小异。以 IBM 为例，企业 IT 规划分为三个阶段。

第一阶段是评估现状并分析需求阶段。企业通过业务战略和管控模式制定信息化建设愿景和目标。在理解业务战略和管控模式的基础上，结合行业最佳实践对企业的核心业务进行分析，通过与企业 IT 现状进行比较，寻找二者的 IT 差距，明确企业各领域信息化建设需求。

第二阶段是远景规划阶段，明确 IT 建设方向及原则，规划企业的远景蓝图，对应用架构、数据架构和技术架构以及管理体系进行规划。

第三阶段是实施计划制定阶段，实施策略和项目定义，并对关键项目投资收益进行分析，制定项目实施计划。

在传统 IT 规划的带动下，企业实现了流程规范化。通过在系统中实现流程固化，企业给相应的角色赋予相应的权限，明确员工的职责，减少部门之间、员工之间可能存在的推诿现象，用信息系统替代人工操作，减少人工操作过程中难以避免的失误，提高准确性以及工作效率。

3.1.2　信息化建设面临的问题

随着互联网经济的兴起，企业面临的竞争环境越来越复杂，原来只需要专注于线下渠道，现在需要考虑线上线下如何协同；原来只需要关注行业内其他竞争对手的一举一动，现在还要担心其他行业的跨界威胁。一家原来可能名不见经传的企业的创新可能会对行业产生巨大影响。环境的变化也要求企业必须提高经营管理的信息化水平，但传统的信息系统所能提供的支持能力严重不足。

很多企业的信息化建设目的往往是各个部门能满足自身管理的需要，同一家企业内部不同部门的信息系统往往是由不同供应商来提供的，由此造成不同的信息系统处于割裂的状态，不同部门之间缺乏信息关联，形成信息孤岛。常见的问题有以下几方面。

①同一个主体在不同系统中名称不一样。比如一家公司在采购部门的系统中被标记为"×× 投资发展有限责任公司"，在销售部门的系统中被命名为"×× 投发"，在运营部门的系统中又被命名为"×× 公司"。

②在不同部门的信息系统中，编号 001 的客户可能并不一样。比如，在空调事业部编号 001 的客户是甲公司，而在冰箱事业部则是乙公司。

③同一个名词在不同信息系统中可能界定不同。比如某房地产企业不

同部门对"项目分期"的界定不同，在成本部是按照楼栋的开工时间划分项目分期，营销部则以推盘时间为依据，而财务部则以竣工交房时间作为项目分期的划分依据。不同部门对项目分期界定的依据不同，容易导致在不同部门的信息系统中，同一个名词的含义不同。这些不同会导致相同的后果：企业无法及时获得全局视图，极大影响企业的决策速度和质量。

从上述分析可以看出，同一家企业不同部门的信息系统很可能存在数据无法共享的情况，不同系统间甚至出现数据冲突的情况，企业现有的信息系统无法提供全局的数据作为支撑。众多企业决策层已经意识到工业时代的资源已难以引领其走向未来，开始寻求数字化与业务的融合，一些头部企业和头部咨询公司已经开始了在数字化转型方面的尝试，它们大都将目光投向了数据，把数据作为类似于石油的生产要素，纷纷寻求从流程驱动业务转向数据驱动业务，利用企业内外部各类数据赋能企业经营管理。

在这一探索过程中，虽然有企业根据自己的实践提出了一些产品建设路径，但是对于如何利用数据驱动业务似乎没有特别清晰、完整的数据应用规划思维和方法论。那么什么是数据应用规划，它和传统 IT 规划有什么区别呢？下文将展开介绍。

3.2　数据应用规划与传统 IT 规划的比较

相比于传统 IT 规划，数据应用规划复杂性高、难度大，对企业提出了更高的要求。一些企业可能采取实施传统 IT 规划的方式来实施数据应用规划，结果事倍功半。企业在实施数据应用规划时首先需要注意其与传统 IT 规划的差异。

3.2.1　流程建设方面

传统 IT 规划一般采取流程驱动业务的方式落地，流程和需求被放在一起考虑，流程建设是信息化建设的前提条件。

1. 流程驱动业务的作用

流程驱动业务可以把过去分散的岗位、表单和作业通过 IT 系统串联起来，通过流程的标准化提高工作效率。以物资采购申请为例，采购人员在系统中发起物资采购申请后，系统将申请单据自动流转到下一个节点并提示下一个节点的审核人员进行审核，采购人员可以在系统中看到申请单据的流转情况。在系统中固化采购申请流程后，采购人员不需要到领导办公室提交申请单据，从而避免浪费工作时间，也避免越级审批等情况，规范了企业管控。而且系统为各个角色的员工赋予了相应的权限，明确了每个员工的权利和责任，这可以减少工作当中的推诿现象，提高企业的工作效率。

2. 传统 IT 规划对企业的掣肘

尽管传统 IT 规划帮助企业提升了工作效率，但它自身存在的缺陷也让企业在应用过程中受到掣肘。企业在进行传统 IT 规划时，往往是由企管部门来绘制企业流程，企管部门不一定清楚每个流程在实际运转中的情况，比如哪些流程是高频流程、哪些是僵尸流程，以及现有流程在实际操作时会碰到哪些瓶颈等。当业务发生变化时可能需要增加新流程，而系统中并不能及时创建新流程，工作人员可能只能通过办公自动化（Office Automation，OA）系统临时拼凑流程，这会严重影响流程的效能。另外，传统 IT 规划下，流程往往基于部门构建，鲜有跨部门业务流程。由于不同部门的信息系统相互间是割裂的，企业难以获得经营的全局信息，对于一些综合性问题难以及时获取相关信息。比如成本超支的原因，可能是生产工人不熟练导致材料过度消耗，也可能是材料质量不合规引起的，还可能是采购价格过高导致的。在割裂的信息系统中，企业决策层很难及时获知相关信息并做出正确决策。

3.2.2 结构化数据方面

传统 IT 规划注重的是可以表单化、流程化和报表化的信息，也就是说在传统 IT 规划下，企业更为重视结构化数据的收集。

但企业经营过程中可以收集到的结构化数据是有限的，随着互联网的快速发展，各种设备、平台等充满大量的半结构化数据和非结构化数据，比如机器设备传感器传输的信号、客户在微信朋友圈中对商品发表的评论、微博用户的互动信息、抖音或快手或 B 站上的视频，这些数据可能对企业决策具有更为重要的价值。依靠结构化数据可能可以较好地进行事后分析，但其对事前预测和事中监控来说则远远不够。以营销为例，在社群营销时代，通过对网站上音频、视频或文字等数据的分析挖掘，企业可以更为确切地掌握社群的偏好，并适时推出相应的营销策略，以获取更好的营销效果。

也就是说，在数据爆炸的时代，企业要想更好地做出决策，需要将业务和数据全面融合，通过结构化数据、半结构化数据和非结构化数据还原企业真实经营过程，更加丰富地展示企业面临的市场环境；通过企业内外部数据之间的叠加计算更深刻地理解业务，最大限度地发挥数据对企业的价值。

3.2.3　半结构化数据和非结构化数据方面

传统 IT 规划重视结构化数据的收集，而对半结构化数据和非结构化数据则显得不够重视。数据应用规划则能够实现包括结构化数据、半结构化数据和非结构化数据在内的所有数据的收集。为什么二者收集的业务数据会有如此大的差异呢？这要从传统 IT 规划的弊端、数据应用规划的便利说起。

1. 传统 IT 规划的弊端

传统 IT 规划强调采用信息技术记录业务的过程，具体表现为单一地使用关系型数据库或实时数据库来表达业务流程和单据中的数据信息。而系统与系统之间、流程与流程之间的数据如果要进行集成，则会受限于硬件资源的运算效率和传输速率，系统响应时间较长，数据质量也难以保证，集成方式调整较慢，大数据量传输难以进行实时校验。

2. 数据应用规划的便利

数据应用规划大量应用了当下流行的信息技术工具，除了管理运营数据外，还能够快速集成客户运营信息、设备运营信息和外部市场数据。

大数据平台可以承载和处理各种不同类型的数据，同时还能保持高性能；云计算的底层基于云原生底层技术架构，能够确保业务应用、数据处理具备高可用性、高安全性、高性能，还能保持开放性以及敏捷迭代响应，而微服务架构能够应对快速变化、弹性伸缩，确保高可用性、高性能；在移动互联网时代，通过移动应用技术可以采集更多信息，包括图片、声音等信息，可以更加方便地进行管理模式的探索。而且移动服务解放了办公的空间和时间问题，企业员工可以通过远程上班、在线会议等方式推动工作的进行。在移动服务情境下，用户具有更多应用场景，流程不再是唯一的选择，而基于场景化的应用和经营管理逐渐地得到了广泛的认可。

随着物联网技术和 5G 的应用，在大量物理设备上加装的各类传感器可以收集状态参数，使企业可以实时了解客户、产品以及业务状态。比如，在智慧农业建设过程中，可以在农作物生长环境中安装一系列传感器，以实现对土壤、水肥等一系列农作物生长情况的实时监控。

除上述各种新兴信息技术外，智能化技术带来了一系列算法，可以帮助企业通过算法找到一些数据的答案，甚至解决一些以前难以解决的问题。比如在新零售领域，商家可以通过收集客户的购买记录数据和行为数据，对客户进行深层次的了解。

3.2.4　数据应用规划方面

传统 IT 规划难以避免业务越管越僵化的困境，而数据应用规划则可以实现业务随需而变。

1. 传统 IT 规划的僵化现状

正如前文所述，传统 IT 规划通过流程固化等方法帮助企业提高了工作效率，但代价是流程一旦被固化就失去了灵活性。在竞争日益激烈的市场中，企业自身经营管理策略的改变或外部市场的变化都可能导致企业业务流程发生变化，这必然也要求信息系统进行相应的调整，而要在信息系统中进行流程上的调整就会涉及二次开发。在传统 IT 规划下，二次开发的难度大、效率低，一般都要四个月以上。而正常情况下一家企业每隔六个月就需要重新审视企业内部的业务流程。这也就造成这样一个困境：当信息系统刚刚完成按照之前业务流程审视提出的要求进行二次开发时，新一轮的业务流程审视又开始了，导致即使在信息系统上进行了大量的投资，其仍无法满足现阶段的业务要求，信息系统更新永远赶不上业务变化的要求。这容易让企业决策层认为信息化是一个需要大量投资却没有效益的无底洞。

更严重的是，企业为了应对市场竞争，可能要对组织架构进行大幅度的调整，但在传统 IT 规划下的信息系统中进行这种调整的难度是巨大的。

2. 数据应用规划补短板

与传统 IT 规划不同的是，数据应用规划采取的是敏捷化开发方法。敏捷化开发方法强调以用户的需求进化为核心，采用迭代、循序渐进的方法进行软件开发。如果业务需求发生了变化，即使是在开发后期，敏捷化开发方法也能适应变化，保持企业的竞争优势。而且敏捷化开发方法能够尽早交付有价值的软件以使企业及时满足客户的需要，时间周期可以是几个星期或几个月。

3.2.5　经验决策方面

尽管在传统 IT 规划中信息技术有助于提高企业决策水平，但经验决策仍占据着重要的地位；而在数据应用规划中强调数据科学在决策中的作用。

1. 管理层应用数据进行决策的重要性

传统 IT 规划建设尽管可以帮助企业实现信息化建设，但企业未必建立了应用数据进行决策的方法，即使管理层寻求通过数据支持其决策的方法，也面临着数据孤岛、数据标准不统一等情况导致缺少可以为其决策提供支持的数据的窘境，经验决策便成了决策者倚仗的决策方式。

以焦炭为例，焦炭是生产螺纹钢的主要原料之一，而螺纹钢又是房地产开发建设的重要原料，也就是说焦炭市场深受房地产市场的影响。而由于地理环境条件的限制，我国北方地区在冬季时房地产开发建设活动往往较少，这也会导致该地区房地产企业在冬季对焦炭的需求大幅下降，焦炭价格在冬季会走低。按照过往的经验，焦炭企业应该在冬季选择减产。但今年的冬季可能是一个暖冬，冬季的房地产开发建设活动并不比秋季少，如果企业还是按照以往的经验继续执行减产策略，无疑将错过获利的好机会。依据经验来决策很容易演变成"四拍"，即拍脑袋、拍胸脯、拍大腿、拍屁股，从而给企业带来巨大损失。

而在数据应用规划中则采用数据驱动业务的方式。所谓数据驱动业务，就是全面、系统地通过数据分析理解业务，发现和解决业务问题。数据应用规划注重数据在决策中的作用。在焦炭的案例中，企业决策层可以根据温度等气象资料，通过搭建预测模型对今年冬季的天气状况进行预测，以更合理地进行生产决策。当然影响冬季焦炭生产决策的因素有很多，除了温度外，还有焦炭产地周围一定范围内的交通情况等因素。在数字化时代，企业通过全方面收集相关数据为全面决策提供依据。

2. 企业各级人员都要借助数据进行决策

进一步来说，在数字化时代需要借助数据进行决策的不仅包括企业高管，企业各层级的管理人员、各业务人员都可能需要基于自身的管理情境做出相应的决策。

比如，企业高管可能需要决定是否继续进行某一项并购业务，营销部门总监则需要思考产品是否需要降价，生产车间的一个班组长则需要思考如何降低产品的生产成本。决策场景不同，需要用到的数据、算法、应用模型相应地也不同。数据应用规划能够帮助决策人员基于具体的工作场景，借助历史参考、市场参考、同行参考等信息，通过数据和数据算法形成一套科学的逻辑，作为决策的参考。在数字化时代，场景化决策分析能力成为企业制胜的关键。

数据应用规划能帮助企业更好地应对市场中日益增加的不确定性。

在现在这个充满不确定性的时代，数据量呈现几何级数增长，企业各项事务也呈现出极速变化的形态，决策速度成为企业赢得竞争的重要因素。企业要根据市场环境变化和自身经营管理的需要迅速做出应变，信息系统需要能够迅速提供决策需要的丰富的信息。

3.3　数据应用规划的六大要点

3.3.1　高价值业务场景

虽然业界已经可以通过数据成熟度模型、数据应用健康度体检等方式来衡量一个企业数据的应用水平，但数据应用的最终目的是为业务提供服务，应该从数据对业务产生的价值贡献度来衡量一个企业的数字化水平。结合多年的管理咨询经验及大量的行业标杆实践，笔者认为可以将数据对业务价值的贡献分为效率提升、效益提升和模式创新三个层面。

1. 效率提升

效率提升的具体体现与融合范围有关。如果数据应用只是应用在某一业务条线内，则其可以帮助员工消除重复工作环节、替代复杂计算逻辑工作。例如，手机银行 App 的推广和普及大大减小了银行柜台工作人员的工作强度，减少了银行的柜员岗位，提高了银行对客户服务的效率。

2. 效益提升

效率提升是数据对业务价值的最低层次的贡献。在将数据应用扩大到企业所有业务条线之后，其可以帮助管理层看清业务全貌，并在不同业务条线间高效协同，消除企业内部存在的信息孤岛，提高经营决策效益。仍以银行为例，无纸化签名等技术的应用在保证银行业务合规性的同时，也减少了银行的纸张成本，同时客户的交易数据都完整地保留在数据库系统中，不会像纸张那样容易遗失，也可以降低单据丢失的风险。

3. 模式创新

数据应用的最高境界是通过数据结合算法工具，从海量数据中提炼洞察信息并将其转化为行动，从而推动实现大规模的商业创新。比如，银行在推广数据应用之后，可以通过对客户的银行交易记录、工作单位信息等进行深入挖掘，形成客户画像，对不同的客户给予个性化定制服务，打造自身的竞争优势，实现零售银行的转型。

3.3.2　管理对象的数字孪生

企业要实现数字化转型，首先要对自己的管理对象进行数字化建模，形成一个个相关的动态的数字特征体，这样才能够进行更多数字化的叠加应用，否则企业的数字化转型愿景便会犹如空中楼阁，难以实现。

数字化原生企业借助于数字化能力在商业模式的进化速度上和经济效益倍增上形成了指数型的增长趋势，其中重要的一点是它们对自己的管理对象进行了丰富的数字化建模。比如，通过沉淀客户的行为数据，电商企业对客户进行了丰富的数字化建模，这称为客户画像。借助数字化应用规划，企业可以实现千人千面的客户画像，并且它能对企业的一系列经营决策进行情景模拟，从而帮助企业确定最合适的方案。当然客户画像只是管理对象数字孪生的一部分，如打车平台可以对司机和乘客分别进行数字化建模，而共享单车企业可以对自行车设备进行数字化建模。在对管理对象进行数字孪生方面，互联网原生企业走在了前面，并且已经积累了一定的经验。对于传统企业而言，数字化转型的重点是对能够给企业创造价值、提供价值优化的一些资产对象和业务对象进行数字化建模，当然传统企业对管理对象的数字孪生相比互联网原生企业而言要复杂得多。

3.3.3　沉淀管理与业务信息

在管理对象数字化建模之后，不同管理对象之间存在的关联关系也需要在信息系统中通过恰当的方式予以表达。理论上讲所有管理对象相互间都存在相关性，在大数据情境下相关性可以算法的形态展现。在数据应用规划中，数据扮演着重要的角色。企业不仅收集内部数据，还从外部获取相关信息，企业不仅收集结构化数据，也收集半结构化和非结构化数据。这些数据从不同的维度反映了外部环境的变化、企业管理决策的影响以及企业业务的运营情况，当企业将这些数据资产化后，数据当中所蕴含的管理和业务信息也相应地被沉淀。企业管理层可以通过算法设计，挖掘数据背后隐含的管理经验和业务能力。

3.3.4　承载企业大数据的技术架构

数据应用规划要求企业具备承载企业大数据的技术架构。大数据的应用价值高，能帮助企业更好地进行经营决策，但大数据来源分散、格式多样，对数据采集、处理、分析、访问及应用等工作也提出了更高的要求。比如：在数据采集层，除了传统的 ETL 离线采集之外，也有实时采集、互联网爬虫解析等渠道；在数据处理层，需要根据不同的处理场景要求划分Hadoop、大规模并行处理和流处理等。这要求企业在应用大数据时搭建不同于传统数据仓库的平台架构。

3.3.5　数据质量管理与数据安全管理

成功建设数据中台需要进行数据质量和数据安全管理。

1. 数据质量管理

在数字化时代，通过数据驱动业务决策逐渐成为众多企业的共识，但通过数据驱动业务决策的前提是通过数据能够帮助企业做出正确的决策。这就对数据提出了要求，在实务当中只有高质量的数据才能够让企业放心大胆地在数据驱动业务决策的道路上前行。俗话说"垃圾进，垃圾出"，数据质量是数据分析和数据挖掘结论有效和准确的基础，企业需要对数据进行贯穿数据采集、数据处理、数据存储、数据服务及应用全过程的质量管理。那应该如何保障数据质量呢？数据质量管理关注数据的完整性、准确性、一致性和及时性。

①完整性，指数据的记录是否存在数据缺失的情况，这是数据质量的基础。

②准确性，顾名思义，是指记录的数据和信息是否准确。

③一致性，是指同一个指标在系统中不同的地方是否一致。

④及时性，是指数据能否及时产生。市场不确定性越大，业务决策对数据的及时性要求往往越高。

2. 数据安全管理

要保证获得高质量的数据，企业可以从管理元数据、统一数据标准、监控数据质量和做好数据资产管理四个方面着手。

（1）管理元数据

简单来说，元数据是关于数据的数据，也就是用来描述数据的数据。例如，我们在学校读书时肯定填写过学生信息表，信息表中包括姓名、性别、年龄、就读专业等栏目。这里的姓名、性别、年龄和就读专业就是"学生"这条数据的元数据，它们是用来刻画学生的。元数据和高质量数据之间存在什么关系呢？实际上，数据的使用者在使用数据时难以避免直观印象的干扰，特别是当数据呈现的结果和使用者自身的直观印象不符时，使用者往往会对数据产生怀疑：系统中的数据是不是有错。而元数据是对系统数据的规范，使用者通过元数据管理可以清楚地了解各个数据的来龙去脉，包括数据采集、转换等规则，增强对数据质量的信心。[①]

（2）统一数据标准

很多企业在建设数据中台过程中往往会遇到不同系统数据标准不统一的问题，造成不同部门提供的同一指标的数据相差甚远，无法确定哪一个是准确的数据。数据标准不统一容易导致企业数据口径不一，大幅降低数据可信度，导致管理者无法站在企业层面进行统一决策。数据标准是对数据的规范化定义和解释，通过统一数据标准能够增强业务部门和技术实施部门对数据定义和使用的一致性；通过促进系统集成，充分实现信息资源共享，并作为信息系统开发时进行数据定义的依据，使得企业能够从提升管理能力的数据需求出发，建立起数据共享和信息交换的平台。

（3）监控数据质量

数据处理流程分为数据采集、数据清洗和数据结果呈现三个阶段，企业在各个阶段都需要监控数据质量。但不同阶段对数据质量的关注点是不一样的：在数据采集阶段最重要的是要保证数据的完整性，数据清洗阶段关注的是数据的一致性和准确性，数据结果呈现阶段致力于为使用者（如

---

① 数据仓库或数据集市建立好以后，使用者在使用的时候，常常会产生对数据的怀疑。这些怀疑往往是由于底层数据对用户来说是不透明的，使用者自然会对结果产生怀疑。而借助元数据管理系统，使用者对各个数据的来龙去脉以及数据采集和转换的规则都会非常了解，这样他们自然会对数据的质量有信心，同时其可便捷地发现数据所存在的质量问题。甚至国外有学者还在元数据模型的基础上引入质量维，从更高的角度上来解决这一问题。

企业决策层）提供数据，保证数据提供的及时性和准确性。不同的关注点有不同的监控要求，完整性监控一般在数据接入时进行，着重注意两个方面：数据条数是否充足，某些字段的取值是否缺失。准确性监控多集中在业务结果数据上，一致性监控主要针对同一指标在多处计算之后是否会出现不同的结果进行，及时性监控则针对结果数据是否在指定时间点前计算完成进行。

（4）做好数据资产管理

数据被认为是在数据时代中最为重要的生产要素之一。舍恩伯格认为：虽然数据还没有被列入企业的资产负债表，但只是时间问题。数据是企业的一项重要资产，企业需要做好数据资产的管理工作，通过建立专业组织（如数据资产管理团队）、制定相关的流程规范（如接口规范、模型规范、指标规范等），以及采用合适的 IT 手段（包括数据质量管理、元数据管理、数据生命周期管理、数据安全管理等）实现对各种数据资产的管理，以更好地实现业务价值创造。

除数据质量管理外，企业还需要重视数据安全管理。近年来数据泄露事件频发，许多企业都发生过数据泄露事件，这引起了人们对数据安全的高度关注。对于企业而言，可以从终端数据、网络数据、存储数据和应用数据等方面着手，通过分层建设、分级防护创建数据安全管理体系。

3.3.6　采用混合交付实现信息化向数字化转型

互联网原生企业在数字化方面拥有很多便利，而传统企业要实现数字化则相对复杂一些，特别是很多传统企业在此前已经进行过多年的信息化建设，投入了各种资源，搭建了如数据仓库、数据湖、大数据平台等各类信息化系统平台，形成了信息化体系。如果为了进行数据应用规划而彻底放弃原有信息化系统平台，那么将造成巨大的成本浪费，同时企业也会面临较大的建设风险。

元年科技认为，企业在从信息化建设转向数据应用规划的过渡期内应该采用混合交付方法。也就是说，信息化时代的产物可予以保留，并按照传统的 IT 建设方式根据业务的要求逐步迭代。随着信息技术的发展，全新的数据应用方式会在未来 5 ~ 10 年逐渐占据主流，对于新的系统建设可以采用敏捷迭代的方式，从系统开发开始就由业务顾问、开发人员、运维人员等人员参与，这种方式也称为全栈交付。过渡期的这种混合交付方式用通俗的话来说就是：老人老办法，新人新办法。

综上所述，元年科技认为，场景在数据应用规划中居于非常重要的位置，企业的数据应用规划应以场景为驱动，通过自上而下对业务场景进行识别、分类和排序，确定每个场景的数据应用目标，并明确各个场景所需的数据模型和数据源。随着业务场景的不断丰富，企业可以不断沉淀和优化数据模型，解决数据开发过程中出现的问题，实现数字化能力的持续提升。场景驱动的数据应用规划建设离不开数据。从数据源集成，到数据分类开发，再到数据建模与服务，如果能够形成按需加工的数据工厂，那么原来的数据孤岛才能真正变成活数据，才可以服务于业务场景。在数据应用过程中，需要通过数据治理来确保数据的可信度。

当然，场景驱动的数据应用规划实践不是一蹴而就的，企业应鼓励员工大胆尝试，并建立容错机制，这样才能更好地推进数据应用规划建设。

3.4　七步成诗：元年科技数据中台建设方法

笔者认为数据中台的建设应当分为七步：定、盘、规、治、建、融和用。

1. 第一步是"定"

所谓"定"，就是明确数据中台建设目标。数据中台并不是单纯的 IT 问题，它实际上是一个企业管理问题，需要管理层从企业全局的角度，基于企业战略，确定数据中台建设目标。在数据中台出现之前，企业可能并不清楚自己的数据平台中有哪些数据，可能也不清楚要如何使用这些数据，在碰到需要的数据缺失时往往并不清楚应如何获取这些数据，在企业层面数据管理混乱，由此导致企业内部在进行决策时沟通时间长，所耗费的人力成本和时间成本都很大。通过搭建数据中台，企业可以建立一个能够对各业务部门的数据需求和数据服务快速响应的有效机制，消除各部门、各系统的数据孤岛，实现全域级的统一数据资产管理。在建设目标确定之后，接着可以确定数据中台的建设范围、适用场景、服务对象等。

2. 第二步是"盘"

所谓"盘"，是指企业要清查自身情况。"定"为企业建设数据中台确定了努力的方向，明确目标之后，在采取行动之前还需要先摸清楚企业的现状，这就需要"盘"。通过盘点，企业可以掌握数据资源的全貌，明确还有哪些数据是可以使用的。数据盘点首先是对现有数据进行梳理，盘点的内容具体包括数据分布情况、标准情况、集成情况和采集情况等。在实际操作过程中企业可以按照数据资源的类别进行盘点，比如既可以按照数据格式将其分为结构化数据、半结构化数据和非结构化数据进行盘点，也可以按照数据描述的内容将其分为实体数据、交易数据、行为数据和统计结果数据进行盘点。此外，还可以按照数据存储形式（分为块存储的数据、文件存储的数据、对象存储的数据）或者数据归属地（分为内部数据和外部数据）进行盘点。在盘点过程中，一些数据可以存在交叉或重复，但一定要确保没有出现数据遗漏的情况。通过对现有数据的梳理，企业可以明确各部门现有输入和输出的数据，摸清各部门需要其他部门提供哪些数据，以及各部门自身向其他部门提供了哪些数据。除了对现有数据进行梳理外，数据盘点还包括对数据需求的梳理，收集汇总各部门对数据的需求并进行分类，确定数据的业务定义和统计口径。

3. 第三步是"规"

"盘"帮助企业摸清自身情况，但如果只是简单地将数据汇集到数据中台这一企业全域级数据中心，那么对企业的经营决策帮助并不大。简单的"盘"并不能让企业整个数据体系实现流通，可能只有技术部门才能使用这些数据。因此，在定好目标、盘点清楚现状之后，企业需要采取行动进行建设。但不以规矩，不能成方圆，在采取具体行动之前企业还需要制定行动规范，具体包括应用规划、场景规划、数据架构、原则规范、组织岗位、制度流程和数据标准等。

4. 第四步是"治"

"治"指的是治理，即明确与数据中台相关人员的角色及其工作责任和工作流程，以确保企业的数据资产可持续地得到管理。企业进行数据治理的核心是认清数据成熟度的现状，找出差异并制定短期、中期和长期的战略计划。要做好治理工作，企业需要建立数据治理体系、组织架构，并结合自身的实际情况制定一系列有据可依的管理办法。企业数据中台的治理体系包括数据模型、指标体系、数据标准、元数据、数据质量和数据安全等。

5. 第五步是"建"

"建"也就是建设数据中台，具体工作包括建设基础平台、数据采集规范、数据治理规范、数据开发规范和数据服务规范等。需要采集的数据既包括传统方法下收集的业务数据，也包括用户行为数据，如浏览数据和点击数据。在完成采集工作之后，对数据进行组织和利用，才能发挥它的价值。

6. 第六步是"融"

"融"是融通的意思，即把与数据中台相关的技术工具、行为规范有机地融为一体。数据中台是企业全域级数据中心，为企业进行一系列决策提供信息，它并不孤立地存在于企业当中。数据中台要更好地发挥作用，需要借助一系列技术工具，并建立一套行为规范，具体包括数据融合、数据建模、数据开发、数据治理和数据标签等。以数据融合为例，数据孤岛导致企业的用户数据割裂，企业对用户的认识存在片面性，因此可能做出错误的决策。数据融合能够帮助企业勾勒用户的全貌，可以帮助企业发现新规律、新价值，提高决策的正确性。比如，以前对用户进行信用评估主要基于该用户的历史借贷记录，但对于新用户而言，企业缺乏历史借贷记录。在数据融合的基础上，企业可以借助该用户的身份特征、行为偏好、社交关系等生活属性数据从侧面评估用户的信用。

7. 第七步是"用"

把数据中台搭建起来之后，接下来就需要将数据中台投入使用。数据中台主要为企业决策提供数据服务，企业在使用过程中可能会发现原来设计或建设时存在的不足或缺陷，也有可能随着市场竞争环境、企业战略的变化需要对决策场景等进行优化，这些都可以通过循环迭代的方式实现。

常见的数据服务包括查询服务、分析服务、推荐服务和圈人服务。查询服务是通过输入特定的条件，返回该条件下的数据集并将查询结果提供给业务前台使用，这是常用的一种数据服务类型，应用场景非常广泛。分析服务则是应用大数据技术手段实现对数据的高效关联分析并将分析结果提供给业务前台使用。推荐服务是在对客户进行全面画像的基础上向他们定向、精准地推送服务产品。圈人服务是以产品和营销活动为核心，基于标签组合圈定营销对象。

第 **4** 章　数据中台：
企业经营的全面"赋能官"

近年来，全球经济形势发生了很大的变化，国际贸易变化增加了全球经济的不确定性。与此同时，数字经济在全球范围内获得了极大的发展，以信息技术、数字经济、人工智能为代表，新技术的发展必然促进新产业的形成和传统产业的变革。在百年未有之大变局下，我国也重新定位了发展战略，"十四五"期间的核心思想之一是"以国内大循环为主体、国内国际双循环相互促进"，即双循环战略。

与宏观因素巨变相似，企业的经营环境也发生了不小的变化。以消费端为例，20世纪80年代是"产品为王"的时代，随后市场演变为"渠道为王"，之后是电商的兴起。在电商发展到一定程度后，社交电商、线上到线下（Online To Offline, O2O）纷纷登上舞台。在这样的历史背景下，国内外龙头企业纷纷推动数字化建设。美国GE（通用电气）公司在2012年率先提出了工业互联网的概念。我国企业也不甘落后，美的、三一重工、钢集团也都在2012年进行了数字化转型。加上我国颁布的诸如《关于加快推进国有企业数字化转型工作的通知》等文件的大力推动，极大地促进了我国越来越多的企业加入数字化转型的行列当中。

4.1　数字技术与管理需求

4.1.1　数据赋能一线人员

商业环境的变化要求企业内部形成平台型组织，以沉淀大量的经验和数据，赋能一线人员的工作，做到权限下放、数据上收、精细化管理，以及服务与管控一体化。这样做的具体优势如下。

①可以快速捕捉服务对象或管理对象（如客户、机器设备）的动态变化。

②将管理能力和业务经验逐步建设为企业的平台知识库。

③使战略提出、目标分解、具体业务执行、事前测算、事中控制及事后分析等环节形成闭环。

④使企业决策体系具有灵活性，在商业布局、业务模式、决策方式和业务场景不断变化的情况下，依然能够应用对应的数据来支撑业务决策与客户服务。

⑤能够利用更多不同类型的数据来为客户服务、经营决策甚至商业模式的演进提供价值。

…………

4.1.2　数据赋能经营管理

传统的管理手段不具备上述优势，企业必须借助数字技术能力，并与管理需求相融合才能实现数据赋能经营管理，这体现在以下五个方面。

①数字经济时代，依托数据中台构建管理对象的数字孪生，是企业形成数字化新型商业能力的重要载体。数字孪生是对物理世界某一个实体在数字空间中的表述，管理对象的数字孪生实质上是构建一个物理世界中的企业在数字化世界的映射。传统的信息系统只是用数据描述企业管理对象的特征及已经发生的变化，这些数据通常都是结构化数据，信息单一，只适合对企业进行日常维护。数字化阶段追求用数字定义一切，通过集成先进的信息通信和自动控制等技术，在物理世界之外构建一个平行的虚拟空间，并能够将物理世界中的物理实体、生产环境和产品生产制造过程映射到这个虚拟空间中。企业可以通过物理世界和虚拟空间之间的交互，借由虚拟空间"预见"管理决策的结果，通过不断地迭代过程选择最优决策，实现真正的"遇见未来"。

②原本存在于个体身上或停留在纸面上的业务经验和管理规范，可以借助数据中台中的数据资产、指标体系、标签体系和算法模型等方式沉淀为企业统一的知识和经验。在专业分工、知识爆炸的时代，员工大多数按照自己的工作职责，只耕耘于自己的工作领域，很多时候以隐性知识的方

式形成自身对企业经营的片面理解。一旦员工离职，这些知识也被员工带走，导致企业资产流失。另外，企业的一些经营决策，尤其是重要的决策，往往需要站在企业全局的角度来考量。将隐性知识转化为显性知识，将片面理解整合为全面理解，对企业的长远发展具有重大价值。数据中台可以实现企业内部统一语言、统一标准，并通过算法模型实现将隐性知识转化为显性思维模型，沉淀企业的知识和经验。

③通过数据中台可在技术层面形成"业务数据化、数据资产化、资产服务化"的闭环，这是为了在业务层面将各场景形成"目标—执行—监控—绩效"的经营闭环。在数据中台的帮助下，企业可以实现从多源头对企业的经营数据进行采集，企业的业务经营过程以数据的形式被记录下来。与以往对业务记录不同的是，数据不再是企业经营的副产品，而成了企业经营的生产要素。数据挖掘工具通过数据分析识别业务的发展变化趋势，解决业务问题或挖掘新的机会，为企业创造新的价值。

④数据中台使企业在外部市场和内部经营环境不断变化的情况下，灵活地做出业务决策。企业业务决策往往由业务人员做出，但业务人员大多不懂 IT 知识，这就增加了业务人员运用 IT 工具进行业务决策的难度。数据中台的技术架构灵活，可以实现低代码开发和可视化配置，大大降低了对 IT 能力的要求，业务人员可以容易上手。而且，数据中台数据丰富、算法模型到位、计算速度快，数据源和算法模型都可以根据业务决策需要进行快速调整，能够适应前端业务人员快速多变的决策要求。

⑤数据中台可以汇聚更多不同类型的数据，如图片数据、视频数据、定位数据、物联网数据等，可以更好地为企业进行客户服务、经营决策甚至商业模式的演进提供价值。在大数据时代，数据类型除了结构化数据以外，还包括半结构化数据和非结构化数据，而且半结构化和非结构化数据占比越来越大，它们对决策的价值也比结构化数据更大。

4.2　数据赋予业务经营超能力

对企业而言，数据赋能企业的业务经营可以分为沉淀企业级管理标准、构建企业数字化经营大闭环、拉通价值链各环节业务小闭环、拉通职能域各业务小闭环，以及基于场景级的数据驱动业务和决策。

4.2.1　经营方面

1.沉淀企业级管理标准

在传统 IT 规划中，企业通过信息设备可以收集大部分数据，当然主要是结构化数据。但随着外部环境的发展，结构化数据只是企业业务数据的一部分，而且占比相对较小。很多与企业经营有关的数据是半结构化或者非结构化数据。数据中台能够打通全局业务，既能够采集结构化数据，也能够采集半结构化数据和非结构化数据，既能够收集线下数据也能够收集线上数据，既可以收集全局层面的统计数据，也可以收集精细化数据，进而帮助企业收集能够反映企业业务全貌的所有数据。只有完整地保留这些数据，企业在后续经营决策过程中才能真实还原先前的经营过程，提炼历史经验，进而真正为未来的决策提供借鉴。

数据中台消除了企业内部原本存在的一个个信息孤岛，制定统一的信息规则、数据标准和相关指标阈值，打造企业层面的统一平台和统一的数据体系。进一步地，通过对历史数据的沉淀和挖掘，数据中台可以帮助企业发现隐藏在数据背后的逻辑联系，明确数据间的匹配关系，为企业决策层制定经营决策提供有益的借鉴。数据中台可以帮助企业实现内外部数据的实时收集，通过实时数据与企业标准的对比分析，有助于企业做出更恰当的经营决策。

2.构建企业数字化经营大闭环

从战略管理的角度，企业的经营是一个制定企业战略、编制战略规划、执行战略规划的闭环，在对战略执行结果进行评价的基础上，反馈企业战略，在必要的情况下对战略进行修订。所以，企业经营实际上是一个从事前规划、事中监控到事后评估反馈的连续不断、循环往复的过程。在数字化时代，数据成了这个过程中最为重要的生产要素。企业要进行事前规划，不仅需要借助于内部历史数据，还需要外部市场数据，进而对行业前景、未来发展情况进行预测。在事中监控方面，企业需要在管理过程中掌握运营的实时数据并对实际运营和预算数据之间存在的差异进行多维度分析，找出实际经营过程中存在的问题，并寻求相应的解决方案。在事后评估反馈阶段，企业获得实际经营绩效和财务绩效数据，这些数据实际上是企业业务经验和管理经验的沉淀，有助于企业在未来进一步优化经营。

4.2.2　业务实施方面

1.拉通价值链各环节业务小闭环

企业的生产经营活动可以分为基础活动和支持性活动。基础活动是企业进行的与商品生产加工直接相关的活动，一般可以分为原材料采购、生产加工、市场营销和售后服务等。基础活动是企业的基本增值活动，构成企业的主要价值链。支持性活动是企业内用以支持基础活动而且内部又相互支持的活动，又被称为"职能域"，比如人力资源、财务、法务等活动。不管是价值链还是支持性活动，其都可以形成闭环。比如，价值链上的营销环节可以进一步细分为销售目标制定、执行、监督和营销绩效反馈四个环节，营销绩效反馈又可以为下一次的销售目标制定提供参考，由此构成了营销业务的闭环。

2.拉通职能域各业务小闭环

与价值链上的营销等环节类似，诸如人力资源、财务和法务等职能域也可以分解为小闭环，也正是这一个个小闭环的循环往复推动了经营大闭环的运转。比如，企业的人力资源管理基于企业的战略规划制定人力资源战略，并在该战略的指导下开展员工的招聘、选拔、绩效考核等工作。这些工作相互联系、相互影响，帮助企业形成合理化的人力资源配置有效循环，支持企业实现战略目标。

3.基于场景级的数据驱动业务和决策

传统信息系统提高了决策者的决策速度，但决策内容基本上是千篇一律的，且缺乏灵活性。市场竞争的加剧提高了对企业决策水平和速度的要求。在"快鱼吃慢鱼"的年代，企业只有主动适应市场环境变化，并结合自身优势做出合理决策才有可能在竞争中胜出。要提高决策水平，企业需要建立基于场景的决策机制，决策者能够根据自身的需要对数据进行个性化加工。这对企业的数据采集、存储和处理能力提出了更高的要求。比如需要建立更多维度的数据；企业需要给数据打上适当的标签；数据可以随时随地供决策者调用，决策者既可以调用大颗粒度数据，也可以调用明细颗粒度数据。显然这些都只有在数据中台中才可以实现。正如前文所述，与决策有关的数据结构复杂且来源多样，因此企业需要在决策过程中灵活调用多个来源的数据。数据赋予业务经营超能力如图 4.1 所示。

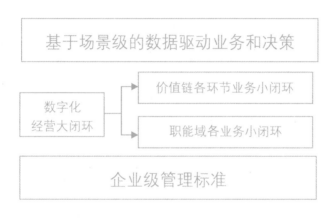

图 4.1　数据赋予业务经营超能力

4.3　数据赋能企业经营管理环节闭环

企业往往以管理技术为抓手实现对经营活动的决策与控制，数据中台需要借助管理技术结合具体场景进行决策与控制，实现数据赋能。管理会计正是企业在经营管理过程中所采用的一系列管理技术的合集，它以增加企业价值为目的。首先，其可以为企业决策者提供一个工具箱，里面包含全面预算管理、成本管理、绩效管理等技术工具，在企业战略的指导下完成对战略的分解，并用于指导制定企业的中期规划及年度目标；其次，在企业实际运营过程中，其可以对整个运营过程进行实时监控；最后，每过一段经营期间，企业便对过去一段期间的经营业绩进行评估，并将其作为对未来计划的借鉴。下面选取一些较为常见的管理会计工具来阐述这些工具在数据中台的支持下如何发挥作用。

4.3.1　全面预算管理

全面预算管理是一个复杂的系统工程，预算编制通过一套表单明确企业在未来一定期间内的资源分配及经营目标，每张表单都具备一定的逻辑关系，而表单与表单之间的关系更为复杂。尤其是预算表单中既包括财务预算又包括业务预算，业务预算与财务预算隐含在全面预算管理过程中。

1. 两个基本职能

决策与控制是全面预算管理的两个基本职能。

决策侧重在年度预算中实现资源的合理分配，由于资源是稀缺的，企业决策层在分配资源时不得不做出权衡。不同的业务运作方式使业务资源具有不同的分配方式，并很可能带来不一样的财务绩效。为了达到更好的财务绩效，企业应该合理分配业务资源，决策层需要理解业务和财务之间的逻辑关系。但在传统信息系统环境下，企业各部门的数据往往不能有效联通，造成企业并不清楚自身所拥有的资源，也就难以实现资源的最优配置。

而控制则强调利用全面预算这一工具让企业员工能够齐心协力，确保企业战略目标的实现。控制职能以实现全面预算目标为企业年度经营的准绳，当实际运营情况偏离预算情况时，企业就需要采取措施纠正偏差。就国内现阶段全面预算管理而言，如何实施预算控制一直是困扰企业管理层的一个大问题，特别是如何在事前做好预算审核和控制。传统预算系统与财务系统、业务系统不联通，可能导致管理层在进行预算审批时并不清楚审批项目是否纳入预算，是否还有足够的预算额度，由此导致审批之后才发现不存在预算或者预算超额的情况。

另外，预实分析是企业实施全面预算管理的重要环节。但在传统信息系统中，企业进行预实分析时使用的实际数据往往需要手工收集或者从系统中获取，而系统中的数据又往往不准确，预实分析过程中难以实现数据的下钻，也影响了分析效果。尽管 BI 分析可以实现数据下钻，进行更深次的展示，但 BI 系统基于数据仓库建模，数据的实时性相对较差。

2. 数据中台助力企业提升全面预算管理能力

在数据中台的支持下，借助于其强大的数据采集、开发和存储能力，企业全面预算管理将向场景化转变，并能够实现快速滚动，提升企业对业务的指导能力，更好地起到资源协调和控制作用。

（1）数据中台可以为全面预算管理提供强大的数据基础

企业的全面预算管理在从目标到计划到预算到资源到行动的整个过程中，对数据的需求涵盖了整体预算目标完成情况、关键行动方案、资源使用内外部对标、预算执行情况自评、外部市场的评价以及新一轮的循环整个过程。比如，对于预算目标，企业不仅要基于内部的财务数据和业务数据，更要结合自身所处行业、所处商业生态圈、未来的经营环境等多项内外部因素进行制定。也就是说，全面预算管理需要的数据包括财务小数据、业务中数据和互联网大数据。

在数据中台的支持下，企业基于内存多维数据库、敏捷 BI、大数据等新技术，可以从物联网、云平台、存储设备、移动终端等多种渠道全面获取内外部的海量数据，通过 ETL、日志服务等技术完成数据收集，并将它们存储在数据库中，这些数据可以全面应用于企业的业务经营和管理决策。而且，借助于数据中台，数据的获取更为及时，数据更为完整，质量也更高，全面预算管理也相应地更精准、更有效。

（2）数据中台可赋予全面预算管理系统智能的、快速的建模能力

全面预算管理通过构建量化模型来模拟和还原特定业务场景的业务流程，以实现对具体业务在未来不同情况下的数据测算。系统的建模能力和对模型的应用能力在很大程度上决定了预算结果的有效性。

过去，无论是手工模式下的 Excel 表格、ERP 中的预算模块，还是专业预算软件，均无法满足精准、实时的全面预算管理对模型的需求。但基于数据中台的支持，企业可通过开展在线数据建模、基于智能算法进行统一画像和构建公共数据模型，借此构建业务预测体系，基于企业战略要求和年度经

营目标，快速制定针对特定业务场景的经营计划，及时响应复杂业务的变化并做出快速调整，并使用诸如神经网络、规则归纳等技术发现数据之间的关系，做出基于数据的推断。例如，制造企业可根据实际情况设计机器学习算法，搭建模型进行智能化的库存优化、销售预测和产销平衡。

（3）数据中台可以实现预算内容的场景化

在智能时代，场景化决策分析可助力企业获得更强的竞争力。在全面预算管理中，场景化预算可以将预算深入企业最基础的细分业务环节中，基于不同的业务场景设置模型，将预算数据反馈于对该场景业务的运营和决策。场景化预算能够大大提升预算的细度，并有力提升全面预算管理的科学性和数据的准确性，体现管理的精细化要求。而且，场景化预算能够实现业务与财务的真正融合，体现管理的个性化。传统预算存在的突出问题是全面预算管理与业务经营脱节，企业级预算难以结合不同部门、不同业务的个性化特点对不同情境下不同预测模型及影响因子进行合理选择，难以实现业财融合，未能对企业具体的业务经营活动形成有效指导。而场景化预算则可以将预算直接下沉至具体的工作场景中，让预算与具体业务结合，从根本上弥合业务与财务的鸿沟。这使得企业能够在瞬息万变的市场环境中，基于不同部门、不同业务的具体特点进行情景模拟和数据测算，从而有效提升企业决策的正确性和效率。

（4）数据中台可以让企业滚动预算真正"滚"起来

传统预算自诞生以来，编制的内容一直以年度预算为核心，这样可以确定年度目标并将其分解落实到各责任主体，使得年度预算成为一种非常重要的控制工具和绩效考核的基础。但随着企业市场环境和经营环境变化加快，未来的不确定性逐渐增加，这种全面预算管理模式的价值就会大大降低，一些学者甚至认为应该抛弃全面预算工具并提出了超越预算的概念。

数据中台以智能技术为核心，数据存储、数据计算、数据分析能力均大幅提升，无论企业多频繁地改变预测数据，也无论企业对多大规模的预测数据进行调整，系统都可以确保数据读写、计算、存储、交互的敏捷性。企业可以借助滚动预算工具，对原有的预算方案进行调整和补充，逐期滚动，持续推进。而且企业全面预算管理的周期可以从过去以年度、季度为基础，快速向以月、周、日甚至实时为基础演进。这就为滚动预算创造了前所未有的应用基础，也极大地弥补了年度预算存在的缺陷。

4.3.2　成本管理

　　成本管理是管理会计的重要组成部分，主要包括成本核算和成本管控。成本核算是企业成本管理的基础部分，传统的信息系统能够胜任大规模生产方式下的成本核算。但近年来，企业的经营环境更加复杂多变，竞争也变得更加激烈，企业在运营上日益以客户为中心，而面对更加个性化且变化节奏更快的客户需求，企业越来越多地采用定制化生产模式，直接成本在企业成本中所占比重迅速下降，而间接成本激增，使得传统的依靠规模经济创造成本优势的模式基本失灵，也给企业成本管理提出了全新的难题。

　　新一代信息技术为成本管理所带来的最根本改变就是将"现实的万物"和"虚拟的互联网"整合在一起，即形成物联网，使企业能够实时、准确地获得更全面的成本信息，从而推动精细化成本管理的应用。物联网是通过射频识别、红外感应器、全球定位系统、激光扫描器等信息传感设备，按约定的协议把任何物品与互联网相连接，进行信息交换和通信，以实现对物品的智能化识别、定位、跟踪、监控和管理的一种网络。借助于物联网技术，企业在运输、入库、领用、出库、销售等所有环节中，可在多个管理节点采集成本数据并将其传入数据仓库。物联网对成本管理的贡献可以分为三个方面。首先，物联网为成本管理提供了真实、完整、实时的数据基础；其次，物联网使生产成本计算变得可追踪，结果更科学、合理，财务人员也能准确掌握生产线上各作业环节的消耗，并基于大数据和其他智能技术实现对成本的动态核算预测、控制和分析；最后，物联网实现了成本管理工作的自动化。从物联网获得的数据可以与机器人流程自动化（Robotic Process Automation，RPA）技术相结合，进一步延伸实现自动化流程，使成本管理工作一定程度上实现智能化，降低成本、提高效率。

　　在新技术的推动下，企业的成本管理可在五个方面实现创新。

1. 成本核算从规模化到个性化

　　困境：智能制造时代最大的特征之一，便是个性化定制生产模式的兴起，企业生产方式不再是大规模、批量化的，这会显著减弱企业的规模效应，使得企业面临成本显著上升的风险。传统的大批量的平均成本和单位成本测算也变得不合时宜。

解决方法：企业需要进行个性化的标准成本测算，准确核算单件、单批次产品的成本，并进行成本归集和分摊，进而准确地进行订单盈利分析和决策。

2．作业成本法迎来更大应用空间

困境： 近年来，随着企业经营环境的改变和先进生产技术在企业中的成功应用，企业的成本结构正在发生巨大的变化，即直接人工成本在产品成本中所占的比例逐渐下降，而固定制造费用的比例大幅上升。

解决方法：与传统成本核算方法相比，作业成本法是一种更合适的方法。它将成本计算深入作业层次，对企业所有作业活动追踪并动态反映，进行成本链分析，可以准确分配高额的设备投资、研发成本和人工成本等。在未来的企业成本体系中，作业成本法将拥有越来越重要的位置。

作业成本法对信息系统提出了较高要求，要求系统能够提供生产作业环节的精细化、实时化的数据，并具有强大的数据采集、成本计算、成本分析、成本预测等功能。物联网利用射频识别技术（Rodio Frequency Indentification Devices，RFID）实时追踪整个领料、生产、入库流程，及时更新产品信息，从而使生产成本计算变得可追踪，结果更科学、合理，财务人员能准确掌握生产线上各作业环节的消耗，并实现对成本的动态核算和管理，为作业成本法的深入应用提供技术支撑。作业成本法也将迎来更广阔的应用空间。

3．成本管理迈向即时化、动态化

困境：过去很长一段时间，受限于信息技术条件，企业信息基础普遍较为薄弱，对数据的归集、挖掘和利用能力较弱，很难针对成本的变动趋势提供即时性信息，几乎不具备动态管理的条件。这使得企业传统的成本控制大多都以日常生产经营活动为基础，侧重于事后的成本管理控制，往往难以充分发挥成本管理的预防性作用。特别是在个性化、定制化的制造模式下，由于很多产品可能是一次性的，所以意味着一旦产品在实施阶段出现失误，其损失便不可挽回，这就要求企业进行全程、动态成本管理。

解决方法：在物联网环境下，以人工智能、大数据为代表的新一代信息技术的快速发展使得动态化的成本管理获得了关键的技术支撑。企业产品的资源消耗、产量等各种信息都能够通过物联网准确、及时传递到成本管理系统，帮助企业进行实时核算。这使得企业能够在产品设计、制造过程中对单件、单批次产品的实际成本进行即时、准确核算和计算，将各个单项合同（费用项目）的实际成本与目标成本进行对应。这可以使企业掌握产品从设计成本、制造成本到合约规划成本等各项成本的变化趋势，对于成本偏差及时分析原因，促进后期对成本的有效控制，为企业及时进行成本决策提供支撑，并确保产品盈利目标的实现。

4. 成本管理扩展到全周期、全链条

困境：传统的成本管理重点关注对生产过程中的料、工、费进行控制，在生产阶段削减成本的空间十分有限，实际上产品成本在研发设计阶段就已经在很大程度上确定了。在定制化方式下，企业需基于订单安排设计和生产，对产品进行全成本管控，产品设计研发和销售在作业链两端变得越来越重要，而中间端的生产环节相对弱化，过去只重视生产过程而轻视设计研发和销售环节的成本核算已经变得不再适宜。

解决方法：企业需要构建从需求、设计、生产到销售、售后服务甚至产品回收再处置的全周期成本管理体系。在智能化时代，企业产业链上下游的供应商、制造商、分销商以及零售商，通过物流、信息流，已经变为一个不可分割的有机整体。企业可以通过集成整合上下游资源，打造智能制造大数据信息平台，集中采集、治理、计算、建模和挖掘企业内部的业财信息和外部供应商、客户等上下游资源的相关信息，并将处理后的信息提供给数据应用端开展相应的成本核算、预测、决策和分析等工作，实现成本最低。

5. 成本管理与商业模式和流水线相匹配

在平台化企业运营模式下，企业管理的触觉必须延展至整个商业生态系统，企业的成本管控必须跳脱内部延展到外部。同时，在工业 4.0 时代，成本管理不再是单纯的管控，而已上升到成本设计和成本管控的耦合阶段。由此，对战略成本进行设计和管控成为必然。基于商业模式的日趋复杂，以及流水线作业的日趋自动化、智能化，战略成本管理要更深地渗入业务中，实现与业务的更紧密结合，做到反映业务、引导业务发展，其运行要与企业的商业模式和流水线相匹配。

4.3.3 管理会计报告

管理会计报告的信息化是企业管理会计报告的重点发展方向。通过企业的 ERP 等软件展现企业的经营信息，是企业管理会计报告系统的基础功能。企业需要考虑自身的经营特点和管理基础，搭建能够满足自身需求的管理会计报告体系。

1. 实现中高层管理人员、一线人员全覆盖

数据中台能够帮助企业搭建起一套不仅包括中高层管理人员，还包括业务一线人员的管理会计报告体系。管理会计报告是企业的内部管理报告。它是由企业编制，并在企业内部传递，为董事会、管理者和其他员工所使用，满足其控制战略实施、实现战略目标等管理需要的信息报告。在传统的管理方式下，管理会计报告通常提供给企业的中高层管理人员使用，比如提供给董事会和监事会等高层的战略管理报告、企业综合业绩报告、重大专项报告等，或者提供给财务部门负责人的资金管理报告、融资分析报告，又或者提供给营销部门负责人的企业营销业绩情况报告等。但在市场竞争越来越激烈的情况下，企业要赢得市场竞争，需要充分发挥业务一线人员的潜能，充分对一线人员进行赋能，以赢得竞争优势。企业要向业务一线人员进行授权，让他们成为决策者，能够基于自己所处的场景进行决策。也就是说，在智能财务时代，人人都是决策者。管理会计报告不能仅仅是专供决策层使用的工具，而是上可为高层管理者辅助决策、中可为中层管理层强化管控、下可为基层员工提高效率的全面的智能化工具。换言之，一套完整的管理会计报告体系应是涵盖业务层、经营层和战略层需求的分层级的管理会计报告体系。借助于数据中台，企业具有更完善的基础数据、更稳定的数据存储能力、更快速的数据计算能力、更深入的数据分析能力，这些使得企业的内部报告体系具有强大的建模能力——可按不同主题建立业务模型和财务分析模型，发现数据之间的关系，做出基于数据的推断。企业对数据的分析应用工作可以实现向自动化、智能化、场景化发展，进而为各层级管理者的科学决策提供量化信息支持。

2. 数据展现与分析能力强

数字化时代的管理会计报告系统在数据展现方面具备多维度、可视化、

定制化的鲜明特点。一方面，借助后台的多维数据模型，系统可以向数据分析人员提供更灵活的自助数据分析功能，让分析人员能够通过拖曳、单击等快速操作，在数据模型中对数据进行快速、多维度分析，并输出或者保存分析报告。用户还可以利用语音或者文字交互，采用类搜索引擎的方式向系统提问，系统自动理解问题并在后台数据库中探索数据，并将其以适当的形式呈现给用户。另一方面，借助智能技术和前端数据分析技术，管理者可以获取到更简洁、更直观、更及时的可视化预测信息。这些信息经由计算机基于对使用者的需求进行筛选后，通过屏幕展现。管理者可以基于场景化的屏幕做出战略决策和经营管理决策，这将大大提升管理者的数据认知效率，提高决策的及时性和准确性。

3. 财务报告、管理报告逐渐实现融合趋同

除此之外，基于数据中台，企业可以实现财务报告和管理报告的融合。

（1）什么是财务合并报告、管理合并报告

在集团企业的财务体系中，往往同时存在财务合并报告和管理合并报告（财务报告包含但不限于财务合并报告，管理报告同理）。财务合并报告是传统意义的合并报告，是由企业编制并对外提供给投资者、债权人等利益主体使用，能够反映母公司和其全部子公司形成的企业集团整体财务状况、经营成果和现金流量的报告。它以量化的财务数字分科目表达，主要满足对外披露的需求，需要定期编制，并严格执行《企业会计准则第33号——财务报表合并准则》。类似地，管理合并报告是企业的内部管理报告，也就是管理会计报告。它是由企业编制，并在企业内部传递，为董事会、管理者和其他员工所使用，满足其控制战略实施、实现战略目标等管理需要的信息报告。管理报告的形式、格式、编报周期均由各企业自行确定，具有充分的自主性、灵活性。

（2）两个报告的差异与合并难点

财务报告由凭证、账、个别报表、合并报表构成，数据清晰可查，规则标准统一，过程可追溯，结果经过审计核查，准确、完整、可信。而管理报告从管理控制及绩效评价角度，更关注细节信息，如管理会计（报表）展示单个产品、部门（甚至员工）或顾客的财务信息，并且可用于模拟不同经营方案的财务结果（如本量利分析）。

　　站在使用者的角度，无论是财务报告还是管理报告，其数据均应为企业的真实数据，不应存在重大差异。但在实务中，财务合并报告属于传统财务会计范畴，通常由财务部负责编制，而管理合并报告属于管理会计的范畴，通常由管理部或财务部下属管理会计相关部门负责编制。尽管基于同一套底层数据，但基于两种规则，形成了两套报告体系，数据在客观上存在差异。而多数情况下，难以对这些差异进行解释，即使要解释也需要耗费大量的人力、物力。另外，财务合并报告在编制中规则严谨，且经过审计师的审计，数据质量更高，更具可信度。而管理合并报告根据内部管理的需求而编制，且无须经过审计师审计，一旦与财务合并报告差异较大，数据准确性就容易遭到质疑。两类报告中存在的数据差异，极大地削弱了管理合并报告的可靠性与可用性。财务合并报告的规范性、准确性和管理合并报告的业务性、指导性需要有机融合，以更好地满足企业内外部的要求。

（3）两个报告合并的优势

　　从实务上来看，财务合并报告和管理合并报告关注的数据存在高度的一致性，两个报告融合有利于对数据的综合利用。一方面，财务合并报告的编制者需要基于对业务信息的了解才能更准确地进行账务处理和信息披露。例如，编制者需要了解区域、产品、业务类别等业务信息才能编制出合规的分部报告。同时，编制者还要基于对应收账款所涉及项目的状态、区域、责任部门、客户、客户资信等情况的了解，才能对应收账款做出科学的风险评估，继而完成坏账计提和相关账务处理。另一方面，管理合并报告的使用者在关注经营信息的同时，也会关注收入、利润、回款情况等财务经营的主要信息。

　　在信息技术的推动下，随着财务数据中台、业务数据中台等创新理念的引入和发展，财务数据亦将实现中台化；在财务数据中台，企业可以应用具有较多功能的财务系统，对财务会计和管理会计科目及相关信息进行细致的分类编排，以便于数据检索和统计分析。二者在统一数据源库中的应用，可以有效避免会计信息失真现象，也可以对复杂烦琐的会计基础工作进行必要的简化，进行集中化、统一化的管理。也就是说，在财务数据中台的支持下，财务会计和管理会计不再是泾渭分明、独立运行的系统，而是相互融合的系统。相应地，财务合并报告与管理合并报告也应逐步实现融合趋同。

4. 管理会计工具实现升华

进一步地，数据中台不仅可以帮助企业实现管理会计工具在企业的落地，还可以帮助企业让管理会计工具实现升华。以阿米巴为例，阿米巴作为一种新的经营理念在国内得到了越来越多的关注。但目前国内的阿米巴基本上都是通过账簿处理方法，先出账再出报告。在应用数据中台后，系统能够采集数据，不管是在颗粒度方面还是在内容上都比传统信息系统更具优势。在数据中台的支持下，系统可以采集细小颗粒度的数据，也能够采集诸如能量耗用等能反映业务运营情况的数据，使得不管核算主体是谁，在系统的支持下都能形成相应的业绩报告。

5. 数字时代，让企业管理会计形成闭环的"四中心"

结合多年的实务经验，笔者认为数字化环境下企业可以通过在信息系统中建立"四中心"（即监控中心、决策中心、指挥中心和策略中心）完成数字时代企业管理会计闭环，并以此驱动数字化战略转型，实现数字技术驱动、数字化管理变革、商业模式创新。

①监控中心着重于事中监控，通过一系列监控指标，如销售量同比、客户利润率等，敏捷及时地进行运营状态监控，实时捕捉业务动态，监控经营趋势，发现经营问题。决策层在系统提示发现问题后，可以进入决策中心。

②决策中心可以提供深入的管理洞察能力，为企业决策层、管理层实时提供管理分析报告，帮助管理层准确掌握企业运行状态。在监控中心传递企业经营实际情况后，决策中心可以自动筛选经营决策策略，并将其提供给决策层。决策层根据业务趋势分析、目标达成分析、财务指标分析等深入洞察业务，识别问题，并借助于分析及规则，对各个备选方案进行模拟评估。

③决策层通过指挥中心进行决策分析、选择及任务下达，指挥中心应用以人工智能为代表的智能化技术，为决策层提供敏捷、实时的决策能力，将管理决策和任务自动下达到各业务系统，打通从决策到执行的最后一公里。除此之外，在指挥中心中，决策层还会注意在决策执行过程中进行管理改善，并跟踪执行结果及反馈。

④策略中心提供以企业管理规则为基础的支持能力。这些能力来源于

企业在先前经营过程中积累的问题、策略方案、管理方法等内容，策略中心可以实现将这些知识数字化，并将其固化在系统当中，变成企业经营决策的数字大脑。这些知识成为企业以后进行决策的基础，助力企业实现数字化运营。

在系统落地之后，上述管理会计闭环支持企业管理层对管理问题发起任务或提问，要求任务责任人对报表做出解释与沟通，并提交管理改进措施。企业管理层可以在管理报告系统中查看改进措施的实施情况，并在下个管理报告周期中查看改进措施是否生效；管理层对未按时完成和已经完成的改进措施可以进行绩效打分，并将相关数据合并到执行层的月度、季度、年度绩效中。当然上述四中心所形成闭环的正常运转有赖于一个统一的数据平台，即数据中台。从上述分析可以看出，在 VUCA 时代，市场不确定性增强，企业的业务一直在动态变化，但传统 IT 规划下的信息系统灵活性不足，难以进行相应的调整，导致信息系统不能充分满足业务发展的要求。而数据中台统一了数据标准，建立了统一的数据平台，扩大了数据采集和存储的范围，提升了数据处理能力，其功能比较灵活，并能够根据业务的变化进行相应的调整，能够给企业带来更大的价值。

4.4　数据赋能企业价值链

正如 4.3 节所提到的，数据中台需要以管理技术为抓手并结合具体场景进行决策与控制，才能实现数据赋能。数据中台能够实现数据赋能的场景到底有哪些呢？不同行业企业的经营情况差异明显，比如房地产开发企业和一家生产毛绒玩具的企业，不管是服务的客户群体还是产品的生产流程都存在差异。尽管如此，仍可以将企业的生产经营抽象为两个方面：价值链和职能域。价值链有内部价值链和外部价值链之分，内部价值链直观来讲就是企业生产产品的业务链条，具体来说可以分为采购、生产和营销。外部价值链则将视角从企业内部扩展到企业所在产业的整体产业链上。职能域是企业中为使价值链正常运行而提供支持服务的部门，比如人力资源部门、财务中心。

以下将从内部价值链角度来分析数据中台如何赋能企业的全域业务。

4.4.1　采购环节

采购是企业生产经营当中非常重要的活动，采购哪些物料、采购多少数量、什么时候实施采购，需要结合企业历史销售情况、当前存货结构等情况综合考虑才能做出决定。采购在企业生产经营当中扮演着牵一发而动全身的角色。在数据中台的支持下，企业可以供应商全生命周期流程为主线，识别采购管理的薄弱环节，并通过数据运营提升整体能力。

1. 降低采购成本的方式

采购成本的主要影响因素有采购价格、发货成本和库存成本。要降低采购成本可以从采购价格、发货成本和库存成本三个方面着手。

降低采购成本有多种途径，可以通过供应商扶持、供应商评价等手段加强与现有供应商的协同，也可以根据企业的供应布局、采购寻源和供应产地等因素挑选新的供应商，还可以通过集中式采购等方式进行采购成本管理，或在采购执行环节进行管理，比如进行库存管理、采购周期管理等。

2. 采购价差管理中的数据分析与应用

下面以采购价差管理为例说明如何进行数据分析与应用。

（1）什么是价差率

对于企业采购而言，价差率是一个需要企业特别关注的指标。所谓价差率，就是采购实际价格与原来预算的差额，体现实际采购成本是高还是低。导致材料采购价差的因素很多，可能是不同的供应商供货引起的，也可能是购买物料品种或等级不同导致的，还可能是采购时间点的选择引起的，等等。因此，对于价差率，可以从供应商、物料、时间等维度进行分析，着眼于价差率走势、价差损失金额占比情况，定位产生价差率的原因。

（2）如何具体分析价差率

企业可以通过数据中台调用历史数据进行对比分析，可以通过近 3 年同期同材料采购价格对比分析，也可以将历年来供应商采购合同中与应付账期和价格相关的条款进行比较分析，探讨价差率是否由应付账期和价格引起。

当然价差率也可能是外部原因引起的。数据中台在整合内部数据的同时也采集了外部数据，可以通过对外部数据，如行业数据的分析查找价差率产生的原因，比如原材料供应商的产能被压缩、供应商的议价能力有所提升。

在数据中台的支持下，企业可以应用数据多维度分析价差率产生的原因，在多维度分析原因之后，决策者可以进行模拟决策。比如，企业可通过调整供应商来降低采购成本，也可以有针对性地扩大采购范围，或者和供应商建立长期合作关系、共享降本利益，等等。不同的模拟方案会带来不同的结果，企业可以通过对一系列结果的判断选择最适合的方案并采取行动。

借助供应链大数据和移动应用，企业可以动态监控各维度的采购价差数据，并通过分析价差率、价差损失趋势，识别物料价差风险，消除价差率。

3. 为企业的库存管理提供决策支持

数据中台可以为企业的库存管理提供决策支持。数据中台可以实时采集现有库存、物料需求、物料历史消耗、订单发运等数据。在这些数据的基础上企业可以进行库龄分析，对一些库龄时间超过规定期限的存货给予预警；通过库龄和消耗计划的联合分析，可以测算未来一段时间内存货是否存在呆滞的风险，或者缺货的可能，并可以依此进行风险预警，企业还可以根据相关标准评估风险等级。企业可以通过这些风险预警相应地调整供货节奏，或者通过营销资源的调整推动存在呆滞风险的物料的销售。在数据中台的帮助下，通过上述分析发现问题后，企业还可以进一步指定相应的负责人员追踪后续调整情况。

4.4.2　生产环节

生产是企业实现价值增值的关键环节。但不同的行业，生产过程并不相同。比如，在制造业当中，生产过程是企业对采购的原材料进行加工并将其转换成产成品的过程，产品的生产过程和消费过程是分开的；而在竞技体育行业，生产过程则体现为运动员为观众奉献一场精彩纷呈的比赛，生产过程同时也是消费过程。但不管在哪一个行业，产品的生产过程不可避免地需要应用设备。这里的设备可以是工厂中的庞大机器，也可以是运动员身上的可穿戴设备。在这里，笔者以设备为例分析数据中台如何为设备进行数据赋能。

在数据中台的支持下，企业可以通过为设备进行画像实现数据赋能。对设备进行画像是管理孪生的一部分，本质上与客户画像是一样的，是通过算法来标签化设备的数据信息与特征，管理孪生是数据应用规划中非常重要的一步。

客户画像是借助大数据技术收集与客户有关的海量数据，并进行智能分析、计算，从而提取客户特征的工具。与之类似，对设备进行画像也需要从多个渠道收集类型多样、内容丰富的数据。在对数据进行清洗、去重、去无效和去异常等处理之后，应对其进行加工，并采用多种算法提取设备的特征，进行行为建模以抽象出设备的事实标签、模型标签和预测标签，以反映设备的基本属性、运行情况、安全状况，预测设备的潜在风险等。通过设备画像，工作人员可以详细了解每台设备的实时运行情况、历史缺陷记录和历史检修记录等信息，方便工作人员制定设备检修计划，并针对现有缺陷提前做好相关准备，做好设备的全生命周期管理。

4.4.3　营销环节

营销环节直接面向最终客户，是企业内部价值链中非常重要的环节。

1. 数据中台为营销决策提供更多支持

数字化营销是数据中台中应用较为成熟的一个功能。数据中台采集企业内部经营管理和外部市场数据，可以为营销决策提供更多支持。

以某药业公司为例，在建立数据中台的基础上，该公司建立了药品的市场罗盘，用于分析行业的竞争格局。公司通过数据中台从外部获取各大药品销售平台上各品牌在各个区域（如华北、华东）各个具体的网点、各种具体商品的销售信息，从而明确各平台的市场占有率、各品牌的区域渗透率及网点数量等信息，并可以通过可视化的方式将这些信息呈现出来。

这些行业竞争信息可以为企业在进行模拟测算时得到准确的结果打下坚实的基础。公司可以从多维度（销量、销售额、单价或评价）分析商品的表现，对于出现问题的商品，如某种商品销售额下降，决策者可以通过调整影响销售额的因素测算敏感性，并进行快速决策。进一步地，该公司通过数据中台采集的外部市场数据可以集合市场及周边生活大数据，并结合门店区域特性，助力公司实现区域化、个性化的高效运营。例如，公司可以根据区域内的药品消费特征，预判居民身体状况，提前储备药品，预防缺货，也可以根据区域内其他药店全平台销量变化趋势为区域内店铺补货提供决策依据。

2. 助力企业快速分析竞争对手的活动情况，及时调整营销策略

企业要在市场竞争中胜出，不仅依赖于自身根据历史经验的分析判断做出决策，还需要能够预见市场中竞争对手的反应并相应地调整策略。

比如，促销是企业在营销当中常用的手段，但以往企业在推出促销活动时往往无法取得预期效果，一个重要的原因便是竞争对手很快调整了策略，导致企业的促销效果大打折扣。但在数据中台的助力下，企业可以快速监测行业内竞争对手的活动情况，通过采集外部数据，从时间、区域、商品等维度监控行业内其他企业的促销活动，并持续跟进活动的效果，从而为企业开展促销活动提供决策依据。只有做到知己知彼，才能百战不殆。

3. 协助企业对营销情况进行监控

数据中台除了有助于企业的营销决策外，还可以协助企业对营销情况进行监控。

比如，某连锁企业下辖数以万计的门店，在缺少数据中台支持的情况下，企业难以实现对所有门店价格的有效监控。但基于数据中台，如果有门店存在乱价情况，企业通过价格监控可以发现，并可以通过邮件、OA或微信等途径以自动推送的方式对相应的责任人给予警告。企业可以按平台、品牌、店铺、批准文号、链接等多个维度进行全覆盖的价格监控，监控的价格包括原价、页面价、折后价、指导价和优惠组合价等，可以监控价差，或乱价现象，还可以监控赠品。数据中台还可以根据企业的需求设置相应的监控频率，如每日轮循，或者4小时轮循，如果出现乱价行为，则可以设置1小时轮循。

4. 在职能域进行数据赋能

正如上文所述，除了价值链外，数据中台还可以为企业在职能域进行数据赋能。职能域为企业的生产经营过程提供支持性服务，是企业生产活动得以正常进行的保障。所谓"兵马未动，粮草先行"，支持性工作执行到位，可以助力企业获得经营效益的提升。

在 2006 年男足世界杯四分之一决赛德国队对阵阿根廷队的赛场上，比赛到最后进入点球决胜负阶段，严谨的德国队的后勤人员为球队的主力门将莱曼准备了一张小纸条，小纸条上写明了阿根廷队球员罚点球的习惯和方向，这张小纸条帮助莱曼判断对了阿根廷队的四个点球，最终德国队成功击败阿根廷队进军四强。这也成了世界足坛的一段佳话。从这个案例中也可以看出支持性工作的重要性。在企业当中，职能域包括人力资源、财务和法务等部门。在这里，笔者以人力资源管理为例阐述数据中台如何帮助人力资源管理实现数据赋能。

电影《天下无贼》中有这样一句经典台词：21 世纪什么最贵？人才！但随着企业规模的扩大，员工数量也逐渐增加，企业要想精准地管理人才是一件难度很大的事情。

如果要挖掘人才，企业需要全面有效地掌握员工的信息，包括员工的行为和特征等信息，通过数据整合，建立包括员工资质标签、业绩标签、能力标签在内的全方位标签体系。这些标签能够对数据进行有效的分类，并建立数据间的关联关系，为各级领导及相关工作人员提供信息获取渠道。在此基础上，应用数据挖掘和数据分析工具，能够对员工数据进行更广泛和深入的挖掘，帮助企业更为全面地掌握企业人员情况，为人力资源管理从原有的粗放式管理向精确化管理转变奠定基础。

4.5　数据赋能产业平台升级

数据中台不仅可以帮助企业实现对内部价值链和职能域数据的赋能，

其同样可以对产业平台进行数据赋能，实现产业平台的升级。在这里，笔者以数据中台赋能工业互联网和农业、新零售为例进行阐述。

4.5.1　工业互联网

1. 生产制造

在工业领域，数据中台有着非常广阔的应用空间，尤其是在生产制造方面。企业通过结合自身优势，并通过生产用设备的接入、数据实时监测、设备远程调控、智能化运行管理、故障预测性维护等功能服务，可为生产制造赋能。

例如，将生产设备接入云端，实现设备智能化，可以让生产人员通过手机端 /PC 端查看设备的运行数据状态，实时掌握设备运行数据状态，也可以根据管理的需要远程修改参数，以提高产品质量。

2. 生产安全

数据中台赋能工业互联网的一个重要体现是在生产安全领域。以设备故障为例，设备出现故障可能导致生产停滞从而给企业带来巨额损失，预测何时应维护设备显得尤为重要，但这又是一个非常困难的问题。在数据中台的帮助下，借助算法和数据，企业可以第一时间了解故障并报警及进行工单下发，通过大数据分析和人工智能决策，实现预测性维护，从而降低故障发生率，确保生产安全，避免发生损失。

4.5.2　农业

在层出不穷的信息技术的推动下，智慧农业让农业也装上科技大脑，以高科技的姿态在这一传统的领域谱写了新的篇章。早在 2000 年前后，基于各项自动化的大棚种植兴起，现有比较成熟的植物工厂，对植物的光照、土壤、营养、病虫害、温度湿度都有比较好的控制。国内一些公司，如京东也已经开始进行植物工厂方面的尝试。

农业种植大体上可以分为大棚种植和大地种植。大棚种植比较简单，而且环境封闭，参数比较好控制。但大地种植的环境属于开放式环境，由于气候条件等不确定性大，进行预测的难度很大。随着科学技术的发展，大地种植智能化建设条件越来越成熟，国内企业对大地种植的智能化建设也逐步兴起。一方面，大地种植要采集数据、捕捉信号，需要用到传感器等设备，另一方面，大量数据要回传到监控中心，对数据传输技术也提出了较高的要求。首先传感器成本大幅下降促进了物联网的发展，其次通过5G 网络能够回传信号。随着 5G 发展，传输成本降低、数据采集成本下降，这极大地推动了智慧农业的发展。

在高科技的带动下，智慧农业可以实现业务生产自动化、业务管理智能化和产品质量可追溯，如图 4.2 所示。

图 4.2　智慧农业

1. 业务生产自动化

业务生产自动化是指在农业领域应用物联网技术可实现种植、加工、研发过程全自动化。借助于高科技设备，企业可以实现农作物实时室外监控。比如，通过耐特菲姆一体化系统实现喷淋、滴灌并记录水肥数据，用耐特菲姆气象系统作为小型气象站记录气象数据，通过农作物生产监控进行虫害监测，用全数字高清视频实施全景摄像，对生产安全、设备操作进行监控。上述监控设备通过田间地头的各种传感器设备实时传输光照、温度、湿度、气象、病虫害等信息，并将这些信息通过网络设备传输到园区监控中心、园区中心机和园区办公室，通过光纤接入一体化网络，决策者可以作用手机 App 等工具查看这些信息。

2. 业务管理智能化

业务管理智能化是指大数据分析帮助运营人员进行工艺优化、流程优化等，实现业务管理智能化。比如，通过数据中台进行过程监控，实现农作物全生命周期管理，通过产品工艺改善、舆情分析帮助企业进行按需生产，通过多业态大数据分析驱动帮助企业进行业务创新。

3. 产品质量可追溯

运用区块链技术可以实现农作物从种植到加工再到销售的全生命周期管控，实现农作物质量可追溯。

4.5.3 新零售

受新冠肺炎疫情的影响，2020 年上半年社会消费品零售总额同比下降11.4%，服饰行业的企业半年度营业收入平均下降了近20%，但业内仍有企业的营业收入增长，比如太平鸟在 2020 年上半年度营业收入同比增长3.11%。背后的原因是什么？太平鸟早在 2017 年就开始了新零售的探索并持续加码，同时也加强了数据中台建设。

新零售作为一种信息化、触网化的零售模型，其一大特点是将零售与互联网相结合，但这种结合并不是简单的零售加上互联网，而是在多个服务层面进行了提升。比如，对用户的消费走向进行分类和判别，满足其消费升级的内在需求。与传统零售强调渠道为王、营销为王不同，新零售更强调以用户为中心。这就要求企业获取相关用户的数据，并进行一系列的加工分析，如打标签、建模等，以对用户人群进行更加精准的画像，这需要数据中台的支持。

在新零售时代，企业内部各个环节和人员都不同程度进行了触网化。借助数据中台，企业可以对包括过程节点型数据、流动型数据和未来预判型数据在内的各种类型数据进行全面的收集和汇总，实现对海量数据的分析。借助算法等工具，数据中台可以帮助新零售企业通过数据间的关联关系对未来要实施的活动进行组合和优化，或者通过数据对用户和未来发展趋势进行把握，等等。数据中台为新零售的产生和发展提供了良好的基础。

当然，除了工业互联网、农业和新零售以外，随着技术的进一步发展，未来还会有更多产业需要升级。

新的管理诉求催生了新的技术，时代的变化要求数字技术与管理需求相融合以实现数据赋能经营管理。数据可以从沉淀企业级管理标准、构建企业数字化经营大闭环、拉通价值链各环节业务小闭环、拉通职能域各业务小闭环，以及基于场景级的数据驱动业务和决策五个方面赋能企业的业务经营。具体来说，企业需要借助数据中台，以管理技术为抓手，结合价值链和职能域空间范围内各具体场景，才能真正实现赋能。

正如本章所述，数据中台是企业数据赋能业务的推动剂，到底什么是数据中台呢？第 2 章中以超市来比喻数据中台，有利于读者直观地理解数据中台。

第 **5** 章　数据架构：
　　　　统一才是大势所趋

5.1　VUCA 时代的业务诉求与目标

2020 年，新冠肺炎疫情让很多行业、很多企业、很多人都深刻感知到 VUCA 时代的影响。易变（Volatility）、不确定（Uncertainty）、复杂（Complexity）、模糊（Ambiguity），成为这个时代的特征。

5.1.1　时代变化节奏加快，企业的精准预测能力需提升

在 VUCA 时代，数据量呈现出几何级数的增长，企业各项事务不再如传统业务模式中变更较少或几乎不变，而是呈现出迅速变化的趋势，企业原来的预测能力已无法适应时代变化的要求。企业在信息和数据的及时共享和处理方面迎来了巨大的挑战，企业急需对自身的内部经营模式进行调整，或者借助先进的理念和技术对事中管控做到更好的监督，以使得自身事前的精准预测能力得以提升。

以房地产行业来举例，在过去几十年里，房地产行业发生了天翻地覆的变化。过去，房企拿到地后，即使不开发也能由于土地价格上升获得不小的收益。而如今，随着土地价格的不断攀升，土地价格本身的溢价空间大大减小。加上政府坚持"房住不炒"的政策，加大对房地产市场的调控力度，房地产价格受到限制，房企的利润空间受到挤压。另外，三道红线①进一步提高了对房企的经营管理要求。在这种情况下，为取得更大的收益，房企必须对原有经营策略进行调整，精准分析外部环境中的各种因素，综

---

① 2020 年 8 月 20 日，中华人民共和国住房和城乡建设部、中国人民银行为限制开发商融资，约谈 12 家房企并出台了房企融资的三道红线（又称"融资新规"），并于 2021 年 1 月 1 日起全行业推行。三道红线的具体内容为：剔除预收款后的资产负债率不超过 70%，净负债率不超过 100%，现金短债比不小于 1。

合考量各类信息和数据，这对企业的盈利情况有着至关重要的影响。

5.1.2　数据协同度不高，信息化建设需加强

企业当前的信息化建设并不能完全满足业务的新需求。企业中往往存在着不同时期由不同供应商引入或建立的信息系统，但这些信息系统往往存在着数据标准不统一、数据难以全面共享、数据质量不高、异构系统难以整合等问题，难以有效支撑企业的经营管理。具体体现为：不同时期相关规定不一致或者不同供应商的设计理念、设计重点不同等。这很可能导致信息系统采用的数据规格存在差异，造成不同部门间的数据冲突，加大部门间的协同难度，阻碍数据在企业内部的全面共享，管理层难以得到较为清晰完整的全局信息，因此，企业需要搭建一个统一的数据平台。但更严重的问题是，当前的市场竞争形势比以往更为激烈。企业需要从更多维度对数据进行分析，先前面向主题的数据仓库已经不能满足当前的决策要求，企业需要从信息化建设向数字化转型，重新搭建数据架构以满足新经济环境的要求。

5.1.3　积极进行企业的数字化转型

当前新兴技术为企业进行数字化转型提供了可能。已有不少企业通过利用云计算、大数据、物联网等新兴技术实现数字化转型。相比传统企业，互联网企业大多设立年限较短，吸引的人才多以技术型人才为主，企业整体注重新兴信息科技的研发与应用，整体信息架构的迭代节奏极快。同时互联网企业并不像传统行业中的企业一样，有很多传统业务需要进行数字化转型，而是其本身的运转就是建立在前沿的数字技术平台上的。

比如，华为公司创立之初是一家典型的传统企业，其业务覆盖面大而广，包括研发、设计、制造和营销等，并且在发展的过程中也先后建立过多个信息系统。但华为公司的管理层后来敏锐地发现这些数据架构中存在数据孤岛，即多个信息系统之间的联通性差，阻碍了运营效率的提升。于是华为公司对构建统一的数据架构赋予很高的战略优先级，并积极向国内外大型互联网企业学习建设数据架构的先进理念和经验，最终成功构建起

业界公认的出色数据架构，极大地提升了华为公司整体的办公效率，而这也给不少传统企业提供了转型的方向和学习对象。

再以京东为例，京东创始人很早便意识到实体店经济并不是未来主流，并积极搭建了京东论坛以维持线上业务。后来其进一步了解到线上电商存在巨大潜力，以极大的魄力将实体店关闭并将资金投入线上业务，成立了京东商城。这样的创业经历也使得京东在创立之初便具备了信息化企业的特质，并一直走在行业数字化的前端。现在，京东通过云计算、大数据、物联网等数字新技术成功构建起四大业务模块，即零售、数字科技、物流和智联云。京东的商业模式给传统企业提供了借鉴作用，2020 年京东与传统企业见福便利店深度合作，通过接入京东的数字化营销系统，依托京东大数据和精准营销能力，见福便利店的成交额环比实现十余倍增长。这也给更多实体经济提供了数字化转型的方向。

在上述案例中，新兴技术的使用可以让传统企业更清晰地看到原有数据架构的缺陷，坚定进行数字化转型的决心。

5.2　数据架构

5.2.1　什么是数据架构

要探讨数据架构，首先需要了解什么是企业架构。对于企业架构，业界并未形成统一的认识。权威机构高德纳咨询公司认为，企业架构是通过创建、沟通和提高用以描述企业未来状态和发展的关键原则来把商业远景和战略转化成有效的企业变更的过程。企业架构中的企业并不是日常生活中所指的企业，它指的是组织，可以是公司、政府，也可以是公司或政府下的某一个部门或某些部门的集合，甚至还可以是由企业及其合作伙伴（如上游供应商、下游客户）组成的扩展的企业。在搭建企业架构时，架构师可以根据驱动架构建立的需求范围来确定企业的范围。

1. 主流的企业架构

目前主流的企业架构有 Zachman 架构、TOGAF（The Open Group Architecture Framework）、美国联邦企业架构（Federal Enterprise Architecture, FEA）和美国国防部体系架构框架（The Department Of Defense Architecture Framework，DODAF）。虽然这些主流架构对企业架构的定义不尽相同，但它们在一些方面是一致的。首先，企业架构为组织中的所有干系人提供了一种统一的语言，让这些干系人能够从各自的视角描述组织中的业务、信息系统及其之间的关系，并相互间进行无障碍沟通。其次，企业架构可以进行企业层级的信息资源的整合，为组织中所有干系人提供一个分类管理、便于访问的知识库和信息资源库。最后，企业架构是联通企业战略方针和实际业务运营的重要工具，它为企业提供了一套能够确保企业 IT 与业务需求、变化相适应的实施准则和管理策略。

2. 数据架构的组成

在企业架构中，数据架构是非常重要的组成部分。数据架构从跨组织、跨业务的视角进行数据组织和管理，描述全企业数据资产的概念和逻辑结构。数据架构基于业务架构进行数据模型设计，对企业的业务需求进行承接并指导信息系统和数据中台的建设，实现业务需求向数据分类框架的映射、业务模型向数据模型的转换。数据架构定义数据资产的产生、流转和使用过程，为应用架构及技术架构设计提供规范和指导。数据架构通过系统功能设计，指导信息系统建设，实现业务需求的落地。

数据架构包括数据模型、数据分布、数据流转，如图 5.1 所示。

图 5.1　数据架构的组成

（1）数据模型

数据模型包括企业级数据模型和系统应用级数据模型，为数据标准的制定、信息系统建设提供架构依据。

企业级数据模型是企业全局的数据模型，系统应用级数据模型则是面向企业内部某一具体应用的数据模型。企业级数据模型对系统应用级数据模型起到监督和统筹管理的作用。由于系统应用级数据模型之间相对隔离，企业级数据模型可以对系统应用级数据模型进行收集分析，使企业高层管理者形成更清晰的全局观，也能更好地对数据标准和信息系统进行调整。

系统应用级数据模型包括各个系统内部的数据模型，主要职能是将业务过程中的业务场景、业务流程和数据分析进行系统建模，从而将传统业务的各个环节转变为可以在计算机中进行操作的业务场景。以财务系统应用级数据模型来说，其仅仅包括与财务相关的应用内容。财务系统应用级数据模型中包括的典型系统是会计信息系统，即将过去手工记账与核算的场景转化为用计算机操作记账与分析的信息系统。

（2）数据分布

数据分布指核心业务对象在各信息系统、业务流程、管理组织中的分布，为主数据识别、数据安全及数据质量策略制定提供参考依据。在传统模式中，企业的 IT 系统之间大多是相互独立的，造成企业所需要的数据对象往往被人为割裂地储存在各个信息系统、业务流程以及管理组织中。以客户信息为例，客户信息在客户关系管理系统、销售系统、财务系统中都存在。在企业进行数据整合时，需要对各个系统里的客户信息，如客户编码、客户名称、客户联系方式等内容进行调取和比对，以确定这些内容是否一致，是否需要进一步调整。只有经过这个流程，企业才能够更全面地对客户画像进行较为准确的描绘。这便要求企业在构建数据架构时充分考虑数据在各信息系统、业务流程和管理组织中的分布，从而为后续的数据处理环节，如主数据识别、数据安全、数据质量策略等，提供有力的参考依据。

（3）数据流转

数据流转描述了数据在信息系统和业务流程中的流动过程，包括数据从哪里来，经过何种转换处理，存放在哪里，最后给谁使用。它为业务数据交换和系统接口打通提供依据。如何将数据标准化并确保其流转顺畅是企业通过构建数据架构进行数字化转型的关键。仍以客户信息举例，客户信息是在客户关系管理系统中创建的，而在后续的业务流程中，不管是销售系统还是财务系统都需要这些数据，此时这些数据的流转方式也变得尤为关键。数据是先经过客户关系管理系统的创建再传入销售系统和财务系统，还是在三个系统中实时关联以达到同步创建、同步调用的效果，这需要企业根据自身特点在构建数据架构的过程中对数据流转方式做出清晰明确的定义。

5.2.2　数据架构在企业架构中的地位

企业架构可以分为业务架构、应用架构、数据架构和技术架构。

1. 业务架构

业务架构又称为企业经营模式，它是企业架构的基础，是依据企业战略定义的企业价值创造过程和内外部协同机制。业务架构由业务战略决定，它从不同的角度描述一家企业，比如企业如何创造价值、如何搭建组织架构、如何开展日常经营管理等。

2. 应用架构

应用架构主要用于描述在统一数据平台上，不同的、相对独立的应用系统之间的架构，以及描述它们和业务流程之间的相互作用和关系，它通过连接数据架构与业务架构，对技术架构和 IT 基础设施提出企业级的应用需求。

3. 数据架构

在 DAMA 看来，数据架构是通过与企业战略协同而得到的数据资产管理的"蓝图"，它可以用于指导如何分析数据需求、如何做好相应的设计。正如前文所述，企业的业务架构定义了数据架构。

4. 技术架构

技术架构是企业架构最底层的内容，它为业务架构、应用架构和数据架构提供了技术上的支持和准备，以确保企业实际运营的顺畅。

5.2.3　数据架构的特点

数据架构贯穿于数据的生命周期，从数据定义、数据生产、数据加工、数据使用、数据存储，到数据消亡各个环节，它具有融通性、灵活性和可迭代性。

1. 融通性

数据架构的融通性是指能够消除企业级或产业级数据应用中存在的数据孤岛。新型数据架构的设计初衷包含消除数据壁垒。新型的数据架构通过制定统一的数据标准以及明确的数据模型和数据流转过程，将类型不同的信息标准化，再系统性评估其对企业效益的价值标记重要性，从而进行汇聚和兼容，使得各部门之间能轻松实现协同共享，显著提升数据处理效率，同时也有助于企业高层制定宏观战略。

2. 灵活性

数据架构的灵活性是指能够将各类数据和模型形成服务能力，以满足不同的业务场景需要。企业的业务场景数量多且变化性大，对企业的数据服务能力提出了要求。新型的数据架构能够通过本身的数据模型，结合经过标准化处理的数据形成根据业务场景应变的服务能力，具有很强的灵活性。

3. 可迭代性

数据架构的可迭代性是指能够根据业务的需要和数字技术的发展趋势不断地更新和迭代架构本身的思想和技术能力。新型的数据架构在设计过程中便充分考虑到信息化时代各项技术的飞速发展，故本身具备很强的可迭代性，根据业务的需求不断自我完善，并结合最新的数字技术进一步提升数据架构对企业运营的助力能力。

5.3　数据架构是业务的黏合剂

5.3.1　数据架构是完成数字化转型的关键因素

当今商业模式已经进入数字化阶段，互联网企业由于在先进信息技术的研究和应用上具有先天优势，在数字化方面已经开展了实践，只是在程度上有些差异。而传统企业则不可避免地面临着数字化转型。什么是数字化转型？高德纳咨询公司认为，数字化转型是开发数字技术和支持功能以创建强大的新数字业务模型的过程。在数字化情景下，企业通过处理数据并利用最新的数字技术将数据转化为能给企业带来利益的资产。

数据架构是决定传统企业能否顺利完成数字化转型的关键因素。根据麦肯锡关于企业数字化转型的报告，2012 年、2014 年和 2016 年全球范围内企业数字化转型的成功率分别为 20%、26% 和 20%，由此可见企业数字化转型失败率极高。其中有 60% 以上的失败案例是由于企业未能建立清晰的数据架构。

5.3.2　数据架构对企业内部经营管理的重要作用

1. 数据架构促进企业管控

管控是企业经营管理非常重要的内容，尤其是在规模较大、业务较为复杂的企业中。企业要想借助数据和信息在经营过程中更好地进行纵向一体化管控，离不开一套先进的数据架构思想。随着企业的逐步发展壮大，很可能涉足多个产业，或者在全国各地乃至世界各地多地经营，抑或拥有多个公司甚至通过复杂的股权关系形成庞大的公司体系，这些情形都会加大企业纵向管理的难度。

例如，在多地经营情形下，按照以往的数据模式，由于存在多级共享程度较低的信息系统，集团高层难以获取各地经营的明细数据。而各地公司管理层可能出于业绩考核等因素存在瞒报、做假账等风险，集团高层也难以察觉。如何在控制授权带来的风险的同时做到向管理要效率，需要数据架构能够实现数据的企业级贯穿。

再比如前文提到的当前信息系统往往存在着数据标准不统一、数据难以全面共享、数据质量不高、异构系统难以整合等问题，集团高层难以进行跨信息系统取数，难以实现全局分析，影响了战略决策。因此，集团高层也需要借助完整先进的数据架构思想对企业经营做出指导和管控，牢牢把握数据的准确性。

2. 数据架构打通端到端的闭环流程

现在越来越多的企业意识到，要打通端到端的业务流程，将各相关部门的业务环节衔接起来，通过提高内部效率满足客户的需求，最终实现企业效益最大化。企业要实现端到端的业务协同，离不开数据架构对数据采集、数据加工和数据应用的支撑。在传统的数据模式中，部门与部门之间存在数据孤岛，缺乏紧密的业务协同，使得数据采集、数据加工和数据应用的链条传导效率低，甚至出现不同部门数据冲突的情况。这对追求快周转的企业而言是极其致命的。在新型数据架构的支撑下，部门与部门之间的协同能得到进一步加强，有利于企业获取更大的收益。

以房地产行业为例，由于企业现金投入量较大，对于现金流的管控极为苛刻。故企业必须力求做到快周转，从资金投入、土地筹备、房屋建造、销售，到资金回笼、获利，这其中每一个环节都需要各部门之间数据的充分交换协同，以确保一个环节结束后能够以最快速度开始下一个环节。在传统的模式中，端到端的业务协同执行力较弱，易对企业的现金流造成巨大压力。新型数据架构对数据采集、数据加工和数据应用方面的支撑使得端到端之间更高效的业务协同成为可能，能有效提升部门之间的协同能力。

3. 数据架构助力全员赋能

从企业高层到一线工作人员，数字化为每一个工作岗位提供数据，提倡全员赋能。不同的工作岗位需要根据自身的工作职责基于特定的场景来使用数据资源，需要数据架构来确保业务场景中的数据逻辑正确。

目前，企业传统的信息系统不能满足中高层决策要求，信息系统中的大量信息不能被充分交换使用，各类业务场景中的各个部门不能按照需求获取到相应的数据资源，导致业务判断缺乏依据。这使得企业中高层不得不将大量时间用于开会协调各个部门之间的事项，大大降低了企业决策效率。而新型的数据架构通过先进完整的数据逻辑按需提供数据，可以使得部门之间减少因数据交换不充分而召开的协商会议，并且使得业务责任和义务划分更加清晰，也让企业中高层拥有更多时间放眼全局制定整体战略目标，从而提升企业的整体效益。如在会议中结合使用数据架构提供的直接的各项数据，客观判断决策是否能够执行，从而减少以往会议上的互相推诿等现象。

5.3.3　数据架构助力企业内、外部协同合作

随着市场竞争越来越激烈，企业的经营与外部资源的交互越来越频繁，若要利用外部的各类数据资源为内部经营和外部协同进行赋能，则需要数据架构对各类外部数据资源的数据交换、数据清洗和数据建模进行定义。新型的数据架构可以应用于不同数据库、不同取值方式和不同类型数据，可以在企业外延的多个业务场景中起到重要作用。

如猎头公司在搜集人才信息时，可以实时对接企业提供的个人履历信息，实现行业内甚至跨行业的信息共享，以确保个人履历的真实性；企业人事部在选拔入职人员时还可以对接政府相关部门，直接了解求职者在征信和违法犯罪记录方面的数据。另外，在招标环节，企业也可以采取行业与政府相关部门联通的方式，获取到对方的信用信息，从而提升中标者的可靠度，也有利于相关各方在招标过程中获得更大的利益。

5.4　数据架构落地的五个关键点

前文介绍了数据架构的相关概念及对业务的重要性，接下来介绍数据架构落地的五个关键点。

5.4.1 数据架构规划

企业要做好数据架构规划，需要着重注意以下几个方面。

1. 制定契合企业发展的数据策略

企业必须结合自身所在行业的属性、企业战略、业务布局和业务架构等相关内容制定符合自身发展需求的数据策略。数据策略大体上可以分为质量优先策略和创新优先策略。所谓"质量"，是指专注于业务和 IT 开发周期，对数据架构进行不断改进。采取质量优先策略往往是因为原本数据质量不佳，经营分析过程中数据不全，数据不完整、不一致、不准确。所谓"创新"，是指专注于业务和 IT 转换，致力于新的期待和机会。创新追求的是企业形成更敏捷的商业洞察能力，为客户提供更为优质的服务。不同的数据策略需要运用不同的方法论，对架构师工作的要求也有所不同。

2. 及时调整或完善自身架构

企业在进行数据架构规划时，不管是否有初步的想法，都应充分借鉴 TOGAF、Zachman 等架构思想，评估各类架构思想是否符合企业自身的特点和发展方向，并对自身的架构进行相应的调整或完善。

3. 充分调研现有信息系统

企业应对现有的数据架构规范进行详尽的评估，识别现有信息系统的一系列文档资料，同时对信息系统现状的准确性和完整性进行补充调研。企业构建的新数据架构必然建立在原有数据架构上。新的数据架构需要正视原有数据架构存在的缺陷和问题，企业在构建新数据架构时应重点弥补这些缺陷和解决这些问题。

4. 选择适合的架构框架

在上述三个步骤的基础上，企业需要结合主流架构思想、企业战略和企业数据管理现状，选定适用于企业的数据架构框架思维，制定明确的数据架构规划路线图。

5. 建立一致的沟通机制

企业应建立数据架构相关规划设计工作的沟通机制，使得企业从高层向下逐步渗透数据架构规划与设计的理念，为后续数据架构的建设以及在实务中的应用做准备。

5.4.2　数据架构设计

企业的数据架构设计大致可以分为以下三个步骤。

1. 对企业的信息化现状进行调研

调研的内容可以归纳为"三性一度"，即准确性、完整性、一致性和详细程度。

①准确性着重分析企业信息系统目前提供的数据能否满足质量方面的准确性要求。

②完整性着重考查企业架构与企业业务流的覆盖程度。

③一致性着重分析真实系统与系统规划是否一致，如果存在差异还需要评估两者的差异程度。

④详细程度指元模型的详细程度。元模型是关于元数据的描述语言，它用来对元数据进行管理，可以实现企业元数据的结构化和模型化。建立一个有不同颗粒度和层次并且符合存储企业数据现状的元模型，企业可以实现对元数据的灵活分析。元模型包括数据地图、数据血统等。

2. 制定工作路线图

工作路线图应当结合业务需求，根据企业实际情况和技术评估的结果，描述如何实现目标架构。工作路线图其实就是企业数据架构建设的工作规划。在制定工作路线图之前，企业需要参考数据管理成熟度模型，从业务诉求和系统严重程度两个方面进行评估，区分轻重缓急，形成数据架构建设的顺序。与此同时，企业还需要建立相应的管理体系，明确开发活动、开发工具（包括数据建模工具、资产管理软件和图形设计应用）、开发方法和负责人员。

对于组织的数据管理能力，业界不同的组织开发出了不同的评估模型。在这里仅介绍国际数据管理协会（DAMA）和我国全国信息安全标准化技术委员会（以下简称"信标委"）提出的评估模型。DAMA 从合规律、实施趋势和业务价值评估三个方面衡量数据架构。其中，合规律度量项目与已经建立的数据架构之间的紧密程度，以及项目在与企业架构融合过程中的紧密契合程度；实施趋势则是确定新数据架构成果在重用、替换或报废成果中的比例，这些指标衡量改进可重用成果和指导性成果所需要的资源成本和项目交付周期；业务价值评估则从业务敏捷性（度量生命周期改进带来的收益或者延迟导致的成本）、业务质量（度量业务案例是否按预期完成，度量项目是否变化，使得新建或者集成的数据带来业务的改进）、业务运营质量（度量提升的效率，比如提升准确性和减少数据错误而付出的时间和费用）和业务环境改进（因数据错误减少而提升的业务成果）四个方面进行评估。

《数据管理能力成熟度评估模型》（GB/T36073—2018），简称 DCMM，是由我国信标委大数据标准工作组制定的数据管理成熟度模型，是我国在数据管理领域最佳实践的经验总结和提升。DCMM 将组织数据管理分为数据战略、数据治理、数据架构、数据应用、数据安全、数据质量管理、数据标准和数据生命周期 8 个过程域，进一步细分为 28 个过程项、441 项评价指标。它把组织的数据能力分为初始级、受管理级、稳健级、量化管理级和优化级 5 个等级。

3. 企业数据架构的建设需要借助于项目来完成

实施数据架构项目，通过与用户进行深度访谈，获取与数据有关的需求，明确相关痛点，评估满足这些需求对业务的价值贡献，定义范围并画出模型和数据流图。

数据架构包括数据模型、数据分布和数据流转，具体包括主题域定义、主题模型图、业务流过程和业务流对应的应用等。在设计过程中需要注意数据安全问题，如网段范围，确保规避数据安全风险，同时还要规避数据质量风险，如减少或规范临时表的使用。

设计数据架构时，要参考数据标准，落实数据架构设计规范。落实数据架构设计规范，主要包括主题域、实体、字段命名规则、参考数据要求、业务术语对应、描述性信息的完整程度。这些工作可由项目架构师参考主数据和数据标准完成。

5.4.3　组织保障

企业应设置数据管理主责部门和相关岗位，以提供数据架构的组织保障。该部门在数据架构构建时就需设立，以对企业新型数据架构的建设直接负责。在数据架构构建完成后，该部门仍需一方面监督数据架构的正常运行，以确保在数据架构出现问题时，能够实施快速修复以保障企业架构的整体运转；另一方面需及时发现数据架构与企业业务需求的关联性，并能做出相应的更新调整以实现数据架构的可迭代性。此外，对于数据架构出现问题的损失，该部门也应承担相应的责任。因此，对数据架构主责部门的工作人员，往往要求有较高的业务敏锐度以及丰富的 IT 数据知识储备。尤其对架构师而言，在工作当中需要做好范围的划分。

5.4.4　制度流程制定

①企业应制定企业级的数据架构管理办法和相关细则，以明确企业的数据架构对企业业务运转带来的功能，以及数据架构的主责部门。企业还需自上而下地将数据架构的运用理念灌输给基层员工，使得数据架构在一线业务中真正发挥作用。

②针对企业级逻辑模型的建设和评审过程制定管理办法和管理流程。逻辑模型是从解决方案的角度对数据的结构化描述。

③针对企业级物理模型的建设和评审过程制定管理办法和管理流程。

④针对应用系统逻辑模型的建设和评审过程制定管理办法和管理流程。

⑤针对应用系统物理模型的建设和评审过程制定管理办法和管理流程。

⑥制定企业数据分布的梳理、评审、发布等管理内容，以及相关的管理办法和管理流程。

5.4.5　数据架构相关软件选择

①基于企业数据架构和数据模型的管理要求选择合适的软件平台进行管理。不同企业对数据架构和数据模型的管理要求根据其业务特点是不一样的，企业不应只关注市面上主流的软件平台，而是应该根据业务特点选择合适的软件平台作为数据架构的相关组件进行管理。

②从数据生命周期管理的角度，对与数据中台相关的数据采集、数据存储、数据开发、数据质量稽核、数据建模、数据标签、数据服务和数据

应用等相关软件能力进行精确定义，确保数据架构在软件层面的落地性和持续性。不同数据的生命周期是不一样的，企业需明确业务中主要数据的生命周期，并对不同生命周期的数据模型、数据分布、数据流转等多方面的定义进行细化，做到数据不冗积、不滞后，保证数据架构在软件层面充分发挥效力。

③企业应整合现有应用架构内容，根据数据分布和数据流转的现状，结合成本因素，规划出合理的应用集成方式和数据整合方式。应用架构在企业本身是客观存在的，只不过往往受限于传统模式中多套数据兼容程度和共享程度低的信息系统，再加之本身设计理念并没有随数字技术的发展而更新，因而逐渐无法为企业创造更大的效益。企业应评估现有应用架构的内容并结合新型数据架构的建设，根据企业自身预算，规划出合理的应用集成方式和数据整合方式。

④企业在规划数据架构时应充分考虑数据架构本身可迭代性的特点，在技术层面上预留与其他数据架构相耦合的接口，并针对这些接口预先定义使用规范。预留的接口由于具备兼容性高的特点，所以易于与更新的数字技术衔接，完成数据架构软件层面上的逐步升级。

数据平台应能够兼容更多新的数字技术，能够承载不同类型的数据源、不同存储类型，并且应是开放的、可迭代的。

第 **6** 章　数据治理
是一座高质量的金矿

6.1 数据清洗后才能用

数据治理的理论和方法源自金融行业，并且被越来越多的行业重视，让数据驱动业务并产生有竞争价值的资产已成为各个行业的共识。在 20 世纪 90 年代，数据治理在国外银行业中悄然兴起，其主要作用是进行客户数据的清理，并建立数据标准，保证银行数据的完整性。伴随银行一卡通、网银等数字化业务的发展，金融交易对时效性和准确性的要求越来越高，数据治理在金融数字化业务中的重要性逐渐凸显。

6.1.1 数据治理的发展

国家对大型企业的业务监管日趋正规，对企业内数据的真实性、合规性、合法性逐步提出监管要求，国家也看到了数据治理的能力和价值，先后出台相关管理规范与要求。比如，2015 年《中国移动企业级省大数据平台技术规范数据治理子系统分册》首次提出了对中国移动数据治理的具体要求和建设规范并逐步迭代，并在 2016 年构建中国移动经营分析系统 NG（下一代经济分析系统）版本，进一步加强大数据环境下数据治理的应用。中国银行业监督管理委员会（现为中国银行保险监督管理委员会）在前期国有和股份制银行对数据治理的不断实践的基础上，2018 年起草了《银行业金融机构数据治理指引》。同年，国务院国有资产监督管理委员会也就深化国有企业改革提出具体的监管要求，其中涵盖制造业、电力、通信等行业，在 2020 年正式发布《关于加快推进国有企业数字化转型工作的通知》，通知中明确数据治理体系建设工作的重要性和必要性。

伴随着数据治理实践的概念与理论不断发展，国内外企业和机构纷纷对其进行研究，形成了诸如国际上 DAMA、国内 DCMM（我国数据管理领域首个国家标准）等专业的研究组织和管理体系，为数据治理的落地指明了方向。在互联网热潮的大背景下，各行业企业纷纷尝试数字化转型，利用大数据进行精细化运营与市场洞察。

6.1.2 未清洗的数据可能存在的问题

海量数据如果尚未经过合理的清洗和加工，可能存在数据质量问题，不仅不能用于解决业务问题，反而可能制造出更多麻烦。数据加工过程关键在转换与清洗，包括格式转换、结构转换、语义转换、数据去重与映射等，海量数据加工比传统数据加工的数据量和资源需求更大，对质量问题前置发现和修复要求更高。

低质量的数据体现在可用性差、时效性差、灵活性差、置信度低上。可用性差会导致数据使用者难以获得有效的数据支持；时效性差会导致数据使用者难以及时做出决策；灵活性差会导致数据使用者必须投入大量人力对数据进行二次处理；置信度低会导致数据使用者必须进行二次验证，甚至误导使用者做出错误决策，最终难以实现业务创新与风险控制。

在大数据环境下进行数据加工，数据质量必须满足可用性、时效性、灵活性、置信度方面的要求，从而实现数据价值。与此同时，绝大部分企业的信息系统是根据各业务领域的需求陆续建立的，烟囱式系统在缺少企业级的数据和口径规范下，导致企业难以利用各项数据为一体化经营提供管控服务。

一方面，烟囱式系统导致基础数据不统一，使各业务系统难以互联互通。我们经常会看到财务部门每月需与业务部门手工核对业务差异，运营管理部门难以全面及时获取各部门的经营数据进行事中管控，企业的审计风控部门难以追溯各类业务的风险和问题。

另一方面，烟囱式系统导致统计口径不统一，使后续数据集成和加工的复杂度呈指数级攀升。例如，各部门经常出现需手工调整数据的现象，IT 部门需要用大量的时间进行口径需求调研和数据加工处理，需求响应效率低下。为提升响应效率，IT 部门需要开发大量临时程序进行处理，从而埋下数据质量风险。

6.1.3　企业进行数据治理的目标

企业进行数据治理的目标如下。

1. 使企业能够将各类数据作为资产进行管理

数据治理的整体工作围绕企业的高价值数据展开。企业内并非所有数据都属于数据资产，而数据的维护是有成本的，只有能够为企业带来利益的数据才是数据资产。数据治理就是识别数据资产，并对资产进行良好的管理。

2. 建立企业各层面沟通的统一标准，为企业内外部信息协同提供保障

在商业层面建立企业内外部沟通的统一标准，为商业创新和内外部信息交换提供基础性保障。经营管理层面为企业经营管理和业务协同提供数据标准定义，消除理解歧义，为纵向到底和横向到边的企业全局业务提供数据一致性保障。

3. 构建数据管理体系和系统支撑，持续保持企业全局数据的质量与统一性

数据治理不是一次性的项目，而是一个持续改进和优化的过程。企业需要构建数据治理的组织、制度、流程和相应的 IT 系统支撑，使数据治理的成果制度化、流程化和持久化。特别在系统支撑与应用层面，数据治理要为数据"定义—生产—加工—使用—存储—消亡"全生命周期管理提供标准化定义，为打通信息壁垒提供持久的规范性保障。

6.2　数据治理都治什么

6.2.1　理解数据治理的相关概念

要深入了解数据治理的内容，就要先了解与数据治理相关的概念，如数据、信息、数据管理、数据资产等。

数据是用于表示客观事物未经加工的原始素材，它是事实或观察的结

果，是对客观事物的逻辑归纳。数据可分为基础数据、主数据、参考数据、操作数据、报告数据和元数据等。

信息是经过人们加工的数据，或者是一定时间内处理数据的结果，可以用来表达事物客观的实质内容。

数据管理是为了交付、控制、保护并提升数据和信息资产的价值，在其整个生命周期中，制定计划、制度、流程和管理活动，并执行和监督的过程[①]。

数据资产是由企业过去的交易或事项形成的、由企业拥有或者控制的、预期会给企业带来经济利益的资源。因此，只有当数据具备资产属性后，才能够被称作数据资产。

由于企业时刻产生大量的结构化和非结构化数据以及信息，如各类信息系统的数据、日志、图片、视频等信息，如何治理这些数据，使之变成有价值的数据资产，为企业生产和经营服务，成为越来越多企业的重要诉求。

那什么是数据治理呢？

6.2.2　数据治理的概念

针对数据治理的概念，不同的专业机构结合自身的实践和理论研究提出了各自的观点。

DAMA 在 DBMOK2.0 中提出，数据治理是高层次的、规划性的数据管理制度活动。在 DAMA 看来，数据治理的关键管理活动包括制定数据战略、完善数据政策和建立数据架构等，在数据治理过程中需要对数据使用人员、使用方式、使用权限等做出具体规定。DAMA 十分重视开展数据资产全生命周期管理前的基础工作，并关注在数据资产管理中的相关保障措施。DAMA 将数据管理划分为 11 个管理、4 项职能，11 个管理分别是数据架构、数据模型与设计、数据存储与操作、数据安全、数据集成与互操作性、文件和内容、参考数据和主数据、数据仓库和商务智能、元数据、数据质量，以及数据治理等。

---

① 引自 DAMA。

　　国际数据治理研究所（Data Governance Institute，DGI）认为数据治理是一个通过一系列与信息相关的过程来实现决策权和职责分工的系统。这些过程按照达成共识的模型来执行，该模型描述了谁（Who）能根据什么信息，在什么时间（When）和情况（Where）下，用什么方法（How），采取什么行动（What）。

　　笔者认为数据治理的作用体现在它能正确有效地管理企业的数据资产。数据治理基于企业的决策定义、数据职责分工、软件功能等相关活动集合，对企业自上而下全域业务过程中数据的定义、产生、加工、展现的全过程进行监测和控制，确保数据资产的可用性和高价值。从这些定义中可以看出：数据治理是企业实现数字战略的基础，企业通过数据治理最终实现数据价值的提升。

6.2.3　数据治理的详细分类

　　在第 2 章提到，数据治理就像超市的货架。数据架构管理是把商品摆放得有序和紧凑，便于取放，数据标准管理是描述每件商品的规格、尺寸与对应的价格，数据质量管理是保证商品没有破损，元数据用于描述商品的品类、品牌、价格和生产厂家，主数据是超市基本、核心、受欢迎的商品，数据生命周期管理是商品的保质期管理，数据安全管理是防止商品被人损坏或偷窃。所以，数据治理体系从功能领域的角度可以划分为数据架构管理、数据标准管理、数据质量管理、元数据管理、主数据管理、数据生命周期管理、数据安全管理、数据资产管理。

（1）数据架构

　　数据架构是基于数据的视角对企业各项经营活动的关联性进行描述的工具，包括与各业务场景相关的数据输入、数据加工、逻辑关系、数据流转、数据展现、数据模型、数据标准和存储方式等。数据架构管理的目的是规范数据存储、满足业务诉求并为数据共享奠定基础。

（2）数据标准

　　数据标准是企业数字化转型中最基础的规范，它是保障企业基于数字化的方式开展经营活动的过程中数据使用和交换的一致性和准确性的规范性约束，通常分为基础类数据标准和指标类数据标准。

（3）数据质量

数据质量是在指定条件下使用时，数据的特性满足明确的和隐含的要求的程度及相关特征，取决于企业经营活动相关的数据应用场景不同程度的需求。为满足数据需求，企业应制定一系列检查规则规范，并对应用数据管理技术开展规划、实施和控制等管理活动，其中关键内容包括对数据质量的需求、检查和分析。

（4）元数据

元数据对数据管理和数据使用来说必不可少。企业经营活动中产生的一切数据，包括基础数据、业务数据和分析数据等的相关定义、属性、结构、关联关系、存储地址、更新信息等内容都需要被描述清楚，用来描述这些内容的数据就是元数据。元数据管理的目的是确保数据反映的内容与人们的理解一致。

（5）主数据

主数据就是满足企业跨领域、跨系统、跨流程的数据共享应用所涉及的有关业务实体描述的数据，比如客户、会计科目、员工、项目等数据，这些数据为业务交易和分析提供了语境信息。主数据管理（Master Data Management）是指一组约束和方法，用来保证企业内主题域和系统内相关数据与跨主题域和系统的相关数据的实时性、含义和质量。

（6）数据生命周期管理

数据生命周期管理（Data Life cycle Management，DLM）涵盖数据的定义、生产、加工、使用、存储、消亡的全过程，它是一种可持续的数据存储战略和管理思想，能够平衡数据维护成本与业务价值的关系。

（7）数据安全

数据安全是通过各项管理规范和信息技术，对企业经营活动相关数据的产生、使用、传输、转换、整合、存储等全过程进行数据合规性、保密性、完整性、可审查性的管理。

（8）数据资产

数据是企业一种重要的战略资源，正成为一种新的资产——数据资产，它能够为企业带来经济利益的流入。与其他实物资产不同，数据资产通常是以物理或者电子的方式记录并存储在介质中的。数据资产管理也就是对这些数据进行科学有效的管理，包括规划、控制和提供数据及信息资产的一种业务职能。

6.3 数据治理解放了谁的时间

6.3.1 高效展开跨部门协同作业

数据治理可以实现财务和业务的打通，形成财务、业务和报告一致的基础数据和数据逻辑，从财务角度及时准确解读经营过程中存在的各种问题，实现财务对业务的监管和支撑，确保企业财务的合规。

第一，基于企业统一的主数据与参考数据，企业可以快速实现业财数据融合，不需要经过复杂数据加工和映射过程，避免数据在加工过程中出现失真和质量隐患。例如，某多元化 B 集团 2018 年之前一直基于财务核算软件平台进行财务核算和经营核算，因财务系统和各业务系统在不同的时期建立，没有对供应商、客户、物料、人员档案等主数据进行统一，每月末要耗费 20 多人对往来明细、内部交易明细、库存存货进行至少 5 天的人工核对。员工的工作量大，处理结果领导也不满意。2019 年，B 集团通过数据治理项目把主数据拉通后，月末结账与核对可在半天内由系统自动完成。

第二，基于企业数据标准下构建的业务系统和财务系统，天然具有一致的逻辑模型与统计口径，避免出现各业务之间数据无法融合的问题。但国内绝大部分企业在过去建立的信息化系统中很难建立起企业级的数据架构标准，这也是在未来数字化转型的阶段中数据治理工作重要的突破内容之一。

第三，数据治理体系对系统的升级有良好的跨部门跨系统沟通机制，可以对系统的升级改造及时进行沟通，并对企业内各系统数据共享的数据架构和接口进行有效管理，确保业财融合系统持续可用。例如，身处房地产行业的 G 集团在 2019 年对原有 80 多个系统进行大面积改造和集成，平均每月都要对 5—6 个系统进行升级改造，过程中缺少对统一的数据模型和数据标准进行全局业务系统的拉通，每天都需要大量的员工排查和修正数据错误。2019 年底，G 集团启动了数据治理项目，历时 1 年多构建了集团统一标准的数据架构，确保了业务层面的数据的稳定和一致，为进一步构建集团数字化运营体系奠定了坚实的数据基础。

第四，数据治理应确保来自信息系统、移动端、物联网和互联网的数据的一致性和准确性，为企业实现最小业务单元的经营核算和利润考核提供精细化的数据依据。电子行业的 Y 集团从 2016 年开始在集团内全面推行基于阿米巴思想的经济责任制考核的管理模式。各事业部针对每个阿米巴经营单元的业务情况进行分析发现，每天的数据都存在缺失和不一致的情况。原因是数据仓库数据来源混乱，各系统间主数据和参考数据不一致，中间表数量庞大且计算复杂、管理混乱，难以通过简单的报表逻辑进行统计。2021 年 Y 集团决定通过数据治理，构建统一的数据架构、数据标准，形成统一的数据资产管理的原则和规范，以达到阿米巴模式对数据精细化的要求。

6.3.2 精准实施客户营销

通过数据治理，可以确保与客户经营相关的数据是规范的并能保证业务的一致性，将客户数据进行整合并建立企业级客户全景视图，实现对客户的全面洞察和精准营销。

首先，客户画像的数据采集环境复杂，包括移动设备、计算机设备、交换机设备，以及 Android 系统、iOS、Windows 系统、互联网爬虫等。这些系统的数据结构差异大，既有结构化数据，也有非结构化数据，纵使同是结构化数据，其数据结构也可能千差万别，使用这些数据前需要对其进行统一的处理。为适应该情况，企业需要基于数据治理构建统一客户画像模型，形成一致的基础参数，并对数据进行清洗处理。

其次，构建客户画像实现精准营销，需要大量的数据标签和统一的参考数据体系，数据标签的维度指标也会伴随业务发展而变化，需要基于数据治理构建一套能有效应对版本变化的管理体系。例如客户年龄、性别、学历情况、就业情况、消费习惯、浏览习惯、作息习惯，都需要对标签值的有效性和准确性进行校验，以及对数据错误进行追溯与修正。

最后，客户数据属于敏感数据，也是高价值数据资产，企业需要做好数据脱敏和数据安全管理工作。例如客户的姓名、身份证信息、通话记录、电话号码、地址信息等，都需要进行脱敏处理，使这些数据对数据使用者隐匿。

6.3.3　提升数据加工效率

数据治理工作在数据层确保高质量的数据结果，可以大幅提升业务层经营分析相关数据的工作效率和数据的准确性。例如，家电巨头 H 集团在2018 年前一直采用传统的数据仓库模式支撑经营分析，相关异构数据源为90 多个，因需对这 90 多个数据源进行映射和加工，导致程序异常复杂且临时表繁多，几乎每天都有经营数据异常的问题，排查一个异常问题就需要 2—3 天。新增经营分析数据需求，从确认需求到定位数据源就需要至少花 1 周，设计、开发时间更是超过 1 个月。

2018 年，H 集团基于数据治理体系，在数据层对各源系统统一了主数据和参考数据、统一实现了数据资产管理，各源系统之间的明细数据可以直接进行关联和映射，从此需求响应效率大幅提升，从确认需求到定位数据源只需一天，同样的数据加工程序开发量比原来减少了 60%，临时表减少了 90%。需求响应时间基本控制在一周以内，排查和处理问题的时间基本控制在半天以内，提高了集团的整体工作效率。因为程序更简单，质量风险也更低，业务层经营分析相关数据异常次数减少了 70%。

H 集团在 2019 年的数据治理工作中，针对数据层的各源系统，建立了数据质量监控和分析体系，多次成功通过数据质量监控在数据源阶段就排查出质量风险，并及时进行前置处理，业务层经营分析相关数据异常次数再次减少 70%，由于质量监控前置部署，连续 3 个月业务层的经营数据都没有出现异常。

6.3.4　增强各级人员洞察业务的能力

全面而持续的数据治理工作可以形成企业级规范和一致的数据，有利于增强各级人员洞察业务的能力，便于企业各级人员基于数据进行管理决策。业务洞察力（Insight），是指各级人员深入了解信息数据，以帮助企业做出准确结论，洞察决策方向，掌握市场动向的能力。要获得和增强业务洞察力，相关人员需具备快速发现数据、快速融合数据的能力，并且能够在数据集之间建立令人信服的相关性。

例如，在 A 企业中，各级人员进行决策时需要协同多个部门搜集业务数据，数据来源于多个系统，沟通时间超过 1 个月，最终得到的数据术语、口径和基础数据不一致，导致数据不具备可比性，强行进行关联也因为缺乏统一标准，分析结果不足以令人信服。

企业可以通过数据治理平台实现统一的数据资产、数据架构、数据标准管理，打破部门和系统之间的数据壁垒，使企业掌握的海量异构数据能够以统一、可理解的形式出现在各级人员面前，帮助其快速发现数据。通过统一的数据架构、数据标准管理，这些数据具备统一的结构、口径、术语，从而实现数据的快速融合。基于统一的基础数据，这些异构数据之间能够快速建立令人信服的相关性，从而具备可比性，使分析结果令人信服。因此，数据治理能够提升企业各级人员洞察业务的能力，便于其基于数据进行管理决策。

6.3.5　增强多级穿透和业务追溯的信服力

基于元数据的血缘管理可以确保企业级指标体系的构建和指标的多级关联，从而实现经营管理的多级穿透和业务的追溯。

实施经营分析需要各级人员提升洞察业务的能力，需要企业构建统一的指标体系，当指标体系实现多级关联时，需要在数据集之间建立令人信服的相关性，因此企业级指标体系需具备溯源能力。企业的数据源很广泛，可能包括政府的数据、互联网的数据、从第三方购买的数据，以及自身产生的数据。不同来源的数据，质量参差不齐，对分析处理的结果影响也不尽相同。当数据发生异常时，要追踪到异常发生的原因，需要溯源能力；当需要深入了解业务细节时，也需要溯源能力。

基于元数据的血缘管理，发现和记录企业级指标体系的数据来源，实现经营管理的多级穿透和业务追溯的关键在于体现数据如何在系统间转移，同时体现数据的来龙去脉。元数据的血缘管理能帮助企业追踪数据的来源，追踪数据处理过程和指标的业务细节。

基于监管机构的要求，数据治理工作确保企业各部门统一监管口径的理解，强化从数据源到监管报告的质量监控和关联可信，从制度流程和数据管理上全方位保证监管和审计的要求。基于监管机构的要求上报数据的准确性要求，关键在于上报数据的口径与监管口径的一致性。监管相关的数据能够进行细分和溯源，才能实现企业监控落实到企业的细节并始终保持一致，从而保证监管上报数据的真实性，进而方便审计。许多企业中存在着各部门间对统计口径、数据定义混乱的问题，缺乏统一的关联基础和相关的管理流程，直接导致上报数据与内部细节数据无法关联，从而无法对其进行准确审计。

通过数据治理体系，企业可统一数据标准并建立相应的组织和流程，实现统计口径和基础数据的一致，在跨业务和系统之间建立可信的关联，保持内部数据的上下一致，外部数据与监管口径可以溯源，从而全方位满足监管要求。

6.4　数据治理和数据中台的关联

数据治理是数据中台的重要组成部分，它确保数据中台中数据资产的高质量和高价值；同时数据中台又拓展了数据治理的广度和深度，实现了数据治理场景的全覆盖。

数据治理的目标首先是使企业能够将各类数据作为资产进行管理，其次是建立企业各层面沟通的统一标准，为企业内外部信息协同提供保障，最后是构建数据管理体系和系统支撑，持续保持企业全局数据的质量与统一性，而数据中台与现有的信息系统最大的区别在于识别与唤醒沉睡资产，让数据真正用起来，支撑企业自身业务。数据治理汇聚的数据资产就像一座高质量的金矿，数据中台相当于矿厂，所以数据治理是数据中台体系中重要的组成部分。

数据中台的核心能力包括数据汇聚能力、数据提纯和加工能力、数据服务可视化能力和价值变现能力，数据中台从广度上把数据资产以服务的形式全面推进到企业的各个环节，并从深度上挖掘和使用数据资产，实现数据资产业务化、场景化、实时化的数据分析融合，形成有针对性的数据服务，实现数据治理场景的全覆盖。

6.4.1　数据采集与数据架构

1. 数据采集

不同数据源采集决定了不同的数据治理策略，数据采集也收集了数据治理所需要的元数据信息，同时原始数据源的完整性、规范性、准确性需要数据治理来校验。

具备采集意识和数据标准化意识是数据中台成功的关键保障，数据汇聚能力、数据提纯和加工能力是数据中台的核心能力，而基于数据治理的元数据和数据标准能有效实现数据中台数据汇聚、提纯和加工的能力，这些能力则是数据中台关键能力的组成部分。

数据治理渗透于从数据产生到应用的全生命周期中，而数据采集是全生命周期的起点。在数据中台中需要通过数据采集将来自不同应用系统的结构化、半结构化、非结构化数据汇入数据仓库，数据采集基于元数据信息，缺乏元数据信息的数据采集无法进行。数据采集范围和标准不一致会大幅提升数据清洗的难度和复杂度，并导致原始数据源的完整性、规范性和准确性无法得到校验。要保障数据采集的成功，数据中台必须具备元数据管理能力和统一的数据标准。

2. 数据架构

数据架构为数据治理工作建立了数据一致性和高质量的目标，数据治理基于数据架构的目标和要求建立数据规范、减少数据冗余和提升数据质量，从而实现数据架构所要求的全域业务数据的广泛共享，以及高质量数据资产带来的业务价值。

基于数据治理的数据架构是用于定义数据需求，指导对数据资产的整合与控制，使数据投资与业务战略相匹配的一套体系。这套体系需要有效地管理数据、管理存储和使用数据的系统，形成不同层级的模型、定义、数据流，达到数据规范、减少数据冗余和提高数据质量的目的。

数据中台拥有海量与业务相关的数据，这些数据间的关系超出了个人可以理解的范围，因此需要对各层级数据及数据流进行业务抽象，以便更好地理解和使用数据。数据中台的数据架构需具备覆盖全业务、层次结构清晰、数据一致准确、性能高效、管理成本可控、使用便利的特征，这些特征是数据架构设计的业务驱动力，所以数据架构技术是数据中台所需要的技术之一。常见的数据架构包括以下三个方面：数据分层架构和设计规范，如原始数据层、数据明细层、数据汇总层和数据应用层；数据分域的方法和体系，如产品域、财务域、交易域、人员域等；数据流，即基于元数据记录数据血缘和数据加工过程，描述数据在企业业务和系统中流程的信息。

6.4.2　数据开发

数据治理可以确保在数据中台的开发过程中，各层级和各数据环节的数据规范性、一致性、准确性和时效性。数据开发是数据中台的核心能力之一，是数据资产内容建设的主要环节，是使得数据产生价值的核心环节。数据中台的数据开发类型包括离线开发、实时开发和算法开发，开发过程管理涉及分析、设计、实施、部署及维护等环节。

离线开发涉及离线数据加工、发布、运维管理以及数据分析、数据探索、在线查询等相关工作，基于数据治理，元数据信息可以快速进行数据源定位，数据资产可以帮助使用者进行有效的数据探索和深入的数据分析。

对于实时开发来说，数据是实时接入和实时处理的，统一的数据标准和主数据能有效简化流数据的加工处理过程。

对于算法开发，数据资产和统一标准可以辅助业务人员以简易可视化方式实现数据挖掘，并保持数据规范、一致。

　　基于数据治理的统一主数据和数据标准、完善的元数据体系，企业能够快速实现数据源定位、理清数据间的关系，提升开发过程各环节的工作效率。由于数据关系更明确和简单，数据开发的工作量大幅减少、难度大幅降低，既能满足数据中台的诉求，也能有效规避质量风险。如果缺乏统一的整体规划和质量标准，则会使得数据中台的开发效率和质量很难得到切实的保障，因此数据中台开发需要结合数据治理的相关能力。

6.4.3　确保数据被合法合规使用

　　确保数据被合法合规使用，是数据治理重要的工作之一。第一，通过数据治理制定的规则规范能够确保数据应用的合规。第二，数据治理对敏感数据和共享数据的安全治理，能够保证数据不被泄露。数据安全管理是数据资产管理中不可缺少的一个关键组成部分，数据安全包括访问合规、内容合规与存储合规。安全贯穿整个数据生命周期，覆盖数据的产生、加工、使用和销毁全周期。

　　访问合规指只有具备相关权限的使用者才能对数据进行访问。在数据资产管理中，数据认责体系可对数据的创建、录入、访问及访问范围进行明确的管理，数据中台基于数据资产的认责体系进行数据访问的权限控制。

　　内容合规是指被访内容中对敏感信息的保护，数据治理管理规范对敏感内容进行了定义，数据中台基于此定义对被访问数据（例如用户的身份证号码、完整的姓名、联系方式等）进行统一的脱敏或保护操作。

　　存储合规指系统只能保存符合监管规定的数据，设计数据架构时，禁止存储不合规的数据，对具有安全时效性的内容，要及时销毁，例如用户的访问密码、访问会话链接、个人行动轨迹等。

　　数据中台只有合法合规存储和使用数据，才能不损害企业商誉。另外数据中台也需要加强自身的安全防控技术和资源隔离，防止外部攻击或者内部违规操作。

6.5 一步到位的数据治理体系

6.5.1 数据治理体系咨询的总体方法

数据治理建设是一项系统性工程，需要从上至下引导、从下至上执行工作。数据治理需要有一个强有力的组织、合理的章程、明确的流程、功能强大的系统提供有力的保障，数据治理体系咨询总体方法应运而生，即一体化、环境五要素、目标牵引步骤、客户化交付、数据生命周期治理。如图 6.1 所示。

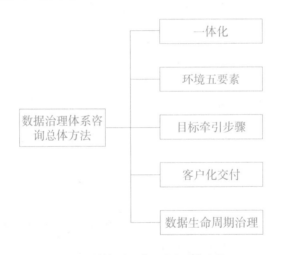

图 6.1　数据治理体系咨询总体方法

1. 一体化

一体化指服务于业务、数据、技术融合的纵向一体化咨询主线。数据治理的目的是促使企业实现业务目标，企业在实现业务目标的过程中，必然会涉及大量的业务场景和数据应用场景。由这些场景从业务目标延伸到管理分析再到基础的数据应用，中间产生的一系列数据问题是需要面向业务主线，有针对性地划分责任和进行相应的治理工作，快速实现从战略到业务管理，再到数据支撑的纵向拉通，并且实现不同业务主线之间的数据共享。

2. 环境五要素

环境五要素包括数据战略、组织与人员、原则与规范、管理流程与政策和技术实现。笔者参考 DAMA 数据治理规范发现，若要成功实现数据治理，则需对从上层战略到落地支撑的五个要素进行有效控制。这五个要素分别为数据战略、组织与人员、原则与规范、管理流程与政策、技术实现。

数据战略的内容涉及业务价值分析、企业战略一致性、企业级数据治理视角、项目群管理以及实施路线等，从战略的角度明确企业数据治理的实施方法。

组织与人员包括高层领导、治理委员会、数据治理负责人、数据管家、数据所有者、数据治理员等，在实施数据治理时需要建设企业数据治理组织体系，并定义相应角色的职责。

原则与规范的主要作用是确保数据治理工作有序、有效地开展，包括数据维护、数据质量管理、数据标准管理、变更控制、数据生命周期管理、元数据治理等管理流程。

管理流程与政策指针对八大领域的管理流程和政策进行分解管理，主要用于为数据治理各项工作的开展提供总体指导，包括数据安全政策、数据访问与控制政策、数据标准政策、数据保留与归档政策、数据合规政策、数据所有者政策等数据治理政策。

技术实现包括但不限于技术基础架构、数据清洗与转换、主数据治理工具、数据架构管理工具、元数据治理工具、工作流与自动化工具、数据同步工具等，其能为数据治理工作提供工具的支撑。

3. 目标牵引步骤

目标牵引步骤是一套工作方法，以目标为导向，明确输入、输出及过程活动，构建各阶段的目标牵引关系图。这套方法与福特公司有关。当时福特公司 T 型车的价格发生了过山车一般的变化，从原来的 4 700 美元直降到 360 美元。当时很多人以为老福特找到了流水线装配的标准生产流程，从而降低了成本。但事实并非如此。老福特认为，只有让汽车的价格降到这个程度，美国人民才能消费得起，然后他开始寻找各种方法来降低生产成本。如今我们习惯从方法推演出结论，但是老福特已经给我们提供了一种更为精简的思考方法，那就是从结果开始考虑。数据治理也采用了这个方法解决问题。

4. 客户化交付

客户化交付包括现状与评估、规划与设计、交付与跟踪。笔者将数据治理咨询过程划分为现状与评估、规划与设计以及系统规划与推广三个工作阶段，针对每个领域在每个阶段定义其工作内容，基于目标牵引步骤定义每项工作内容的工作任务、工作目标和交付内容。

5. 数据生命周期治理

数据生命周期治理包括数据的定义、生产、加工、使用、存储和消亡阶段。在数据生命周期的每一个环节，都需要对其中的数据和相关信息进行全面的管理。

6.5.2　第一阶段工作：数据治理的现状评估

数据治理的现状评估的重点在于根据企业的现状，梳理数据资产，为企业服务以及进行相关的数据源定位。

1. 企业现状理解和数据战略制定

根据企业战略、管理与业务的情况，理解企业在数据管理和应用上的重点和痛点；基于企业的战略、管理与业务现状，以及信息化建设现状、数据管理现状，以企业的业务目标和实现业务目标所需要的数据支撑诉求为目标牵引，制定企业的数据战略规划、数据战略实施步骤、数据战略评估方法。

数据战略规划首先需要建立、维护数据管理战略，并在整个数据治理过程中针对所有业务领域维护数据管理战略（包括目标、目的、优先级和范围）；接着基于数据的业务价值和数据管理目标，识别利益相关者，分析各项数据管理工作的优先级，制定、监控和评估后续计划以指导实施数据管理规划。在实施过程中企业需要确定数据管理和应用的现状与愿景、目标之间的差距，依据数据职能框架制定阶段性数据任务目标和实施步骤。

2. 数据资产的识别与梳理

数据资产的识别需要明确数据资产的定义和识别指标。数据资产的定义为由企业过去的事项形成的，或在未来能够持续扩充的并由企业拥有或控制的、预期能够为企业带来经济利益或一旦失去或者错误会导致企业产生损失的数据资源。由数据资产的定义可知，并非所有数据都是数据资产，而数据的维护是有成本的，数据治理的首要工作就是识别数据资产，并对数据资产进行良好的管理。数据资产的识别指标包括以下几方面。

① "该资产是由企业过去的事项形成的，或在未来能够持续扩充的"。通常来讲，大部分数据是在企业的生产经营活动中产生的，这些生产经营活动皆已发生，相应地，数据必然是"过去的事项形成的"。与此同时，数据还是动态的，随着生产经营活动的进行而源源不断地产生，显然持续更新的数据更有生命力，对企业的经营决策也更有价值。与传统无形资产不同的是，数据的价值不仅体现在已有数据，更重要的是可以持续更新或扩充该类数据的能力。这也使得数据资产无法完全满足会计准则对资产的定义。

② "由企业拥有或控制"。这条标准涉及数据的权属问题，即企业应在遵照法律规定的前提下，通过合法的方式取得数据。

③ "预期能够为企业带来经济利益"。企业在运营中可能产生大量数据，这些数据在被有效地挖掘、整合后可以产生巨大的价值。但并不是所有的数据都值得被利用，如果数据的取得、维护成本大于其产生的收益，或企业无法通过自用或外部商业化对其有效变现，那么这部分数据就不存在经济利益，也就是说其不应被视为数据资产。

④ "一旦丢失或者错误会导致企业产生损失"。企业在运营中可能产生或者存在的数据，一旦丢失会导致企业付出额外的成本或者利益受到损害，且损害成本大于数据的取得、维护成本。这部分数据即被视为数据资产。

最后，把数据资产形成数据资产目录，这样就能确定数据治理的管理范围。

3. 元数据的定义与梳理

元数据按传统的定义，可理解为其是关于数据的数据，主要是描述数据属性的信息。元数据对数据资产来说必不可少，是数据资产的数据架构反映，包括逻辑模型、物理模型、基础数据、业务描述等。数据资产的相关定义、属性、结构、关联关系、存储地址、更新信息等内容都需要被描述清楚，用来描述这些内容的就是元数据。元数据管理的目的是确保数据资产反映的一系列内容与人们的理解一致。企业需要根据自身的需求构建元模型，并且通过自动化或者手工梳理的模式收集元数据，最终的目标是实现元数据的自动获取和更新。

6.5.3 第二阶段工作：组织架构与制度流程的搭建，责任体系与数据质量、数据标准规划与设计

企业在经过第一阶段的现状理解和评估后，能顺利梳理出数据资产目录，圈定高价值数据的范围及相关元数据。接下来将基于此成果对企业进行数据治理体系规划和数据标准相关内容的梳理，针对五个关键要素，分别在八个功能领域开展规划与设计工作。具体工作领域包括：制度流程体系，数据资产的责任及安全体系，数据标准体系（业务术语、参考数据和主数据、数据元、指标数据），以及基于数据标准体系构建数据质量的检查规则。

1.制度流程体系

具体包括以下内容。

①定义企业内的机构。数据管理是一项全企业的工作，因此应建立企业的最高决策机构负责重要事项的决策。

②定义业务与技术部门的工作边界与协调制度。数据管理是一项需要业务部门和 IT 部门共同参与的工作，管理信息中心作为总体协调部门负责组织和协调工作。

③针对数据管理各领域设计相应的组织结构，明确工作职能与职责及上下级关系。

④落实责任。按照数据管理各领域的工作特点定义各类角色，并通过数据责任机制逐步落实到各业务条线和综合管理部门。

⑤制定制度流程。数据治理包含数据标准管理流程、元数据管理流程、主数据管理流程、数据质量管理流程和数据安全管理流程五个核心流程。这五个核心流程形成管理闭环，相互协调和关联。

2.数据资产的责任及安全体系

具体包括以下内容。

①数据责任界定的意义。数据责任界定是数据治理工作开展的基础，也是数据质量管理与提升归口。

②数据资产管理和运营的保障。数据责任界定需要基于管理角色划分责任并认责到岗，主责任部门、录入责任、审核责任、改进责任、使用安全管理责任等，贯穿数据生命周期。

③数据责任落实到人。数据责任必须落实到人，明确责任部门和责任人。数据责任认定的具体方法如下。

a. 识别核心数据资产信息。基于现状分析与评估的数据资产识别和梳理的成果，形成数据资产列表，根据数据问题、业务目标、管理重点识别数据资产的核心数据。

b. 理顺数据资产管理要求。落实与梳理数据资产管理要求，落到八大领域进行梳理与管理，包括数据治理、数据标准、元数据、主数据、数据质量、数据安全、企业数据架构、数据归档的管理要求。

c. 明确数据责任关系。数据责任关系对应数据岗位、各层组织架构等。

3. 数据标准体系

为了提升数据的规范性、促使业务部门间及业务部门与技术部门间能有效沟通、实现数据共享、提升数据资产的质量与价值，应建立数据标准体系。具体的数据标准对象包括主数据与参考数据、指标口径、业务术语、数据元素。企业可以基于自上而下和自下而上两种模式构建。自上而下模式根据企业业务模型，按照统一规范构建标准，适合前期系统比较简单、业务较少的新兴企业。自下而上模式则以企业业务和系统的现状为基础，按照数据责任体系的最大关系人、最大受益人等评定标准，构建标准体系，比较适合当前业务和系统比较复杂的企业。

4. 基于数据标准体系构建数据质量的检查规则

数据质量的检查规则是基于责任体系与资产体系构建的质量保障制度，产生数据质量问题的因素众多，包括组织缺乏对低质量数据影响的理解、缺乏对整体数据的规划、设计的系统为孤岛式的、开发过程不一致、文档体系不完善、缺乏对整体标准和数据治理体系的制定等，相当多的企业仍未清楚知道"数据应满足目标需求"该如何定义，也就是不清楚数据质量应该如何定义。数据质量的检查规则关键能力要素包括：可度量的数据质量监测和分析能力、从"被动管理"到"主动管理"的管理能力、系统设计和数据架构的前置预防能力。

6.5.4　第三阶段工作：系统规划与推广

系统规划与推广是数据治理体系咨询总体方法的落地环节，是数据治理方法论的落地与执行，用于规划企业级数据治理架构，该架构可支撑企业信息化的总体架构。构建数据中台及数据底座，为实现信息化转型提供整体数据支撑。同时，制定有效计划，推动数据治理体系的落地和持续改进。具体工作包括：数据架构及规范的设计、数据生命周期的管理和落地以及机制的持续优化。

1. 数据架构及规范的设计

数据架构及规范的设计要围绕业务展开，包括业务需求导向、业务价值导向和业务问题导向。本部分重点介绍建设内容的识别方法。根据业务需求制定数据管理战略，并将其与业务架构、技术架构及应用架构整合，以承接业务需求，打通数据生产服务体系，指导信息系统建设过程。规划涵盖集团管理支撑及业务运营等所有领域的业务主题及核心业务对象，明确数据在各应用系统、管理流程及组织中的产生、维护、使用等过程及其分布、流向。根据规划原则，设计企业支撑系统的系统架构图，并描述数据治理支撑系统和管理流程、人员岗位与企业信息系统的关系和触点。

2. 数据生命周期的管理和落地

数据生命周期的管理和落地，具体包括把数据治理的成果融入数据的定义、生产、加工、使用、存储和消亡的整个过程的管理，在整个数据生命周期构建触点。

①融入数据需求的过程，指建立数据需求管理制度，统一管理各类数据需求。数据相关方对数据需求的理解要一致，并梳理和定义各类数据需求，而且数据的命名、定义和表示要遵循组织发布的相关标准。

②融入数据设计和开发的过程，指设计满足数据需求的数据结构和解决方案，实施并维护满足数据需求的解决方案，并确保解决方案与数据架构和数据标准的一致性，以及数据的完整性、安全性、可用性和可维护性。

③融入数据运维的过程，企业的内外部数据提供方需按照约定的服务水平提供满足业务需求的数据，保证数据相关平台和组件的稳定运行。

④融入数据退役的过程，设计符合企业的内外部业务需求和监管需求

的历史数据的使用、保留和清除方案，建立流程和标准以规范开展数据退役需求收集、方案设计和执行。

3. 机制的持续优化

机制的持续优化。数据治理体系的建设和推广不是一蹴而就的，而是循序渐进的，在这个过程中，企业可采用戴明循环不断总结问题，不断优化数据治理体系和支撑功能。

未来，数据治理智能化应用方向如下。

①信息提取智能化，自动从系统文档和业务系统数据库中提取数据治理所需的参考信息，减轻人员的工作量。搜索与知识融合智能化，根据数据分析人员的使用习惯智能化推荐其所需的数据信息，同时根据数据内容智能化生成合适的可视化数据展现形式。

②认责推广智能化，智能化实现数据认责，根据人员岗位职责和数据内容智能化匹配人和数据的认责关系。

③质量判断智能化，实现数据质量规则库的跨系统复用；根据历史数据特征，对动态更新的数据进行智能化的数据质量识别，并推送疑似有质量问题的数据给数据管理员。

④标签管理智能化，根据数据内容特征智能化识别数据资产所属的安全分类级别，智能化分类数据资产标签。

6.6 别做无用功

6.6.1 数据治理效果的评估模型、数据战略评估、数据治理评估

1. 数据治理效果的评估模型

下面介绍参考 DCMM（GB/T36073—2018）设计的数据治理效果评估模型。其中，8 个能力域可以理解为 4 个方面，包括 1 项战略引领（数据战

略）、1项保障机制（数据治理）、4项应用环境建设（数据架构、数据标准、数据生命周期、数据应用）、2项日常运营（数据质量、数据安全）。

在DCMM中，数据治理成熟度共分为5个等级，如图6.2所示。

①初始级。数据需求的管理主要是在项目级体现，没有统一的管理流程，主要是被动式管理。

②受管理级。组织已经意识到数据是资产，根据管理策略的要求制定了管理流程，指定了相关人员进行初步的管理。

③稳健级。数据被当作实现企业绩效目标的重要资产，同时企业在组织层制定了一系列标准化管理流程以促进数据管理的规范化。

④量化管理级。数据被认为是企业获得竞争优势的重要资源，数据管理的效率能够进行量化分析和监控。

⑤优化级，数据被认为是组织生存的基础，相关管理流程能够实时优化，能够在行业内进行最佳实践分享。

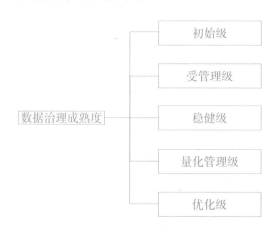

图6.2   数据治理成熟度

2.数据战略评估

数据战略评估包括数据战略规划、数据战略实施、数据战略分析，如图6.3所示。

①数据战略规划是所有利益相关者达成共识的结果，需要从宏观及微观两个层面确定开展数据管理及应用的动因，并能够综合反映数据提供方和数据需求方的需求。

②数据战略实施是在实施过程中评估组织数据管理和数据应用的现状，确定其与愿景、目标之间的差距；依据数据职能框架制定阶段性数据任务目标，并确定实施步骤。

③在数据战略分析过程中应建立对应的业务案例和投资模型，并在整个数据战略实施过程中跟踪进度，同时做好记录供审计和评估使用。

图 6.3 数据战略评估

3. 数据治理评估

数据治理评估包括数据治理的组织、数据管理制度的建设和数据治理的沟通，如图 6.4 所示。

图 6.4 数据治理评估

①数据治理的组织是各项数据职能工作开展的基础，包括组织架构、设置岗位、建设团队等内容。数据治理的组织在数据管理和数据应用方面负责职责规划和控制的职责，并指导各项数据职能的执行，以确保企业能有效达成数据战略目标。

②数据管理制度的建设是为了保障数据管理和数据应用各项功能的规范化运行而建立的对应的制度体系。数据制度体系通常分层次设计，遵循严格的发布流程并需要定期检查和更新。数据制度的建设是数据管理和数

据应用各项工作有序开展的基础，是数据治理沟通和实施的依据。

③数据治理的沟通旨在确保组织内全部利益相关者都能及时了解相关政策、标准、流程、角色、职责、计划的最新情况，开展数据管理和应用相关的培训，掌握数据管理相关的知识和技能。数据治理的沟通旨在培养与提升企业跨部门及部门内部的数据管理能力，加强各部门员工的数据资产意识，构建数据文化。

6.6.2 数据架构、数据应用、数据安全的评估

1.数据架构评估

数据架构评估包括数据模型、数据分布、数据集成与共享和元数据管理，如图 6.5 所示。

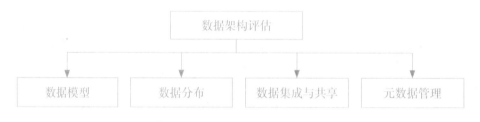

图 6.5 数据架构评估

①数据模型是使用结构化的语言对收集到的组织业务经营、管理和决策中使用的数据需求进行综合分析，按照模型设计规范重新组织需求的工具。

②数据分布是针对组织级数据模型中数据的定义，明确数据在系统、组织和流程等方面的分布关系，定义数据类型，明确权威数据源，为企业开展数据相关工作提供参考和规范的过程。企业通过梳理数据分布关系，定义数据相关工作的优先级，指定数据的责任人，并进一步优化数据的集成关系。

③数据集成与共享是建立组织内各应用系统、各部门之间的集成共享机制，通过组织内部数据集成共享相关制度、标准、技术等方面的管理，促进组织内部数据的互联互通的过程。

④元数据管理是关于元数据的创建、存储、整合与控制的过程。

2. 数据应用评估

数据应用评估包括数据分析、数据开放共享和数据服务，如图 6.6 所示。

图 6.6　数据应用评估

①数据分析是为对组织各项经营管理活动提供数据决策支持而进行的组织内外部数据分析或挖掘建模，以及对应成果的交付运营、评估推广等活动。数据分析能力会影响组织制定决策、创造价值、向用户提供价值的方式。

②数据开放共享是指按照统一的管理策略对组织内部的数据进行有选择的对外开放，同时按照相关的管理策略引入外部数据供组织内部应用。数据开放共享是实现数据跨组织、跨行业流转的重要前提，也是数据价值最大化的基础。

③数据服务是通过对组织内外部数据的统一加工和分析，结合公众、行业和组织的需要，以数据分析结果的形式对外提供的跨领域、跨行业的服务。数据服务是数据资产价值变现的直接手段，也是衡量数据资产价值的方式之一。企业可通过良好的数据服务对内提升组织效益，对外更好地服务公众和社会。

3. 数据安全评估

数据安全评估包括数据安全策略、数据安全管理、数据安全审计，如图 6.7 所示。

①数据安全策略是数据安全的核心内容，需要结合组织管理需求、监管需求以及相关标准等制定。

②数据安全管理是在数据安全标准与策略的指导下，通过对数据访问的授权、分类分级的控制、监控数据的访问等开展数据安全的管理工作，

满足数据安全的业务需要和监管需求，帮助组织内部在数据生命周期中对数据进行安全管理。

③数据安全审计是一项控制活动，内容是定期分析、验证、讨论、改进数据安全管理相关的政策、标准和活动。数据安全审计工作可由组织内部或外部审计人员执行，审计人员应独立于审计所涉及的数据和流程。数据安全审计的目的是为组织以及外部监管机构提供评估建议。

图 6.7　数据安全评估

6.6.3　数据质量、数据标准、数据生命周期的评估

1. 数据质量评估

数据质量评估包括数据质量需求、数据质量检查、数据质量分析、数据质量提升，如图 6.8 所示。

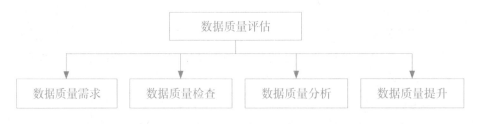

图 6.8　数据质量评估

①数据质量需求明确数据质量目标，根据业务需求及数据要求制定衡量数据质量的规则，包括衡量数据质量的技术指标、业务指标以及相应的校验规则与方法。数据质量需求是度量和管理数据质量的依据，需要依据组织的数据管理目标、业务管理的需求和行业的监管需求并参考相关标准来统一制定、管理。

②数据质量检查根据数据质量规则中的有关技术指标和业务指标、校验规则与方法对组织的数据质量情况进行实时监控，从而发现数据质量问题，并向数据管理人员反馈。

③数据质量分析是对数据质量检查过程中发现的数据质量问题及相关信息进行分析，找出影响数据质量的因素，并定义数据质量问题的优先级，将其作为数据质量提升的参考依据的过程。

④数据质量提升是根据数据质量分析的结果，制定、实施数据质量改进方案，包括错误数据更正、业务流程优化、应用系统问题修复等，并制定数据质量问题预防方案，确保数据质量改进的成果得到有效保持的过程。

2. 数据标准评估

数据标准评估范围包括业务术语、参考数据、主数据、元数据和指标数据，如图 6.9 所示。

图 6.9　数据标准评估

①业务术语是组织中业务概念的描述，包括中文名称、英文名称、术语定义等内容。业务数据管理就是制定统一的管理制度和流程，并对业务术语的创建、维护和发布进行统一的管理，进而推动业务术语的共享和其在组织内部的应用。业务术语是组织内部理解数据、应用数据的基础。通过对业务术语的管理能保证组织内部对具体技术名词理解的一致性。

②参考数据是用于对其他数据进行描述或分类的数据，或者将数据与组织外部的信息联系起来的任何数据。参考数据管理是对定义的数据值域进行管理，包括对标准化术语、代码值和其他唯一标识符，以及每个取值的业务定义的管理，还包括对数据值域列表内部和跨不同列表之间的业务关系的控制，也有对相关参考数据的一致、共享使用的控制。

③主数据是组织中需要跨系统、跨部门共享的核心业务实体数据。主

数据管理是对主数据标准和内容进行管理，实现主数据跨系统的一致、共享使用。通过统一组织中核心数据元的标准，可保证数据的拥有者和使用者对数据的理解一致。

④元数据是关于数据的数据，是关于数据的组织、数据域及其关系等属性的信息。元数据标准是描述某类资源的具体对象时所有规则的集合，具体包括元数据的结构标准、内容标准、取值标准和编码标准。

⑤指标数据是组织在经营分析过程中用于衡量某一个目标或事物的数据，一般由指标名称、时间和数值等组成。指标数据管理指组织对内部经营分析所需要的指标数据进行统一规范化定义、采集和应用，以提升统计分析的数据质量。

3. 数据生命周期评估

数据生命周期评估包括数据的定义、生产、流转、存储、加工、使用和消亡阶段。

①数据的定义、生产和流转是指企业在业务运营管理过程中对数据的含义、数据的分类及分布、数据的流转进行生成并流动的过程。随着业务的发生，各类业务系统不断产生出大量的业务数据，需确保数据能满足特定的业务需要，并实现信息的流转与共享。

②数据的存储、加工和使用是能持续满足企业的数据需求而产生的过程，包括数据采集、数据整合、数据交换、数据访问及数据产品生产（报表、用户视图）等。同时，数据平台投入运营后，日常的运行与维护也非常重要，其可为数据应用提供持续可用的数据内容。

③数据的消亡是对历史数据的管理，即根据法律法规、业务、技术等方面的需求对历史数据的保留和销毁，执行历史数据的归档、迁移和销毁工作，确保组织对历史数据的管理符合外部监管机构和内部用户的需求，而非仅满足信息技术需求。

第 **7** 章 源源不断的
数据之泉

7.1 无死角的数据采集

企业当前的业务需求不仅要求企业形成全域数据的支撑，还对采集的数据从数量、覆盖面、颗粒度和准确性等方面提出了要求。

企业基于数据驱动业务的方式进行一体化管控需要全域业务数据的支撑。

例如，在房地产行业，投、储、供、销、存、回、利、结多个专业环节环环相扣，每个环节都有多个层级的管理，并且在严苛的政策新常态下，各地的管控政策都有差异。房企若要实现高效经营，则应及时适应政策差异，对每个环节做好成本控制、融资进度管理、现金流管理和开发进度监控，从项目运营管理向大运营管理升级。在这一过程中，房企需要将投融资、设计、建造、采购、销售、成本等业务的数据全面打通。这是多环节、多系统、大数据量、时效性高并且成本可控的数据采集和集成诉求。

7.1.1 数据采集的高质量要求

1. 丰富的数据来源

"巧妇难为无米之炊"——通过数据采集提供源源不断的数据，才能保障企业各类数据资产的开发与应用。企业需求是与时俱进的，数字化转型要求企业具有强大的扩展能力和快速的响应能力以适应新的需求，这也是对企业的采集和集成能力提出的挑战。

企业要想通过数学模型做出合理的决策，就需要具备强大的数据支持能力，而数据采集是数据的重要来源。《纸×屋》节目组在拍摄过程中结合3 000万名观众的收视选择、400万条评论和300万次主题搜索分析观众的偏好，并以此作为下一季剧情发展的依据。这也是该节目受到追捧的原因之一，这一过程也对节目组数据采集的持续扩展能力和效率带来了挑战。

2. 成本可控

满足企业业务诉求的前提是成本可控，在合适的成本下将不同异构系统的成本数据和不同存储方式的成本数据汇聚到数据中台，其中包括建设成本数据、维护成本数据、学习成本数据和使用成本数据等。

例如，有些生产系统对数据的实时性要求不高，对此数据集成中心可以采取准实时的方式进行数据存储，这样可以减少生产系统间的网状接口。数据集成中心在对不同来源的数据进行处理后，将数据汇聚到数据中台，通过提供共享的数据接口，为跨系统数据应用提供数据支撑，打造数据共享平台。若要降低建设成本、维护成本和学习成本，采用统一的采集接口、集成管理和存储中心是较好的选择。

3. 有效的采集和集成策略

只有采集的数据的数量足够多、覆盖面足够广、颗粒度足够细、足够准确，业务系统才能对企业的经营和决策提供有价值的判断依据。而大多数企业在构建业务系统时会采用不同的数据库存储数据，数据采集和集成的过程是对数据的移动进行有效管理的过程，并且移动的数据量特别大，对 IT 资源的需求也很大，如果不采用有效的采集和集成策略，移动数据的过程可能会压垮 IT 资源和系统，甚至影响业务处理。

例如，客户 360 视图的数据来源可能是企业内部信息系统，比如 CRM 系统、网络流量和面向客户的应用程序，也有可能来源于合作伙伴，企业需要将这些不同来源的数据信息汇总到一起，以满足分析的需求。成熟的数据采集和集成策略，能够帮助企业有序移动来源不同的数据信息，从而提供大量、全面、细颗粒度、准确的数据，提升企业业务处理能力，为企业经营决策提供有价值的判断依据。

7.1.2　量化决策能力的提升

为了更好地开展工作，企业需要从多个方面提升量化决策能力。

比如：要提升对用户进行管理的能力，企业需要建立诸如用户积分、信用度等用户评价体系；为了实现用户品牌维护，需要对相关量化指标进行统计；为了发展优质用户，企业需要复杂、完善的渠道佣金计算支持能力。随着企业从以产品为中心向以用户为中心的转型，越来越多运营过程需要进行跨系统、大规模细节数据的批量计算，这需要统一的数据集成中心提供相关数据。

1. 数据集成中心支撑信息化建设

很多企业的信息化系统并不能有效支撑当前业务所要求的数据采集工作。

数据集成中心是企业运营数据的共享平台，它负责从企业各业务系统收集运营数据，并按照数据模型对数据进行整合，然后提供数据共享以支持跨系统数据的应用，这需要强大的IT资源、合理的采集和集成策略支撑。由于企业在不同历史时期逐步建立起来的信息系统存在数据结构、主数据不一致及业务系统的统计口径与分析需求的差异，并且还要考虑时效性、平衡成本等需求，所以需要企业级数据采集和集成方案来实现高水平的信息化建设。

2. 消除信息孤岛，形成统一的数据标准

企业在信息化阶段形成了多个烟囱式系统，各系统之间的异构关系形成了大量的信息孤岛，缺乏统一的数据标准，对企业基于数据进行经营过程管控形成了较大的阻力。

YT企业是一家化肥生产企业，2019年以前，集团的各个系统相对独立，无法进行一体化经营管控和精细化核算。2019年，集团为了解决烟囱式系统带来的信息孤岛问题，将ERP、制造执行系统（Manufacturing Execution System，MES）、分散控制系统（Distributed Control System，DCS）、物联网、设备管理、采购平台、物流调度系统等20多套系统进行数据集成共享。为将这些系统的异构数据进行集成，集成方案中需要提出解决异构数据统一问题的内容。

3. 互联网有效支撑企业的业务创新与经营管理

互联网为企业完成满足业务需求所需要的数据采集工作提供了可能性。互联网的普及促使企业产生了各种类型丰富的大数据，传统数据采集方式单一，所采集的数据量小、数据结构简单，不同维度的数据信息也弥补了企业在信息化阶段单一结构化数据的不足，采集这些丰富的大数据更加有利于企业的业务创新和经营管理。

　　这些数据既涉及传统的结构化数据，也涉及非结构化数据，如百度云使用分布式关系型数据库提供的基于中间件的分布式关系型数据库系统为用户海量数据存储服务；沃尔玛通过图形数据库为用户提供商品的实时推荐；某银行对用户的资料文件（通过图片形式上传）进行识别并为核实图形数据库做风险控制；安全防控通过人脸识别、监控录像跟踪等方式进行数据分析。这极大地丰富了数据源格式，需要系统通过采集和集成能力进行处理。

　　根据企业的诉求，数据采集的目标是，按照需求的格式，及时、安全合规地采集数据；构建统一、共享的采集接口，控制和降低数据采集成本；满足业务在数字化转型过程中，数据统计、数据分析和业务应用等需求，实现数据的价值。

7.2　数据采集：数字时代的掘金者

　　笔者认为数据采集是在数字化时代，为满足企业利用大数据全面提升经营管控和客户服务的能力的需求，需要利用数据中台的相关技术手段收集、获取和对接企业内外部事务、人员、机器设备等各类数据的过程。

7.2.1　数据的分类

　　数据是数据采集的对象。数据有不同的分类（见表 7.1）。按照数据结构划分，其可分为结构化数据、半结构化数据和非结构化数据；按照实时性划分，其可分为离线数据和实时数据；按照企业内外部属性划分，其可分为内部数据和外部数据；按照软硬件属性划分，其可分为硬件数据和软件数据。

表 7.1   数据的分类

分类维度	类型	类型说明	类型举例
数据结构	结构化数据	可以通过二维表结构逻辑表达和实现的数据，其遵守数据的格式和长度规范	关系数据库管理系统数据、关系型数据库中的数据、面向对象数据库中的数据等
数据结构	半结构化数据	与纯文本相比具有一定的结构，同时也比关系型数据库中的数据更灵活	JSON 格式、XML 格式、操作日志、定位等数据
	非结构化数据	不能通过二维表结构逻辑表达和实现的数据	文本信息、图像信息、视频信息、声音信息等数据
实时性	离线数据	历史和归档数据	导航软件的离线地图等数据
	实时数据	一种带有时态性的数据；与普通的静止数据最大的区别在于实时数据带有严格的时间限制，一旦处于有效时间之外，数据将变得无效。但随着时间的推移，实时数据会变成历史数据并存储下来以备使用	电商平台大促期间成交金额、业务场景异常监控等数据
企业内外部属性	内部数据	在组织内部的业务流程和运营过程中生成的数据	销售订单、生产成本、员工信息等数据
	外部数据	在组织运营范围之外生成的数据	企业工商大数据、个人征信数据、大宗商品价格数据等
软硬件属性	硬件数据	利用硬件设备或装置采集的数据	传感器、二维码等数据
	软件数据	使用软件或程序采集的数据	Python、埋点等数据

7.2.2   数据库分类

下面介绍数据库分类。

1. 关系型数据库

关系型数据库是由二维表及其之间的关联关系组成的数据组织，它通过关系模型管理数据，其特点是易理解和易维护。但是关系型数据库对大数据的写入和处理效率偏低，也不方便进行字段动态增减操作以及简单查询处理需要快速返回的结果。关系型数据库更擅长处理数据一致的事务，以第一范式为前提，是数据业务系统数据支撑和数据量较少的数据仓库。

当今主流的关系型数据库包括 Oracle、SQL Server、MySQL、PostgreSQL、DB2、Microsoft office Access、SQLite、Teradata 等。

2. 键值存储数据库

键值存储数据库是用来保存查询所使用的主键和值的组合数据库，所存储的数据类型不受限制，可以是字符串，也可以是数字，或者一系列键值组成的封装对象等。键值存储数据库适用于存储读写频繁的数据，前提是数据模型简单。

具有代表性的键值存储数据库有 Redis、Memcached 和 MemcachedDB。其中 Redis 是基于 C 语言开发的开源、高性能键值存储数据库，通过提供 5 种键值数据类型来处理不同场景下的存储需求。目前，Redis 主要应用在数据缓存、在线列表、任务队列、访问记录、数据过期处理和 Session 分离等场景。

3. 文档型数据库

文档型数据库将数据以文档的形式储存，假定一个特定文档的结构可以使用一种特定的模式来说明，通常支持将已聚合的数据进行复杂查询和计算，它是键值存储数据库的升级版。文档型数据库提供嵌入式文档，常用于查询存储在同一个文档（而非表）中的数据，尤其是当应用程序需要存储和查询不同的属性以及大量数据。文档型数据库在表字段的增减过程中对数据的影响较小。

MongoDB 和 CouchDB 是两个具有代表性的文档型数据库。MongoDB 是一种面向集合、无模式文档型数据库，也是目前流行的 NoSQL 数据库。其中，数据以集合的方式进行分组，每个集合都有单独的名称并可以包含无限数量的文档。

4. 列存储数据库

列存储数据库，顾名思义，是将数据存储在列族（Column Family）中的数据库。每个列族都用来存储经常被一起查询的相关数据。列存储数据库通常用来处理分布式存储的海量数据。

列方式所带来的一个重要好处是整个数据库是自动索引化的，这是由于查询中的选择规则是通过列来定义的。按列存储的方式是将每个字段的数据聚集存储，在查询时只需要输入少数几个字段就能检索，能大大减少读取的数据量，也更容易为这种聚集存储设计更好的压缩 / 解压算法。但缺点是更新成本高，需要重建列存储索引（IO 密集型操作）才能回收空间，而且一个聚集列存储索引排序、构建、数据类型、游标和触发器限制较多，但随着技术的不断发展，这些限制已经被逐渐优化。

Cassandra 和 HBase 是两种具有代表性的列存储数据库。Cassandra 的主要特点在于它是由一堆数据库节点共同构成的分布式网络服务，而不是数据库，而且 Cassandra 群集的扩展能力比较强大，在进行扩展时只需在群集里面添加节点。Cassandra 的优势在于模式灵活、具备可扩展性和多数据中心识别、范围查询功能，以及采用列表数据结构、分布式操作。HBase拥有超强的扩展性和超大的吞吐量，并且它采用的是 Key-Value 的存储方式，即便面临海量数据的增长，也几乎不会导致查询性能下降。相对于传统的行存储数据库而言，当单张表字段很多的时候，HBase 作为一个列存储数据库可以将相同的列（以 Regin 为单位）存在不同的服务实例上，分散负载压力。HBase 使用 HDFS 作为分布式文件系统，不管数据量多少，总能保持高效。列存储数据库作为大数据平台常用的数据库，随着技术的不断发展，以前的一些技术限制已经被逐渐消除。

5. 图形数据库

图形数据库是基于图论的思想和算法实现高效处理复杂关系网络的新型数据库系统，用图来存储数据，是高性能的一种用于存储数据的数据结构方式。

图形数据库被广泛应用于社交领域，并且还可以与很多应用兼容，很多应用可以自然扩展使用图形类型的关系，许多内嵌在社交应用中的推荐系统常常都是基于图形的系统。比如，Neo4J 是一种原生图形数据库，它使用的后端存储功能是专门为其自身定制的，理论上说这更有利于发挥图形数据库的功能。

7.3 企业价值链中的数据采集

企业的生产经营围绕着商业模式来进行，相应地，数据采集工作也需要考虑商业模式的需要。互联网时代的不断发展，孕育出了各类新型商业模式，这些商业模式在精准营销、资金支付、设备管理、物流配送、员工绩效等环节利用数字化进行了颠覆式创新，而这些数字化创新离不开各类互联网和物联网数据的采集。

随着互联网的发展，在新的商业模式下不断有新的终端设备加入企业的数据体系，业务也从单一的网络向移动互联网前进，例如共享单车、外卖平台等，涉及手机、行程跟踪，出票设备、出行设备等。这些数据反映了更多的客户行为和习惯，数据采集成为企业挖掘和孕育新商业模式的首要工作。

企业的价值实现需要通过价值链来完成。相应地，数据采集工作也可以从价值链角度来理解。价值链可以分为企业内部价值链和外部价值链。内部价值链包括采购、生产和营销等环节。

7.3.1 内部价值链

1. 采购环节

在采购环节，企业要想实现采购的低成本、高效率和公平公正，需要各大采购电商平台的数据、与供应商相关的工商大数据、内部采购业务链条相关数据以及线上操作日志等数据的支撑，所以数据中台的数据采集能力对采购业务的数字化变革尤为重要。

例如，黑骑士卡就是一个纯粹以互联网比价系统构建的项目，它能打通数据的各种来源渠道，通过智能比价系统对商品在线上、线下等渠道的报价、促销活动、历史价格走势等信息进行分布式采集，确保数据的精准性、实时性和完整性，并从多维度对数据进行排名，使数据表现更直观，从而帮助企业和个人采购到物美价廉的商品。比价系统是目前互联网中热门的应用，但其面临着数据采集这一重大挑战。可以说，只要能采集到数据，比价系统就成功了一半。

2. 生产环节

在生产环节，国家在大力推进工业互联网平台的建设，其中涉及生产管理的事前预测和事中管控，需要抗干扰和稳定的数据采集能力来完成复杂工业设备网络中成千上万的计量、能耗、安全和环保的相关数据采集。

（1）融合数字孪生技术

工业互联网平台是面向制造业广泛存在的数字化、网络化、智能化需求，构建基于海量数据采集、汇聚、分析的服务体系，支撑制造资源泛在连接、弹性供给、高效配置的工业云平台。数字孪生是近些年兴起的新兴技术，简单来说就是运用物理模型，应用传感器读取数据并在虚拟空间中进行模拟仿真，以体现相对应实体的项目生命周期全过程。数字孪生技术可以实现专家经验的数字化，也可以对数据进行保存、复制、修改和转移，而且通过与物联网的数据采集、大数据处理和人工智能建模分析相结合，既能对历史问题进行诊断，也能对当前状态进行评估，还可以实现对未来趋势的预测，更加全面地提供决策支持。在工业生产行业，数字孪生技术的应用，将大幅度促进物品在设计方案、生产制造、维护保养及检修等阶段的转型。

（2）助力健康的利润与现金流

从商品短缺时代到商品过剩时代，企业也从大批量生产模式逐步转向以销定产模式，企业内外部价值链中的各环节业务协同数据的采集和分析能力会影响产品的供需匹配节奏，而良好的供需匹配节奏会影响企业的利润和现金流的健康程度。

企业基于工业互联网平台，将生产数据与销售和订单数据结合，利用数据分析，合理排产，降低库存。例如，某家具厂原来要提前生产产品再将其销售给客户，这样可以防止缺货但会造成库存积压、资金成本高。现如今基于工业4.0，该家具厂加强了数据在排产方面的应用，实现了客户个人定制、订单预测、科学排产，大幅度降低库存，降低了货物积压的各种成本，实现了生产模式转型，改善了利润和现金流的健康情况。

（3）精细化成本控制

区别于传统的事后成本核算方式，越来越多的企业希望在经营过程中进行精细化的成本控制，甚至引入了阿米巴经营核算的模式。精细化成本控制离不开内部交易、能源消耗、费用分摊、价格变动等实时数据采集的支撑。

例如，班组的员工在管理过程中存在重生产、轻管理，重效益、轻核算，缺乏创新动力，各项规章制度执行不严等问题。出现这些问题的原因可能是班组长对精细化管理的重要性认识滞后，或者员工并没有形成精细化管理习惯，还可能是班组考核不严、不透明等。动态数据获取能力成为解决这些问题的关键。实时数据采集能力强调持续改进、不断提升数据精确性，并在企业、车间、班组各级领导经济责任制考核中纳入班组精细化管理，明确职责，确定专人管理。

3. 营销环节

（1）数据采集助力精准营销

在大数据时代，企业精准的市场定位和客户营销需要从市场环境、相关政策、竞品信息、价格策略、客户画像等全方位视角进行测算和预测。全方位视角需要不同维度和不同类型的数据支撑，数据中台的数据采集能力恰恰可以实现这一点。

例如，某消费品公司需要对不同客户群体的特征进行收集和分析，以根据各客户群体的画像进行精准营销。该公司通过数据爬虫的数据采集方式，爬取全网相关用户近段时间购买的产品品类、购物方式、购物时间等信息，从而对客户进行精准画像分析，最后进行精准营销。没有强大的采集能力是无法实现这样的业务能力的。

（2）数据采集依然是核心要点

不管是在采购、生产还是在营销环节，企业都需要做出正确的经营决策。不论是信息化阶段还是数字化阶段，企业的经营决策都需要完整和准确的业务数据，数据采集是最基础也是最关键的步骤。

客户一旦离开再重新发展的成本比邀请一个新客户的成本更高。例如，通信行业的客户挽留系统通过全面的数据采集，从客户最近的消费行为变化、预存话费的充值金额、竞争对手的新政策和自身最新的产品方案对客户离开的风险进行全方位评估，及时做出挽留动作，这就要求客户行为的数据完整并且企业需要及时做出反应。强大且成熟的数据采集系统能够帮助企业采集到经营管理中所需的完整和及时的信息，以满足业务需求。

7.3.2　外部价值链

外部价值链对企业的作用日益凸显。企业可利用外部数据资源提升经营管控能力和产业协同能力，这也需要数据采集的支撑。贵州公共资源交易大数据应用服务平台是全国首个公共资源交易领域的大数据应用服务平台，它于 2016 年正式上线运行。能源互联网 2.0 大数据平台在 2018 年上线。大数据共享能够帮助企业从外部获得更多数据资源，从而提升经营管控能力和产业协同能力，接入外部数据的能力成了企业发展业务的重要能力。数据采集恰恰是引入外部数据的关键一环。

7.4　数据采集是数据中台的运输队

建立企业级的数据中台，整合和汇聚各类异构系统的数据是首要工作，如果企业没有获得能满足业务诉求的数据信息，那么数据中台的一切工作都无从谈起。

1. 数据是数据中台的基石

数据采集系统通过集成企业各业务条线的数据源和数据类型，为企业提供满足业务诉求的数据信息。企业整合和接入的数据量越大、数据类型越多、业务范围越广，数据中台就能发挥出越强的数据服务能力。

在各类数据源汇聚到数据中台后，需要通过数据治理模块记录各类数据源的存储信息和关联关系，为后续业务的一致性和可追溯性提供依据。企业可对数据进行完整性、有效性、准确性检查，识别质量问题并进行必要的改进，从而获得更准确的数据，为后续进行数据分析打下基础。所以数据采集需要使用数据中台中数据治理的相关能力，数据采集模块与数据治理模块是信息的提供者与消费者的关系。

2. 数据采集为数据资产的开发与利用提供了全流程、全方位、多维度数据源

企业在数据中台中，定义了数据资产，但资产需要提取才能使用，数据采集系统是数据中台中数据资产的运输队。在大数据时代，最不缺的就是数据，但最缺的也是数据。目前，很多数据分割地存储在不同渠道，面对类型多、体量大、更新快的数据资产，企业可以通过数据采集系统解决数据中台如何与各类数据源对接的问题，对种类繁多的数据资产进行采集，汇聚全流程、全方位、多维度的数据源。

没有数据就没有数据赋能业务的价值，就好比不开采石油就得不到汽油一样，所以数据采集好比数据油田中的采油设备，可源源不断地采集原油，然后将其输送给后方链条使用，数据采集为数据中台后续活动提供了核心原料。

7.5 数据采集的具体方法

企业可根据业务诉求和元数据，针对不同类型的数据源进行数据采集规划。数据采集方案要满足定义数据集成和数据采集的需求、梳理收集业务规范、剖析数据结构。在采集中要记录数据的血缘关系，在开发采集程序时要做好数据的安全保护。数据采集方案可以根据业务诉求和数据类型进行分类设计，例如财务业务一体化、营销与财务集成等，应按照不同的业务场景进行采集方案的设计。

7.5.1 数据源链接的建立与埋点设计

企业可根据业务场景，细分不同类型的数据源，进行数据接口方案、数

据传输服务、数据源到数据中台的映射关系、数据采集频率和周期等的设计。这样即使遇到数据量大和数据时效性高的情况，所设计的方案也有助于企业进行数据分流。

企业可针对不同的数据源特点进行数据源链接的建立或者埋点设计（见图 7.1）。常见的埋点设计如下。

①线上行为采集，可以分别按照客户端埋点、服务端埋点构建与数据的链接。

②线下行为采集，可以采用文本传输、传感器数据收集（通过 Wi-Fi、摄像头收集）进行数据源的链接。

③网络数据采集，可以设计爬虫、Cookie 脚本等进行数据源的链接。

④传统数据存储工具采集，例如关系型数据库、多维数据库等，可以通过 JDBC-ODBC 接口进行数据源的链接。

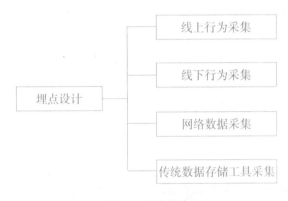

图 7.1　埋点设计

7.5.2　数据采集同步

在同步实现数据链接后，数据采集系统可实现将数据在不同系统间流转，实现不同地域、不同数据库之间的数据传输交换。例如，分布式业务系统与数据中台之间的数据同步，包含数据从业务系统同步到数据中台和从数据中台同步到数据服务或数据应用等。

由于业务系统的数据类型多种多样，所以设计了不同的链接和埋点，但不管数据是哪一种形式，通常都以文件形式进行存储。一般数据采集同步方式可以分为三种：直连采集同步、文件同步和日志同步（或叫流同步）。根据数据的时效性和数量，对不同的同步方式，企业可采用批量数据同步或者实时同步两种解决方案。

1. 批量数据同步

批量数据同步包括离线数据采集、实时数据采集两种情形。

（1）离线数据采集

离线数据采集是针对数据时效性要求较低、数据量较大的场景，对批量数据进行转移的数据采集模式。离线数据采集需要注意以下环节：前置数据分析和核查、数据转换预算资源的管理与优化、数据的分批与全量同步、数据增量同步。

（2）实时数据采集

实时数据采集是针对数据实时发生、存续时间短、时效性要求高且数据量相对不大的场景，对批量数据进行转移的数据采集模式。在做战略分析时需要了解企业历史的经营情况，这些数据大量存放在分散的交易系统中。对时效性要求不高但数据量极其庞大的场景可以采用批量采集的策略，安排在系统资源相对宽裕的时间（一般是非交易时段）收集信息并进行分析。

2. 实时同步

实时同步是一种实时数据采集模式，也即针对数据实时发生、存续时间短、时效性要求高且数据量相对不大的场景，对批量数据进行转移的数据采集模式。

在进行数据采集时，需要注意数据转换资源的效率规划、采集过程遇到干扰时的备份与恢复机制等环节。以日志类的即时交易数据为例，其源源不断地产生并且分布在不同的服务器中，业务部门通常会要求立即获得这类数据。这类数据通过解析归档日志来实现增量的数据更新，并通过消息订阅模式来实现数据的实时同步。

7.5.3　数据采集同步策略

在进行数据采集与同步时，企业要考虑数据的准确性和完整性要求、网络 IT 资源和业务需求等因素，针对不同的情况，可以采用不同的策略。

1. 分库分表的采集处理

为满足数据中台所需处理的数据量高速增加的要求，系统需要具备灵活的扩展能力和高并发大数据量的处理能力，很多存储设备和工具都采用分布式分库分表方案来达到这个目的。但对于数据同步来说，分库分表设计无疑加大了同步处理的复杂度。如果有一个中间表把原来分散的数据集成一个表，那么后续的处理和应用会更加方便。

2. 高效采集作业的生成

一般来说，在数据采集同步时会先创建目标表，然后通过采集工具存储数据。但如果由于业务的发展和变化而新增大批量的同步数据，并且不同数据源需要配置不同的参数，以及部分真正的数据需求方未必具备相关数据同步的专业技能，那么往往需要将需求提交给数据开发方来处理，增加了交流成本。数据中台可以通过自动化生产采集作业生产工具，以及统一的界面实现图形化采集作业的配置，大大加快采集的开发过程。

3. 增量与全量同步的合并

在批量数据同步中，有些表的数据量随着业务的发展越来越多，采用周期全量同步的方式会加大工作量，大大降低处理效率。更为合适的做法是每次只同步新的增量数据，然后将其与上一个同步周期获得的全量数据进行合并，从而获得最新版本的全量数据。

4. 任务顺序优化处理

数据采集同步任务是针对不同数据源问题而创建的系列周期调度任务。在大型的数据调度工作台中，每天会运行大量的数据采集同步任务，一般首先需要设定首轮同步的线程数，然后运行同步任务。

数据中台的数据采集采用一套基于负载均衡思想的新型数据同步方案来解决数据同步任务中存在的问题。数据中台通过目标数据库的元数据估算同步任务的总线程数以及一系列预制的参数，优化数据采集同步任务优先级和最优的作业顺序和线程顺序，提升采集同步的执行效率和稳定性。

5. 原始数据层的处理

数据仓库的第一层数据称为原始数据层数据。当遇到集成模式复杂、计算量巨大的需求时，可以先将数据采集到原始数据层，然后进行下一步处理操作。

7.5.4　运营与监测

数据质量对数据中台来说至关重要，数据采集就是数据的源头，要对采集设置一定的过滤和检查规则，保障高质量的数据入库。

异常数据的成因多种多样，但可以细分为原始数据的问题和数据传输过程中出现的问题。采集的数据应该尽量反映业务原貌，同时在数据采集阶段应严格检查运营和传输造成的异常，具体可根据不同的数据源对传输过程的数据进行完整性、一致性的检查。

7.6　评价所采集数据的质量

可以通过数据完整性、数据量、数据可用性、数据采集时效性以及数据采集方案的复杂性和成本等指标来评价所采集数据的质量，如图 7.2 所示。

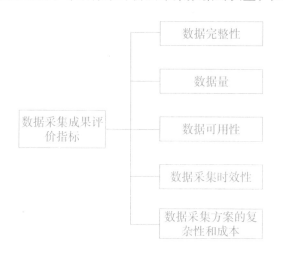

图 7.2　数据采集成果评价指标

1.数据完整性

采集完成的数据需要服务于模型和具体业务场景，数据完整性要求判断所采集的数据是否存在超预期的缺失值，采集手段是否能够采集到所需要的各种类型的数据。若不判断，会影响数据的后续使用效果。

2.数据量

采集的数据是构建算法模型的原料，算法模型的运行必须建立在一定数量的数据基础之上。数据量也会影响算法模型对不同结构的数据支撑能力，若算法模型能够支撑更多不同结构的数据源，那么采集的数据将会更全面地覆盖业务需求。

3.数据可用性

可用的数据必须是准确的、合规的，因此可以从数据准确性、合规性衡量数据可用性。错误的数据会让算法模型产生错误的运算结果，可能导致管理者做出错误的经营决策；如果运用不符合法律法规等相关规定的数据，则可能会给企业带来风险。此外，所采集的数据类型与算法模型的匹配程度也是一个考量指标。

4.数据采集时效性

在信息时代，每时每秒都有新的信息、新的数据产生，过时的数据不利于企业做出正确决策，因此数据采集系统所获得的数据应该是不断更新变化的，以使算法模型能够以最快的速度做出反应，从而提升企业决策效率。

5.数据采集方案的复杂性和成本

衡量数据采集方案复杂性和成本的指标包括：采集技术的复杂性；采集方案的可理解性；企业是否有能力匹配的员工从事相应工作；为实现采集目标企业需要付出的成本；收益和成本的匹配程度。在综合考虑过后，企业应当选择能使利益最大化的采集方案。

第 8 章　从 0 到 1 的数据开发

8.1 人找数，还是数找人

8.1.1 数据开发的现状与瓶颈

自 2020 年以来，宏观经济的各项不确定因素给企业的经营发展带来了诸多挑战，企业在经营管理方面需要有更精细化的管理和更敏捷的洞察。部分企业希望借助数字化手段来满足不断变化的经营管理诉求，这对各类业务数据的挖掘和分析提出了更高的要求，但往往数据开发的速度远远慢于业务诉求变化的速度。比如：工业企业向制造服务体系智能化升级，进行产业链延伸和价值链拓展；消费品企业从过去的拼流量的"人找货"变成了拼算法的"货找人"，探索线上线下一体化的新机会；房地产企业从过去的管土地要红利转向通过精细化管理要效益等。经营管理诉求的不断变化，向传统企业的数字化转型提出了更高的数据和技术要求，但部分企业仍然处在手工报表阶段。即便一些企业在数据展现层面应用了管理驾驶舱，但无法处理随需而用的数据依然是限制企业发展的瓶颈。

企业数字化转型阶段和信息化建设阶段最大的区别在于，通过数据来赋能企业全员的工作，数据分析不再是决策层的专属，而是为不同层级的角色所对应的业务场景提供个性化的数据应用并产生业务价值，这就需要一套灵活的、严谨的、自动的数据开发工具。比如，大部分企业基层员工的数据获取能力有限，各部门之间的数据难以集成共享，信息系统所提供的结构化数据也相对单一，难以满足各个工作岗位对数据复杂分析的要求。数据无法流通阻碍了分析工作的进行，在一定程度上制约了企业经营能力的提升。因此，需要建立一整套数据开发工具来形成企业经营管理中各层级和各场景、各岗位所需数据资产和算法模型。

8.1.2　数据开发的目标

伴随着数字技术的蓬勃发展，相对成熟的大数据全栈开发平台为各行业企业的数字化转型提供了数据利用与开发的技术支撑。

随着我国互联网产业的蓬勃发展，大数据全栈开发平台的能力成了各类互联网企业形成商业竞争力的标配。电商企业、通信运营商和零售企业都在利用大数据分析技术，构建客户画像，从而实现对客户的个性化服务及精准营销。在笔者所服务过的众多客户当中，有通过大数据技术来满足精准营销和风险防控的银行，有通过数据平台来全面构建油气资源开发和生产的经营决策平台的石油生产企业，也有通过数字化的方式来全面构建大运营管理体系的房地产企业，更有通过数据和 AI 算法进行财务大数据分析探索的装备制造企业。这些不断涌现的企业数字化转型实践都离不开成熟的大数据全栈开发平台的技术，相信这些成熟的数据开发技术将会实现更多企业的数字化转型愿景。

数据开发一般具有以下目标。

① 根据企业内外部各类数据源进行开发与利用，形成企业级数据资产。

② 满足企业数据分析所需要的不同颗粒度的数据要求。

③ 形成企业级清晰的数据地图。

④ 根据企业实时经营的需要，提供批流一体的数据服务。

⑤ 根据企业客户的服务要求和经营特征，构建管理对象的数字孪生。

⑥ 开发出与业务逻辑相配套的一系列算法模型。

⑦ 对企业级数据生命周期进行管理。

8.2　数据开发到底是什么

8.2.1　数仓分层

1.ODS

原始数据层（Operation Data Store，ODS）主要存放的是来自各业务系统的原始业务数据，该层一般不做过多的数据加工和清洗工作，仅做简单的整合，是最接近数据源的一层。

2.DWD

数据明细层（Data Warehouse Detail，DWD）首先要做的是将 ODS 层的数据进行清理、整合、规范化，处理脏数据、垃圾数据，提供数据质量保证。其次是按照业务过程的特点，对数据进行建模存储，构建最细颗粒度的明细事实表。

3.DWS

数据汇总层（Data Warehouse Service，DWS）主要是在 DWD 层的数据基础上进行少量的汇总，这一层数据的数据颗粒度稍粗于 DWD 层，一般是以某一个主题为维度，组成跨主题的宽表或者某个主题的汇总表，以便下游调用进行后续分析。

4.ADS

数据应用层（Application Data Store，ADS）的主要目的是面向业务，贴近应用需求。ADS 层基于 DWD 层和 DWS 层建立，将数据按照主题域和业务需求进行聚合，组成各种主题报表，不仅可供数据分析部门进行数据分析，统计结果还可供后续业务部门进行查询使用。

8.2.2　事实、维度、模型

下面主要介绍事实和维度、ER 模型、维度模型及多维的概念。

1. 事实和维度

事实和维度是数据仓库中十分重要的两个概念。事实表示对业务事件的数字度量；维度则是观察业务事件的角度，一般是一组关系或描述信息。例如，如果销售行为是一个业务事件，那么销售金额就是事实，而客户类型、商品种类、销售时间就是维度。

2. 多维

在介绍多维的概念前，有必要先介绍多维数据分析。多维数据分析的主要功能是为用户提供多角度、多层次的数据分析方法，维度是观察事物的角度，比如时间维、地域维、产品维等。根据这些维度构建的模型可以实现多维度的交叉查询分析，管理决策层可用其进行自助式数据分析，逐层透视业务状况。比如，元年科技的多维数据分析产品，以内存计算技术为基础，实现了数据的实时更新、实时计算、实时查询，输入端数据的变动即刻可反映在结果端，企业可用其构建神经系统式的实时决策平台，对业务数据进行实时监控，帮助管理决策者即时掌握企业经营状态。

3. ER 模型（关系模型）

ER 模型站在企业的角度描述业务架构，常用于联机事务处理（Online Transaction Processing，OLTP）数据库建模。与传统 ER 模型着重描述业务实体不同的是，大数据领域的 ER 模型重点描述的是业务主题之间的关系。

4. 维度模型

维度模型主要应用于联机分析处理（Online Analytical Processing，OLAP）中，从业务分析需求出发将业务事件分为不同颗粒度，再根据颗粒度设计不同的维度，最后选择合适的度量指标。维度模型的主要功能在于快速、高效地处理分析需求，常用的维度模型有星型模型、雪花模型等。

8.2.3　数据开发类型

根据数据处理的时效性，可以将数据开发分为三类：离线计算、实时计算和准实时计算，如图 8.1 所示。

1. 离线计算

离线计算主要用于历史数据的查询分析，比如月度报表分析。流行的离线计算工具为 Hive。Hive 具有强大的离线数据处理能力，尤其擅长处理大规模数据。

2. 实时计算

实时计算是对实时输入的数据进行即时反馈输出，一般要求秒级或毫秒级的响应速度，比如天猫"双十一"销售大屏实时计算。主流实时计算工具为 Flink，适用于各种需要低延迟的实时数据处理场景，比如实时日志报表分析，具有高吞吐、低延迟和高性能的特点。

3. 准实时计算

准实时计算介于上述两种数据开发类型之间，在缩短处理离线数据时间的同时对外提供实时查询，适用于基于历史数据的交互式查询，比如客服系统实时查询用户信息。Spark 是非常具有代表性的准实时计算工具，具有运行速度快、通用性高、兼容性好等特点，适合用于处理低延迟、迭代运算类作业。

图 8.1　数据开发的分类

这里可以延伸下"算法"的概念，算法是一系列指令，代表着解决问题的步骤和方法。在传统数据分析手段难以应对不断变化的业务诉求的情况下，算法开发作为数据开发的一个重要分支，需要处理学习预测类的前沿需求，具备输出算法模型能力，为离线开发和实时开发提供算法模型，进行更深层次的数据挖掘和算法标签生产，驱动业务创新。目前，国内主流的算法开发工具为 TensorFlow 和 PaddlePaddle。TensorFlow 是谷歌研发的人工智能学习系统，是目前非常流行的人工智能算法引擎，提供了深度学习的基本元素，具有灵活性；PaddlePaddle 是由百度开发的深度学习框架，具有高效、灵活、易用等特点，受到国内互联网公司的欢迎。

8.3　跃然"网"上的业务信息流

8.3.1　优化业务流程、权责界面和管控点

首先，从国家宏观指引层面来看，我国财政部积极推进企业管理会计的落地，将管理会计应用中的战略管理、预算管理、运营管理、成本管理、绩效管理、多维度盈利能力分析、风险管理、投融资管理、管理会计报告等内容形成一体化的闭环管理能力。这需要数据中台的数据开发模块基于企业的全域业务数据，构建不同业务颗粒度的数据信息才能实现。

部分企业的业务流程、权责界面和管控点需要优化，传统的优化方式靠制度部门进行讨论来确定，合理性不得而知。如今，可通过数据开发模块对历史沉淀的相关流程数据进行整理和加工，从而进一步分析得出优化的合理性依据。

企业业务流程覆盖财务、生产、销售、人力等各个环节，是企业的生命线，它会在很大程度上影响企业的整体运行效率。部分企业的业务流程、权责界面和管控点需要优化，因为其在发展规模不断扩大的过程中不可避免地会出现运行效率低下的情况，存在业务流程规范环境适应性差、部门之间难以协调、流程增值功能弱、信息化程度低等问题。而传统的业务流程设计工作往往依靠的是企业的制度部门，其合理性经常难以判断。

某建筑集团企业董事长曾提出利用数字化提升管理效率，要求相关人员基于数字化的方式分析现有流程的合理性、权责界面的合理性以及管控点的合理性。通过数字化的推动，该集团各类流程 2020 年平均审批时间至少减少了 47%，上报集团的审批请求也至少减少了 1/3，真正做到自我更新迭代，释放企业组织活力。数据中台的数据开发模块通过数据的沉淀和治理，将复杂烦琐的信息最终呈现为审批人眼前可视化的指标。企业管理部门可以利用数据中台的数据展现功能，分析业务流程运行中人员角色、审批节点、运行时间的设计是否高效，流程设置是否存在冗余等，进而发现流程存在的问题。数据开发模块将原来存在于纸面上的业务流程规范化为无数条理清晰、有迹可循的审批流，让企业经营决策过程的管控清晰到个人，为企业进一步

优化业务流程、权责界面和管控点提供合理的数据支撑。

8.3.2 整合和加工各类数据

在数字经济时代，不断涌现出的商业模式和数据紧密相连。企业若要持续保持商业模式的竞争力，则需要将客户体验、合作伙伴的共赢、员工的赋能等转化为数据的管控和分析能力，这样的能力需要数据中台对各类数据进行整合和加工。

某茶饮品牌的成功不在于门店的传统管理方式，而在于基于数据掌控的新型商业模式的竞争力。从单个门店来看，这种竞争力似乎是选好位置、定好单品、做好标准化售卖，那么该品牌是如何将全国的门店纳入统一管理并受到广大消费者的青睐的呢？2021年4月，笔者到该茶饮品牌总部进行数据业务的交流，整个两层写字楼区域都是互联网平台和数据赋能的技术支持团队在办公。从这一点来看，该公司完全是互联网公司而非传统的茶饮品牌管理公司。

该公司通过数据开发平台将全国上千家门店的下单、收款、配送、平效、单品利润、促销等数据进行统一汇总和分析，随时可以监测各个门店的经营状况，确保每个门店的经营效能。

在供应链管理方面，该公司的数据平台可以反馈每小时销售预测和物料使用量预测，参考物料的损耗率、解冻时长、有效期等信息，快速针对每个门店的情况进行物料的配送，避免物料出现缺货而影响门店的正常经营。

数据平台在构建该茶饮品牌的私域流量池方面也提供了强大的支撑，大量的订单数据为其提供了具有参考性的消费场景和消费者行为数据。通过数据来构建新型的商业竞争力，这样的模式值得其他企业思考和学习。

8.3.3 提升企业各方面的能力

企业在不同时间点所建立的信息系统普遍都存在着各业务部门数据口径不一致、数据重复冗余、数据查询困难等问题，企业要利用数据来驱动业务发展和管理能力提升，难上加难。

例如，工业企业一般会建设完整的财务供应链系统，并会陆续建设人力资源管理、资产管理、制造执行、设计、客户关系管理等一系列系统，甚至会出于经营管理的需要陆续开设小程序、微信公众号等。异构系统存在的不同平台、不同版本、不同数据结构、不同数据标准等现象，造成数据难以共享利用。

通过数据开发平台构建的分门别类的业务信息，企业可以大幅提升在各个业务领域的业务辅助、业务判断和业务分析的效率和管理能力。再通过统一规划的企业数据架构，将数据的标准、数据关系、数据质量、数据集成、数据模型等要素统一规划清楚，通过数据开发平台对各类异构系统产生的数据进行开发和利用。同时也可以对整合的非结构化数据和互联网第三方大数据进行开发和利用，从而在获取企业内外部丰富数据的基础上，拉通各个系统产生的数据，形成对企业有价值的数据资产，进而辅助企业对前端业务进行判断和分析。

8.3.4　实时经营管控技术

现阶段，企业绝大部分的数据分析都是基于各类业务历史数据进行的。未来企业将会越来越注重实时经营管控，基于实时发生的业务数据加工和展现的比例会越来越大，将会出现离线数据开发和实时数据开发并重，乃至实时数据开发更重要的局面。

1. 实时查看基层作业

如今实时数据交互的应用已在互联网服务、金融、通信等行业广泛得到发展，而部分传统企业还停留在手工整理、事后分析的阶段，数据应用比较零散。借助于"离线 + 实时"的开发技术，企业未来可以在更多业务场景中实现实时应用。企业同时希望随着实时数据交互的应用，以后出现更多实时业务场景，以实时反馈基层作业状况和业务风险。例如：零售快消企业可以利用经营看板，实时监控大促期间线下门店的销售运营情况，及时调整门店营销策略，进一步提升销售额，使得决策更加清晰有效；一些传统制造企业可以利用实时计算进行大宗原材料价格控制，通过实时比价，可以避免出现材料价格波动而引起损失的情况；房地产开发企业可以通过实时数据交互对供应商的投标资质进行实时审核，避免出现中标供应商无资质，影响企业后续运营的情况。如今实现实时数据交互的技术已经十分成熟。

2. 提高精细化管理水平

进一步地，各行业都希望获取业务的实时信息并进行实时展现，以提高客户服务水平和内部精细化管理水平，这其中的关键在于数据能够基于场景化诉求进行实时萃取和加工。

某知名家居企业的销售渠道有自营门店、经销商门店和线上门店，销售预测的不准确导致多个渠道的实际订单量和预估的库存量总是存在较大偏差，经常出现某类货物在一个销售终端卖到缺货，而在另一个渠道又存在同类货物库存积压的问题，导致销售额和客户体验都受到巨大影响。该企业通过数据开发平台将全渠道的库存、物流、生产等环节的信息有效整合，同时为销售渠道提供实时的生产信息和库存信息，利用这些实时数据进行渠道订单与缺货的监控，动态地进行区域内的库存调配。经过了大半年的业务磨合，该企业有效地提升了订单履约能力，做到了线上线下一盘货，避免了销售机会流失，业绩大幅提升。

3. 及时发现安全生产当中的隐患

数据开发平台在工业企业能够对物料数据和能耗数据进一步开发利用，有助于企业发现安全生产当中存在的隐患。

某化工企业通过数据开发平台的建设将与13个生产工厂的生产线相关的物料流转信息、水电气风的能耗信息、温度、浓度、压力等设备状态信息进行整合利用，其带来的作用如下：第一，做到了车间班组级的各项经营指标的实时监控和价值核定；第二，做到了核心设备的预测性维护管理，根据一系列设备状态参数所反映出的相关性分析，可以预防发生安全事故；第三，做到了实时监控废气、废水、废渣的环保排放数值，以符合政府的环保排放标准。

未来客户管理水平和企业内部的精细化管理水平的提高将离不开数据开发模块基于场景化的实时数据加工能力，实时数据加工能力将成为企业提升竞争力的标配。

8.4　数据开发为数据中台挖掘有价值的数据

8.4.1　生产有价值的数据

数据开发是数据中台的核心部件，也是数据中台对外提供的服务所需数据的生产者。数据开发主要承担数据加工的任务，根据不同业务场景的需求采用不同的计算分析方式，加工出具有业务价值的数据资产并对外输出。直接从业务系统采集的数据是原始数据，对于业务人员来说难以使用。从原始数据转变为有价值的数据，需要一个过程，数据开发模块就是用来实现这个过程的工具。没有数据开发模块的加工，企业从内外部采集的数据就只是静态数据，无法发挥最大价值。数据从产生到最终的使用，中间需要跨越多个环节，经历多次加工处理。随着数据加工处理环节的增多，用户要了解某一数据是如何处理的变得越来越困难。通过数据追溯，用户可以精确了解数据处理的每一环节，确保正确使用数据。

如果将存放于各层次的数据看作烹饪过程中已经洗净处理好的食材，那么数据建模模块负责的就是菜谱制定，是清蒸，是爆炒，还是水煮，需要根据需求选择对不同食材的加工处理方式。可以将不同模型看成每道菜的做法，它让数据能真正变得有实际利用价值，它能真正挖掘数据中更深层的意义。

8.4.2　数据价值的体现

数据是否有价值有两个基础的评判标准：一是数据质量是否有保证，二是业务人员使用数据时是否有障碍。若数据开发模块想要产出有价值的数据，则必须由数据治理模块把关数据质量，只有准确且易于理解的数据才能真正为企业服务，发挥应有的价值。

数据存储与开发的各层次数据与数据建模的各类数据分析模型共同形成了对业务的数据服务能力，统一由数据服务对外提供调用和服务。

数据的价值一定是通过业务层体现出来的，数据开发模块负责产出有价值的数据资产，而数据服务模块提供渠道，将数据生产为一个个数据 API，以更高效的方式提供给业务。

8.5　遵循数据架构规范的数据开发

遵循数据架构规范的数据开发过程如图 8.2 所示。

图 8.2　遵循数据架构规范的数据开发过程

8.5.1　规划与设计

从数据采集系统中采集的大量数据只有被整合和计算后，才能被企业用于制定策略，实现数据价值。整合数据必须将数据进行数据域的规划分类并设计合理的数据模型。通常应根据需求的时效性将数据分为离线数据和实时数据两大类来进行开发。

1. 离线数据开发

离线数据开发遵循传统的数据开发规划和设计，首先对数据进行业务主题划分，其次进行模型设计，最后进行数据开发分层存储。在离线数据开发中，模型设计尤其重要，合理、良好的数据模型将给后续的开发带来诸多好处。模型设计对离线数据开发的影响主要有以下三个方面。

①性能。良好的数据模型能降低数据的 I/O 吞吐，帮助用户快速查询到所需的数据。

②成本。良好的数据模型可以有效减少数据冗余，实现计算结果服用，大大降低数据的存储成本和计算成本。

③质量。良好的数据模型能很好地令数据达到一致性，降低数据出错的风险。

2. 实时数据开发

有别于离线数据开发的大批量数据处理，实时数据开发是时效性很高的数据流处理方式。实时开发根据时效要求不同又可以分为准实时数据开发和实时数据开发。实时数据开发模型设计与离线数据开发模型设计类似，整体分层也类似。这样的模型设计方式保证了离线和实时数据的底层数据一致性，但由于实时计算的局限性，实时数据开发模型设计不如离线数据开发模型设计严谨，维度等也不需要那么多。总的来说，实时数据开发模型一般来源于离线数据开发模型，是离线数据开发模型的一个子集。

实时数据开发的关键是实现数据的时效性，对数据处理的性能要求非常严格，如果处理吞吐量比不上源头采集的吞吐量就会出现实时失真。因此实时数据开发的关键点是高性能处理大量数据，性能优化工作占大部分。

8.5.2 开发与实施

1. 数据开发环境与工具

（1）优点

开发环境分为在线数据开发平台与各种集成开发环境（Integrated Development Enviroment，IDE）工具。常见的在线数据开发平台如 HUE 等，主要优点如下。

①从浏览器进入，无须单独配置开发环境。

②开发过程和开发程序均在远端服务器中进行，可以保证开发程序代码的一致性。

③有浏览器的计算机甚至平板电脑都可以支持开发，十分方便开发人员随时随地进行程序调试以及开发。

④通过系统的用户权限控制，可以方便地控制各个层次的开发人员开发所能访问的数据权限以及相关程序提交的主题权限。

（2）缺点

①目前浏览器在处理大量代码编辑或者运行测试结果的时候性能比较差，容易出现崩溃或者无反应情况。但是相对于数据开发，大部分都是SQL 的编辑，代码量比较少，性能问题很少。但随着浏览器的优化，这个缺点相信很快就可以得到改正。

②常见的 IDE 开发工具有 VSCode、IDEA 等。这类开发工具需要进行插件、驱动等安装以及数据库等配置，代码需要提交远端 SVN、GitLab 等代码管理工具，相对来说会比较复杂，多用于 Java、Python 等数据应用和算法开发。

2. 数据开发流程

数据开发流程大致可分为需求分析、模型设计和数据开发。

（1）需求分析

在进行数据开发前，需要进行充分的业务调研和需求分析，这是数据开发的基石。需求分析是否充分决定了数据开发能否成功。若需求分析不充分，则将出现数据结果与期望的偏差，返工重做，浪费开发成本和时间。业务部门对数据的需求，通过需求文档以及会议交流等形式传递给 IT 需求分析人员或者开发人员。此过程通常伴随原型的描述以及数据源梳理、上下游数据拥有者之间的沟通、工作量评估等，最终形成对业务需求的数据需求。

（2）模型设计

顾名思义，模型设计就是设计数据模型。

①数据模型就是数据的组织和存储方法。建立良好的数据模型的目的是使得数据存取方便以及使用方便。总的来说，数据模型分为三层：原始数据层（ODS）、数据明细层（DWD）和数据汇总层（DWS）。

大部分情况下数据都遵循此分层来做 ETL 设计。部分情况下，如实时数据开发可能会由 ODS 直接跳至 DWD，原因在于有些实时计算的指标并不需要中间层级数据，这部分数据只是实时计算的临时结果，存储起来没有意义。

②典型的数仓建模方法论有 ER 模型（又称 Inmon 模型）和维度模型（又称 Kimball 模型）。

ER 模型在实践中的典型模型是 FS-LDM，它是 Teradata 公司基于金融业务发布的，该公司通过对金融业务的高度抽象和总结，对应做出了一套主题划分和对象，以此为核心可以快速实施金融行业的数仓建模。由于 ER 模型是基于业务的角度，面向主题来进行抽象建模，其要求建模人员深刻理解企业的业务和数据，抽象起来难度高，因此实施周期很长，对实施人员的要求也非常高。一般在对企业的核心基础业务数据进行建模时才会使用 ER 建模，它主要为数据决策服务，但不直接用于分析决策。

维度模型又称 Kimball 模型，是流行的建模模型。维度模型从分析的角度抽象出维度和事实表，形成星型模型结构以及特殊情况下的雪花模型结构。识别数据的维度是维度模型的关键工作。维度设计是维度模型的基础工作。较常见的高级维度设计有缓慢变化维、快照维度、拉链表等。

一个需求或者应用同时使用 ER 模型和维度模型的情况也经常出现。不同层次的数据使用不同的建模方法，以提高数据使用效率。

（3）数据开发

与传统的应用程序开发相比，数据开发有以下特点。

①变更频繁。业务发展变化快，各种口径变更频繁。

②快速交付。决策时效关系到商业成败，业务端需要快速给出结果。

③频繁发布。迭代周期短，实时数据开发随时都可能进行发布迭代。

④运维任务多。数据各个层级任务和指标任务执行链路都可能很长。

⑤系统环境复杂。数据来源于多个系统，需要兼容各种数据库数据以及各种数据格式。

数据开发频繁变更和快速迭代的特性使得传统的开发工具不再能适应企业的需求。各种工具和流程系统的切换也增加了开发人员的工作。统一的在线数据开发平台解决了这个问题，集成了从任务开发、调试、测试、发布、监控、报警到运维管理的一系列环节，形成了一整套数据开发工具和产品，既提高了开发效率，又保证了数据质量，并且在方便开发的同时也对数据进行了有效的管理。因此，统一的数据开发平台是数据中台的核心组件之一。开发人员在进行需求分析和模型设计之后，进入开发环节，这些工作都将会在开发平台上进行。数据开发的流程如图 8.3 所示。

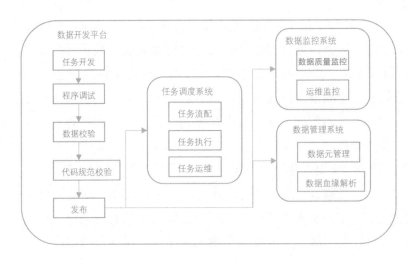

图 8.3　数据开发的流程

开发任务完成后还有一步非常重要，即任务的执行和调度配置。

任务调度系统犹如整个数据处理系统的指挥中枢。准确、合理地调配各种资源，有序地执行，是这个系统最重要的工作。大数据环境下任务类型繁杂，有 MapReduce、Hive、SQL、Spark、Java、Python、Shell 等类型的任务。高效简洁的调度配置可以大大降低数据开发的工作量。因此调度配置也可以认为是数据开发的关键工作之一。

8.5.3　运营与运维

运营与运维可以分为发布管理、管理数据产品开发生命周期、监控和调优加载过程、监控和调优数据服务活动和性能，以及运维 SLA 监控，如图 8.4 所示。

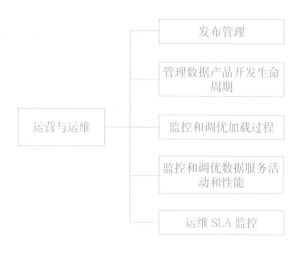

图 8.4　运营与运维

1. 发布管理

发布管理对数据开发过程至关重要，增加新功能，增强生产部署，并确保为一部分资产提供定期维护。这个过程将使数据仓库保持为最新的、清洁的状态，并以最佳状态运行。此过程需要 IT 和业务之间的一致性，与数据仓库模型和 BI 功能之间保持一致。

2. 管理数据产品开发生命周期

（1）整体开发概述

当数据消费者使用现有的数据仓库时，数据仓库团队正在为数据仓库的下一次迭代做准备，同时其理解并非所有项目都会投产并根据业务团队按优先级排序的延期交货工作清单对数据仓库的迭代与发布进行调整。每次迭代都将扩展现有增量，或加入业务团队提出的新功能。版本发布需要保持功能与业务团队的需求一致，而迭代将使功能与产品经理管理的配置本身保持一致。

业务团队认为已经准备好的可以进一步调查的项目，可以在必要时对其进行审查和调整，然后升级到试点或沙箱环境，业务用户可以在该区域尝试新方法、使用新技术，或开发新模型或学习算法。与其他面向业务的区域相比，该区域的治理和监督可能较少，但某种形式的沙箱优先级是必要的。

（2）测试后投产

类似于传统的 QA 或测试环境，业务团队要仔细检查试验区域中的项目以使其适应生产环境。试点项目的表现决定了它们下一步的命运。注意，不能不考虑下游数据质量或治理问题就盲目地推广项目。项目在生产环境的存活期只有一个既定标准，即质量必须达到最好，才能投入生产。

新的数据产品只有通过项目试点，并被业务和 IT 代表视为已做好生产准备，才可以投入生产。这就完成了一次迭代。

未通过试点的项目可以被完全拒绝或退回开发人员进行细微优化，也许此时需要数据仓库团队的额外支持，以便在下一次推广迭代中选中该项目。

3. 监控和调优加载过程

监控整个系统的加载处理，并了解性能瓶颈和性能的依赖路径，在需要的地方和时刻使用数据库调优技术，包括分区、备份调优和回复策略调整。数据归档是数据仓库构建中的一个难题。

由于数据仓库中的历史记录很长，用户通常将数据仓库视为活动的存档，特别是在 OLAP 系统的数据来源已经删除记录的情况下，应当看到数据仓库也需要进行归档。

4. 监控和调优数据服务活动和性能

数据服务（商务智能）监控和调优的最佳实践是定义和显示一组面向客户满意度的指标，如平均查询响应时间，每天、每周或每月的用户数就是有用的指标。除了系统提供的统计指标外，定期对数据仓库（商务智能）用户进行调查并了解他们的满意度也很有用。

①定期审查使用情况的统计数据和使用方法非常重要，其中，调优数据服务（商务智能）活动类似于分析应用程序，以便了解瓶颈在哪里以及在哪里进行应用优化。根据使用方法和统计信息创建索引和聚合是最有效的。简单的解决方案可以带来巨大的性能提升，如将完成的每日结果发布到每天运行数百或数千次的报告中。

②透明度和可见性是推动数据仓库（商务智能）监控的关键。数据仓库（商务智能）活动的详细信息公开得越多，数据客户越能看到和理解正在发生的事情，就越不需要对最终客户提供直接支持。提供一个展现数据交付活动的告解状态（兼具下钻功能）的仪表盘，是允许支持人员和客户

按需提取信息的最佳实践。

③增加数据质量度量将提高仪表盘的价值，注意其性能不仅与速度和时间有关。

5. 运维 SLA 监控

（1）SLA 中定义的数据质量控制操作

数据质量服务等级协定（Service Level Agreement，SLA）提出了组织对每个系统中数据质量问题进行响应和补救的期望。SLA 中计划的数据质量检查有助于确定要解决的问题，逐步减少问题的数量。在对数据缺陷进行隔离和根因分析的同时，预期的操作程序将在既定的时间段内提供解决根本问题的补救方案。进行数据质量检查和到位的监控可以提高发现和修补数据质量问题的可能性，及时避免质量问题对业务产生重大的负面影响。数据质量 SLA 中定义的数据质量控制操作包括以下内容。

①协议涵盖的数据元素。

②与数据缺陷相关的业务影响。

③与每个数据元素相关的数据质量指标。

④从每个已确定指标的数据元素出发，识别数据价值链上每个应用程序系统中的质量期望。

⑤测量这些期望的方法。

⑥每次测量的可接受性阈值。

⑦如果达不到可接受性阈值，应通知数据管理专员。

⑧预期解决或补救问题的时间和截止日期。

⑨升级策略，以及可能的奖励和惩罚。

（2）与业务数据质量过程绩效相关的角色及其职责

数据质量 SLA 还定义了与业务数据质量过程绩效相关的角色及其职责。业务数据质量过程提供了符合业务规则定义的报告，并监控员工在应对数据质量事件时的表现。数据管理专员和业务数据质量人员在维护数据质量服务等级的同时，应考虑数据质量 SLA 的限制，并将数据质量与个人绩效联系起来。

如果没能在指定的解决时间内解决问题，则必须有一个向管理链上层报送违反服务级别要求的升级过程。数据质量 SLA 确定了通知生成的时间限制、管理链中通知的名称以及需要升级的时间。根据数据质量的规则集、一致的测量方法、业务客户定义的可接受性阈值以及 SLA，数据质量团队可以监控数据是否符合业务期望，并了解数据质量团队在处理数据错误时的表现。

SLA 报告可以根据业务和运营需求按计划制作，相关人员应特别关注的是趋势分析，如果在 SLA 框架中构建了此类概念，则应重点关注奖励和惩罚。

8.6 数据开发成果的评价指标

对数据开发的成果可以从业务、数据、平台三类指标进行评价。

8.6.1 业务类指标

业务响应频率：通常可以通过响应时间与满足事务需求的基线对比，来确定当前事务是否处于正常状态。比如，当事务的响应时间与基线相比，慢于平均响应时间的两个标准差时，就应该判定为异常。

数据查询和调用的性能：最容易检测到查询性能是否正常的指标就是查询本身。由查询引起的问题可能会导致查询时间太长而无法识别所需数据或返回数据。

数据可用性：可用性是指系统在执行任务的任意时刻能正常工作的能力。提高可用性需要减少系统从灾难中恢复的时间。数据可用性可以从数据的一致性、准确性、完整性、时效性及实体同一性五个方面进行考查。

8.6.2 数据类指标

数据质量：数据的特性满足明确的和隐含的要求的程度。数据质量评估可以洞察现有问题和障碍以及低质量数据的影响，还可以识别使用低质量数据执行业务流程存在的风险。

数据规范：数据符合数据标准、数据模型、业务规则、元数据或权威参考数据的程度。

8.6.3　平台类指标

①存储数据类型的数量：结构化数据、非结构化数据的特征值、图数据、实时数据等。存储数据类型的数量越多，意味着越多不同类型数据的整合可以被用来挖掘、开发预测模型并运用于实际的业务场景。

②存储容量：存储容量会影响成本，数据仓库建设需要消耗大量的服务器等开发资源，尤其是互联网公司的数据量一般都比较大，集群成本比较高。

③解决问题的耗时：能够衡量数据仓库的服务质量，解决问题耗时越短，服务质量越高。

④数据安全：通过控制活动保护数据资产，包括可获得性、可用性、完整性、连续性、可审计和数据安全。数据仓库中存储着大量数据，也有非常重要的竞争信息，如果随意泄露机密数据可能造成不利的商业影响。数据安全机制包括数据分级、权限审批、审计日志等方式，对于核心机密数据可以考虑采用加密存储、限制访问等方式。

⑤数据稳定性：数据稳定产出，基线保障有力。

⑥开发效率：数据仓库的开发效率会在很大程度上影响整个数据开发模块发现问题、解决问题的效率。

数据开发成果评价指标如图 8.5 所示。

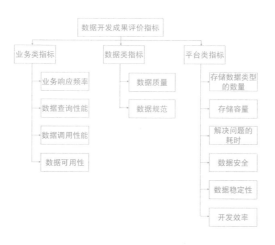

图 8.5　数据开发成果评价指标

第 **9** 章　让算法模型做
　　　　　经营决策的智慧大脑

9.1 用算法模型代替"四拍"

9.1.1 算法模型为何好

在数字时代，各行各业都在利用数据挖掘经营管理与客户服务的内在价值，通过数据来解释实际业务现象、预测未来业务的开展情况、制定业务策略等。

以前，企业经营决策往往依靠管理者的主观经验和判断，缺乏全局观和综合信息的支撑，决策结果较为片面，容易出现决策失误。戏称这种做法为"四拍"：拍脑袋决定、拍胸脯答应、拍大腿后悔、拍屁股走人。很显然，这种缺乏数据分析和对数据动态监督的做法在大数据时代会为企业带来风险，最后让企业受损。

若要实现基于数据的业务决策，则企业需要通过采用一系列算法模型来发现各类数据之间内在的相关性。比如，线下零售巨头沃尔玛利用数据分析系统对上亿个关键字、成百万上千万个的商品和不同来源的消费者进行分析，进而重塑和优化供应链。一些电商平台，如淘宝等也利用算法模型对海量数据进行深度挖掘，为卖家提供更多展示商品的平台，为消费者提供更加个性化和专业化的服务，为快递服务商提供更加完善的邮寄信息。数据已经成为生产资料的一部分，同人力资源、厂房设备同等重要。利用算法模型挖掘数据价值，从而使数据形成企业的数据资产，帮助企业从事前、事中、事后对决策进行及时调整，已经成为增强企业竞争优势的关键和帮助企业完成转型升级的核心竞争力。

9.1.2　将数据价值逐步沉淀到数据平台

根据前述内容，企业在信息化阶段建立的各类信息系统主要实现了各业务领域的单据流转、业务跑批和报表统计，但由于数据和技术的限制未能充分挖掘数据价值。比如，以前在股票交易市场中，从业者通过隐秘沟通进行违规关联交易，因为这些异常交易数量极其庞大，隐藏在海量的正常交易过程中，传统的技术和算法无法快速持续地跟踪这些交易。所以在数字化转型过程中，股票交易市场需要新的算法模型对频繁且大量的数据进行持续识别与跟踪，从而挖掘出确凿的从业者违规证据，提高资本市场的规范性和透明度。区别于传统信息化的方式，数字化转型使企业对数据具备更加强大的实时识别和分析能力，以便有更强的商业与运营的洞察能力。

因此，企业需要构建各层级、各条线和各专业场景的算法模型，赋能客户洞察、经营决策、业务计算和风险预警，而有价值的管理经验大多还未以知识模型的方式沉淀下来，缺少一个企业级的数据平台来承载这些算法模型。比如，企业通过算法模型将员工多个维度的工作信息和岗位诉求进行匹配，从而形成科学的岗位胜任力模型，选拔出合适的人才；企业通过算法模型建立产品的缺陷分析模型，大幅提升产品的良品率，降低物料的生产损耗；房地产行业通过算法模型建立物业服务团队"滴滴抢单"的工作新模式，大幅提升员工的工作效率和客户满意度。产品和服务一定是未来企业竞争的焦点，而在数字时代，算法模型也成为影响企业提供个性化产品、差异化服务和稳定客户关系的关键因素。

算法模型的目标就是建立和沉淀企业级的经验知识库，对企业各层级、各条线和各专业的员工进行赋能，提升员工的辅助决策能力和工作效率，自动形成企业各类风险预警能力，逐步形成智慧化的企业经营决策能力。

9.2　算法模型是客观世界的数学抽象

算法模型是对客观世界事物逻辑的数学抽象表达。算法模型通过各类数学计算公式、数学符号、图形等模型引入相关数据并进行处理和求解，根据输出结果剖析业务问题、洞察业务内部规律，或预测业务发展，或为企业各岗位提供业务策略。

不同的维度有不同的算法模型分类。按逻辑层次，算法模型可划分为数学算法模型和业务模型；按用途，算法模型可划分为描述型模型、诊断型模型、预测型模型和指导型模型；按层级，算法模型可划分为决策层模型、管理层模型和执行层模型；按业务领域，算法模型可划分为财务管理模型、营销管理模型、生产管理模型等；按行业，算法模型可划分为金融行业模型、房地产行业模型、制造行业模型、消费品行业模型等。算法模型的分类如表 9.1 所示。

表 9.1　算法模型的分类

维度	分类	说明	示例
按逻辑层次划分	数学算法模型	通常指的是统计分析或大数据挖掘、深度学习、人工智能技术等种类的数学算法模型	回归、聚类、关联、语义识别……
	业务模型	对于业务流程场景化的抽象而形成的算法模型	客户数据化运营分析模型、商品数据化运营分析模型、生产数据化运营分析模型、财务数据化运营分析模型……
按用途划分	描述型模型	为用户提供业务的概览，描述发生了什么的算法模型	新冠肺炎疫情实时动态模型、股票 K 线图模型、大中城市住宅销售价格指数模型……
	诊断型模型	基于已发生的业务数据，帮助用户深入分析产生问题的核心原因的算法模型	杜邦分析模型、量本利分析模型、产品报价差异分析模型……
	预测型模型	通过模型计算预测未来事物可能发生的情况的算法模型	产品价格预测模型、设备远程诊断预测模型、人力资本趋势度量模型……
	指导型模型	基于业务的客观事实、产生的原因以及未来可能的情况，帮助用户确定要采取的措施的算法模型	归因分析模型、敏感性测算模型、设备预测性维护模型……

维度	分类	说明	示例
按层级划分	决策层模型	企业经营决策层级主要用到的算法模型	融资需求预测分析模型、战略测算模型、资产收益率模型……
	管理层模型	企业管理层主要用到的算法模型	项目概算决策模型、供销匹配模型、渠道风控模型……
	执行层模型	企业执行层主要用到的算法模型	产品销售报价模型、配矿模型、绩效考核模型……
按业务领域划分	财务管理模型	财务领域相关算法模型	全面预算管理模型、杜邦分析模型、量本利分析模型……
	营销管理模型	营销领域相关算法模型	销售漏斗模型、产品报价模型、客户留存分析模型……
	生产管理模型	生产领域相关算法模型	配矿模型、危险源预警模型、物流调度模型……
	……	……	……
按行业划分	金融行业模型	金融行业相关算法模型	反欺诈模型、资本资产定价模型、贷款风险预测模型、ARCH 模型……
	房地产行业模型	房地产行业相关算法模型	投资测算模型、敏感性分析模型、货值管理模型……
	制造行业模型	制造行业相关算法模型	生产计划模型、供需匹配关系模型、量本利分析模型……
	消费品行业模型	消费品行业相关算法模型	产品促销价格模型、费用兑付模型、渠道风控模型
	……	……	……

表 9.1 从不同维度对算法模型进行了划分。在智能商业时代，算法模型已通过各类人工智能算法不断地进行了迭代优化，产生了多种数字商业模式，涉及人工智能相关算法的内容，本书将在第 13 章进行重点介绍。

9.3　算法模型打造敏捷的决策支持体系

算法模型对企业战略闭环非常重要。企业战略闭环管理中战略构建、战略执行、战略监控、战略绩效评估等环节通过预制各种算法模型并进行联动才能帮助企业构建一套敏捷洞察商业的决策支持体系，应对各种影响企业战略的不确定因素，获得卓越业绩并在市场中占有一席之地。

数智运营中心就是对企业数字化战略闭环管理的探索与实践，其中策略中心、监控中心、决策中心和指挥中心形成了战略构建、战略执行、战略监控、战略绩效评估的闭环管理，其内在的业务逻辑在于数据中台上承载了企业所有的数据和算法模型，而且随着业务的不断发展和变化，数据量和算法模型的数量都将以几何级数不断增加，从而进一步促进企业经营能力的提升。本节分别从战略构建和战略执行两个环节展开，着重分析算法模型是如何发挥业务作用的。

9.3.1　企业战略与决策

①数据的算法模型已经逐渐被应用到企业的战略构建环节当中。例如，房地产企业通过战略测算模型审视中长期目标，盘点现有项目资源，预测未来情况，分析各城市融资、拿地、销售等情况，通过城市标准项目测算模型与现有项目测算模型分析缺口填补计划，生成拿地建议，承接战略落地。

②在企业战略的执行当中，数据的算法模型也发挥着不可替代的作用。在预算执行控制分析中，采用科学合理的数据分析模型，能有效地提升预算执行管理水平。例如，基于多维模型的全面预算系统，通过把所有业务数据属性抽象成维度，建立起各部门业务数据的关联和钩稽关系，能快速汇总关系。业务预算模型能够涵盖产品、客户、区域、渠道、部门、作业等多个业务维度，同时能够通过自动化计算规则实现业务与财务的联动，建立不同情境下的 What-if 分析模型和模拟预测模型。

③算法模型能够规范企业决策，使决策不偏离企业战略。房地产企业在投资测算阶段，通过投资测算模型对拟投资项目进行全周期数据预测，预估投资销售/持有物业所产生的利润和现金流，计算投资决策指标，并利用该指标做出拿地决策。

④算法模型能够支撑企业快速决策和规避风险。企业决策是有时间限制的，是不能无限拖延的。例如，房地产企业的投资测算涵盖从前期可行性研究阶段到投资拿地、决策、土地转让协议签订阶段。决策者可以根据投资测算模型所计算出的项目不同口径的利润率、内部收益率（Internal Rate of Return，IRR）等关键经营指标快速决策。近些年来，国家通过陆续颁布一系列调控监管政策解决了房企利润过高的问题，加上 2020 年国家颁布的"两集中"政策——集中公告、集中出让，要求企业在进行投资测算时引入逻辑更加缜密、计算更加精确、更加高效的工具，投资测算模型的引入能有效解决手工时代效率低、校准难和跟踪难的问题。投资测算模型利用多维数据库能够快速计算、支持多部门同时使用、解决低效率问题；通过对公式进行固化，解决校准难问题；通过打通项目全周期数据，解决跟踪难问题，并且可以对不同版本的数据进行对比分析，进而找出差异原因，利于在项目运营中的责任划分。

⑤算法模型能够支撑企业在复杂、多变的市场中取得竞争优势。例如，投资阶段的敏感性分析因子比过往更复杂，主要包括房屋销售价格、地价，还有房屋的类型如保障性住房、商品房等。当一块地的最高限价为 15 亿元，经过数小时、数百轮竞价到 15 亿元后进入竞自持阶段，如此复杂的因素、紧张的场景，光靠人已经难以冷静、全面地进行分析决策，企业是否继续跟进需依靠分析模型进行全面测算。

通过经营测算模型预测未来一段时间的经营情况，是企业战略执行过程中对具体战术进行及时调整的重要方法。例如，某通信集团制定的企业战略为增加用户数，其投放了大量广告，但成效不明显，经过分析发现，一般用户买手机就有很大概率更换电话卡，所以该企业调整战术，将广告投放改为充话费送手机，通过调整资金运用战术，达成企业战略。在这个过程中，经营测算模型起到了至关重要的作用。

9.3.2　企业经营的各环节

算法模型对企业的经营优化具有重要作用，企业可利用算法模型将优秀员工的经验和各领域的专业知识沉淀下来，在业务场景中结合前端业务实现自动化的业务判断，实现平台型组织赋能，增强企业核心竞争力。算法模型在营销环节、采购环节、生产管理等方面有较多应用。

1. 营销环节

在营销领域，精准营销和客户服务的意识已经扩散到全行业。针对市场和行业特点构建的营销算法模型可以帮助企业在市场分析、客户关系、产品销售、渠道经营、售后服务各环节洞察客户忠诚度和服务品质，从而确保企业持续保持竞争优势。例如，商业银行的营销与收益有很大的关联，但是随着行业内部竞争愈发激烈以及互联网金融的快速发展，传统的电销与面销方式已无法跟上时代的节奏。这时利用客户数据建立营销算法模型进行精准营销，不仅可以节约大量的营销成本，还可以提高营销的精准程度，获得更好的营销成果。以 H 银行为例，该银行拥有大量有关客户基本信息和交易的内部数据，但是传统的营销方式只停留在传统的规则模型，根本无法挖掘出这些数据的价值。为了进一步挖掘数据的价值，H 银行接入了大量的多维度外部数据，利用大数据平台的机器学习模型来深入分析客户的行为、需求偏好，进而找到潜在客户。这种以算法模型为基础的营销方式让 H 银行打造了个性化的推荐系统，建立了客户价值预测模型，提高了营销的准确性，并吸引了更多客户，进而实现了可持续的营销。

2. 采购环节

在企业采购各环节嵌入物资需求平衡、投标作弊审查、风险控制、供应商评审等各类算法模型，基于各项业务规则提高重点业务环节的智能程度，可实现采购大闭环的业务协同与过程监控，从而达成阳光、保质、降本、高效的采购管理目标。例如，在企业招投标过程中，传统的采购报表分析模式无非是就企业交易全周期的行为、偏好以及关系进行分析和溯源，各主体间复杂的交易关系和隐藏关系也很难被发现，因此即使有异常关系也很难被提前警示。但是如果对各个目标主体建立算法模型，对它们进行全方位、多角度的刻画和洞察，并以此拓展数据维度，就可以通过智能检索对目标主体群体进行快速锁定，从而对相应的主体进行全面的分析和评估，使得招投标更加智能化。

3. 生产管理

在生产管理方面，算法模型也可以起到积极的作用，主要体现在进一步优化生产资源的配置，大幅提升作业效率，对成本的过程管控提出合理的建议，以及改善企业与客户、供应商和合作伙伴的协作关系。以下分别从生产物流和配煤配矿的角度举例说明算法模型是如何在工业企业发挥重要作用的。

第一个例子是关于生产物流方面的。大部分能源化工企业对大宗材料采购建立了信息系统以支撑其物流运输，虽然建设了物流一卡通等系统，但效率、效益和满意度并没有较大的提升，仍未解决厂区内部装卸效率低导致的司机排队问题，司机拉货次数减少使得企业收入减少。某石油化工集团利用算法模型，收集和统计厂外排队车辆数量、厂区内各装车点的数量和装车速度等全流程、全厂区不同节点的数据，并根据目前状况预测每个节点还可以容纳多少车辆。这些数据通过小程序进行实时公布，司机可以在小程序中看到厂区内各个节点的动态数据，从而根据自身需求对时间进行规划，大大缓解司机排队问题，同时还能减少人工窗口的数量，降低人工成本。

第二个例子是关于原料配比方面的。不同供应商提供的煤的灰分、水分、硫分、热值等都不同，况且煤矿的供应商也在不断变化，煤的特质也会随着周围环境的变化而发生变化。不同特质的煤组合后生产出来的产品的质量会存在差异，并且不同种类的煤价格不同，那如何对不同种类的煤进行配比，既能保证采购价格的经济性，又能满足生产质量要求呢？引入配煤配矿模型后，通过简单输入不同供应商所供煤的批次、矿源、产出率、相关杂质数据以及价格等数据，即可定量计算出成本最优且符合生产需求的采购方案，大大减少开会次数，同时也可进一步保障最终产品的质量。

实际上，算法模型在工业企业生产方面还能够发挥其他作用，比如设施设备的预测性维护、危险源管理、产品制造过程追溯、安全环保预防等，这里不再展开详述。

9.3.3 全面优化企业的各项流程

利用算法模型还可以全面优化企业的各项流程，形成企业的核心竞争力。若企业已有海量的数据、强大的技术支撑，是否就能马上发现这些数据的价值呢？显然不是，企业需要算法模型才能够合理使用这些数据，企业需要根据业务场景，利用算法模型，才能达成目标。例如，某大型外卖平台成立之初未能合理平衡用户、商家和骑手的利益，出现了送餐时间长、用户无理退单、用户随意修改地址导致骑手效率低、骑手收入不高需要平台补贴等问题。该平台采用拆解交易模型对送餐业务过程进行拆解，将送餐业务过程拆解为用户下单、商家接单、骑手配送到订单完成的一系列流程，针对每个流程进行优化，并对商家、用户、骑手、平台的责任进行梳理；使用决策权衡算法对配送过程的冲突进行处理，并考虑各方利益，制定奖惩措施，极大优化了业务过程，实现各方利益最优。整套模型实现了骑手资源分配、路线安排、配送费用设置、配送时间准确预测、合理处置送餐过程的变更的功能，及时响应和处理各方冲突。通过充分利用数据和技术，该平台提升了用户体验、提升了商家满意度、提高了骑手的工作效率和收入，自身也实现了全局最优、降本增效的目标。由此可见，强大的数据与技术结合优秀的算法模型才能发挥出其价值。

9.4 算法模型是数据中台的首席服务官

数据中台结合算法模型是企业进行数据驱动业务决策和智能化升级的必要条件，它不但对前端业务提供不同颗粒度的数据服务，同时也提供经营决策、风险预警、智能应用等相关算法模型的服务。算法模型层存储了前端业务场景所需的各类计算逻辑和数据智能化模型，是数据中台中重要的服务能力体现。

9.4.1　不同业务场景下的服务能力

目前，数据中台已经被广泛应用在网约车行业、零售行业、短视频行业等多个行业中的不同业务场景。例如，近些年来，传统的出租车行业市场被网约车行业逐渐蚕食，究其原因，主要是传统的出租车行业的商业模式已经落后于时代的发展，仅仅通过司机定点等候乘客以及漫无目的地在马路上行驶等待乘客招手这一商业模式不仅无法满足乘客的需要，而且也对出租车的运力造成了极大的浪费。与传统出租车不同的是，网约车将车辆的运力利用到最大限度，并且使乘客用车更加方便。乘客只需要在客户端下单，司机在车主端接单，系统就可以自动预估乘客排队时间、为司机规划最优路线、为双方提供有效的安全监督，最终帮助司机将乘客顺利送达目的地。这样看似简单的过程，实际上背后有强大的基础架构、数据中台、业务中台以及产品接入平台的支撑。算法模型利用数据中台记载的用户数据、运力数据、订单数据等核心数据，构建企业核心竞争力。比如：支撑最优行车路线模型对价格和到达时间进行预估；支撑留存率、应答率模型对订单进行定价；支撑供需预测模型预估乘客排队时间；支撑机器学习模型预测乘客和司机发生冲突的概率，对乘客乘车安全和司机驾车安全进行有效保障。这些智能化的算法模型为网约车业务中的数据中台提供了重要的服务能力。

9.4.2　各模块调用算法模型层配合作业

算法模型层的各类算法和算法模型的产生和迭代都是由数据中台的数据开发模块完成的。数据中台的数据开发模块既要解决算法模型的数据如何存储的问题，也要解决如何构建高效的算法模型的问题。算法模型是面向业务的模型，通过调用数据中台数据开发模块分类好的数据，再结合算法模型中设立的计算逻辑帮助企业做决策。

用户可以根据前端业务场景的需要，通过数据中台的数据服务模块统一调用算法模型层的各类算法和算法模型。例如，以抖音、快手为代表的短视频行业中使用的智能推送服务，需要利用算法模型层建立的推送模型对用户的浏览数据和海量短视频数据进行精准处理和计算，从而对用户的喜好进行准确预估。短视频行业的算法模型或者说算法的功能极其强大，首先视频推送系统会建立一个流量池，所有短视频数据都会被记录在这个流量池中，同时流量池会记录每一条视频的点赞量、评论量、转发量以及完播率，并将其作为基础数据，然后才会根据目标用户浏览的数据建立用户喜好模型，接着在流量池中找到与目标用户兴趣相似的用户集合，最后将这个集合中用户喜欢并且目标用户没有听说过的物品推荐给目标用户。这种集多个算法模型为一体的推荐机制是短视频行业提高用户黏度、市场占有率的关键。

综上所述，算法模型处于数据中台面向业务支撑的重要位置，它与各类数据相生相伴，对前端业务场景进行赋能，是沉淀和优化企业业务能力、运营管理经验和商业模式的重要载体。

9.5 构建算法模型的八个步骤

数据算法模型的构建分为八个步骤，如图 9.1 所示。在本节，本书结合通过构建客户特征分析模型从而改进客户引流广告投放的案例，详细介绍数据算法模型构建的八个步骤。

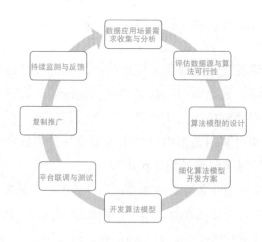

图 9.1　构建数据算法模型的八个步骤

第一步：数据应用场景需求收集与分析。

需求收集是指收集客户面临的问题以及他们想要实现的目标，这样才能有针对性地提出解决方案。了解业务需求是算法模型的源头，也为构建算法模型确定了方向。

案例中需要利用机器学习算法快速为不同类型的客户进行客户画像，通过对客户属性直接的关联度分析，形成客户的特征标签，从而为制定客户引流广告投放方案提供关键信息。

第二步：评估数据源与算法可行性。

恰当的数据源和可行的算法是开发算法模型的必要条件。对数据源和算法可行性的评估包括评估数据源是否能够为算法所用，样本数据是否足够，数据的质量（准确性、缺失值）是否好，数据源是否符合相关法律法规，是否能够保证持续稳定地采集数据，以及是否有保证算法实施的条件。

案例中已经存有一定数量的客户历史数据，客户的信息包括客户的职业、家庭、消费水平、教育情况、年龄、工龄、婚姻情况等，数据总体比较完整。使用该数据时已屏蔽客户的姓名、身份证信息等敏感数据，但没有客户进入时间、客户当前是否为活跃客户等信息，初步判断需要进行特征标签的分析后才能进行客群特征分析。

第三步：算法模型的设计。

基于第一步所收集到的业务需求设计算法模型，将业务流程与目标分别拆解成一个个子流程与小目标，从而为每个小目标设立模型，再经过整合从而形成有体系的算法模型。在设计阶段可以考虑：总体目标如何分解到每个流程中，需要分成几个层次，每个层次涉及的算法、模型以及模型的参数，并对每个模型设定子目标，最后汇总流程中子目标及对应的子算法模型，形成算法模型的总体设计。

案例中要对客户进行客群特征分析，分析客户各属性各自的占比、属性之间关联情况的占比，从而绘制出该客群的客户特征。同时，要对不同的属性设置参数，通过调整这些属性准确定义客户的特征、特征标签。

第四步：细化算法模型开发方案。

在算法模型规划与设计的基础上，对模型进行进一步细化，包括定位数据的来源、根据数据架构规范设计数据存储需求、根据需求完善算法的计算逻辑，并根据业务目标设置效率目标，构建开发数据集，设置取数频率和预期结果。

在案例中，先创建一个实验，选取 30% 的数据构建开发数据集，设定预期结果。如我们预期结果为高收入中年人，但性别比例不详。我们想进一步知道客群的性别特征，此时我们可根据客群近期的商品购买偏好引入"消费性别"的概念，这样就可以通过消费性别的识别，来验证前期客户的引流设想是否正确。

第五步：开发算法模型。

根据开发方案实施算法模型的开发工作。在案例中，需要对特征进行处理，因为算法模型要对客户类型进行预测，开发特征筛选相关性的算法，过滤无价值特征，并且设定业务类型和缺失值的处理方式。

第六步：平台联调与测试。

在各个模型开发完毕后，整合模型，构建训练数据集与测试数据集，评估不同算法模型的效果及其与预期结果的偏离度，优化调整模型或参数，评估不同模型的整合效果，从而评估开发成果能否满足业务目标，针对出现的问题进行测试，如此循环往复，力求满足客户的诉求。

案例所需模型开发完成后，得到了各属性在客群中的占比以及它们之间关联强度的参数。当一个客户被分类为 A 类客户的时候，从瀑布图就可以看出客户的职业、种类、毕业情况、婚姻情况、消费能力、性别对预测结果有正向影响，其中职业的影响最大；客户的工作年限、家庭人数、年龄对预测结果有负向影响，其中年龄的影响最大。将此模型投入训练模型中，在客户引流方面重点对中年人进行引流，并且根据客户的职业调整广告投放时间。训练模型结果显示：与广告方式相比，通过该模型获得同样数量的 A 类客户的投入减少了 20%，该模型可以投入推广。

第七步：复制推广。

一个业务领域的算法模型是否能够推广到其他业务领域，需要考虑不同业务领域的差异性。一方面，数据环境的一致性是业务领域能够高效复制模型的基本前提；另一方面，业务领域还需要有具备应用模型能力的人员，以提高模型推广效率。

案例中，在模型中输入了不同类型客户的训练数据，并调整属性参数后，模型能够识别不同类型客户的特征标签，并根据标签结果进行客户引流，取得了不错的成效，所以认为该模型能够推广到其他类型客户的引流。

第八步：持续监测与反馈。

在模型上线后，仍然需要定期或不定期对模型进行监测，监测模型的相关参数能否持续满足业务需求，检查实际结果与期望结果的偏离度。如果出现问题，需要及时找出原因，并对模型或模型参数进行修正，保证模型能够准确、稳定、高效服务于业务。

案例中对结果进行持续跟踪，在过程中发现性别因素也不容忽视，所以根据各类客户的性别特征和该特征人群的上网时间调整引流广告投放策略，调整后的策略使得在获得同等客户量的前提下投入费用又减少了10%。

9.6　算法模型成果评价的五个维度

对算法模型成果的评价可以从模型的准确性、稳定性、可用性、复用性，以及模型复杂程度和成本五个方面来进行。

1. 模型准确性

模型准确表示模型能够根据有效数据经过运算后得出正确且确定的结果。可以从模型能否得出结论、模型的运行结果与实际值的偏差程度以及模型出错频率这三个方面对模型准确性进行评估。模型具备准确性能证明数据源和模型构建逻辑的正确性，是对算法模型最基本的要求。

2. 模型稳定性

模型稳定性是指在模型运营环境或者数据出现异常的情况下，评估模型是否能够进行容错处理使其正常运行，或者恢复正常运行的时间的指标。业务环境是在不断发生变化的，数据类型也是多种多样的。模型是为企业正常运营所服务的，在数据和环境出现异常时，模型的容错能力和保持稳定输出的能力是非常重要的。

3. 模型可用性

模型可用性是评价模型运行结果是否能够满足业务诉求以及模型能否在业务允许的时间内响应场景需求的指标。企业应基于不同的业务目标设计不同的模型，如果模型运行结果不能帮助企业解决问题，就失去了设计模型的意义。

4. 模型复用性

复用性是判断业务模型在改变少量参数或者计算公式的情况下能否推广应用于其他业务场景的指标，它也是评价模型的一个维度。

5. 模型复杂程度和成本

利用算法模型得出计算结果是需要投入成本的，包括研发成本、算力成本、维护成本。设计的模型越复杂，保证模型运行所需的算力（计算机的内存、存储等）的投入成本就越高，如果模型过于复杂，存在的问题就不易被程序员发现，也不利于模型更新迭代，可读性差，同样会使成本增加。当算法模型的成本高于收益时，它就没有意义了，所以模型的复杂程度和成本是衡量模型成果的重要指标。

算法模型成果评价指标体系如图 9.2 所示。

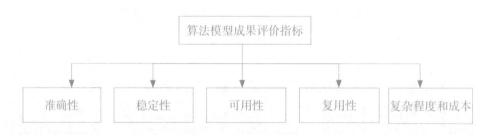

图 9.2　算法模型成果评价指标体系

第 **10** 章 为数据打个标签

10.1　从业务数据到数据标签

10.1.1　面向业务主题分析的数据应用已经不能满足数字经济时代的数据应用需求

多年的企业信息化建设中，各业务领域产生的大量数据大多都面向业务主题分析的数据应用，对于聚焦某一特定业务对象、对象行为或业务动作进行全方位的检索、分析和预警存在较大的困难。

这些特定的业务对象及其行为往往是数据资产保存的高价值数据，这些数据的价值需要挖掘。目前，面临的困难在于统一数据仓库层是按照数据仓库的维度规范建模的，对业务数据进行了重新组织标准化，而同一个对象的各种信息分散在不同的数据域并且有不同的数据颗粒度。以客户数据为例，基本信息存储在客户域当中并按照客户颗粒度组织，交易信息存储在交易域中并按照订单颗粒度组织，社交信息则存储在社交域中并按照关系对颗粒度组织，这导致企业很难全方位地了解一个客户，如果通过各种关联计算才能满足业务需要，则会导致数据使用成本较高。而获取、分析客户的全面数据，是多个业务的共同需求，这需要通过建设标签数据层来满足。

10.1.2　外部环境快速变化提高了对业务动态监控的要求

企业为应对外部商业环境的快速变化，需要不断优化内部经营管理方式、组织结构、绩效考核等内容，势必导致各类业务数据出现变化，使企业的业务合规性监管和溯源更难实现。在这种情况下，企业需要利用数字化手段来跟踪动态变化的业务。

数据融合是大数据的本质，通过把不断变化的数据互相关联、融合，并加以抽象和加工，构建数据资产标签类目体系，可以赋予数据更深层次的语义和价值，以洞察事物的本质。建立资产体系的核心是建立完善的数据标签体系，如果缺少数据标签，企业会在大量的数据中难以区分数据对象，从而无法找到有意义的模式和规则。

企业的业务和数据在不断变化，业务对标签的诉求以及标签的加工方式也在不断变化，这意味着标签体系建设是一个动态调整的过程，而不是一蹴而就的。标签体系也只有不断更新迭代，才能更好地支撑业务，体现数据价值。

随着内部经营管理方式、组织结构、绩效考核等内容的优化，大量数据的属性、类型等也会跟着变化，这也使得企业的业务合规性监管和溯源更难实现。标签是业务需求的数据呈现，将商业价值核心承载在标签上，再配以相应的工程化能力，数据可以被快速、稳定、便捷地输送到业务中以供使用。

10.1.3　数字经济时代要求挖掘非结构化数据的价值

企业在数字化转型中，除了要挖掘结构化数据的价值之外，更需要挖掘非结构化数据的价值，如纸质文件、图片、视频、地图定位等数据，这样可以全面提升企业的经营管理能力、客户经营能力和风险管控能力。

标签本质上是一种对客观世界中实体对象的度量或描述，是经过缜密的逻辑分析和处理后的产物，用以引导发挥数据应用价值。关于业务的大部分数据必须转化成能帮助业务提升的标签才具有价值，否则就是数据负累。

关于业务的数据可以划分为两大类：一类是结构化数据，如数字、符号等，这类依据能够用统一的结构加以表示；另一类是非结构化数据，如文本、图像等，这类数据无法用数字或统一的结构表示。企业运营的数据大都是以文件形式存在的非结构化和半结构化数据。对于非结构化数据，企业借助数据标签可以更好地进行分类，并能更迅速、更准确地发现数据自身与其他数据之间存在的关系和规则，快速找到更有价值的数据，更好地进行业务分析。一般地，文件、图片、视频等都会通过标签进行画像，这样就能更好地把非结构化数据转换为结构化数据。

10.1.4　数字经济的发展要求新的数据汇总、展现方式

伴随着数字经济的发展，企业需要全方位利用各种类型的数据来洞察商业环境和经营动态情况，但是传统的数据汇总、展现方式已经无法满足上述业务诉求。

企业数据分析人员在对经营活动进行分析时往往需要分别从各域获取数据，而由于传统的数据汇总储存在各数据域中，数据关联关系梳理困难、数据分析效率低等问题普遍存在，无法满足企业全景分析的诉求。

将各域数据标签化，可以实现对分散的业务数据标记分类，形成可直接被管理人员识别的数据集，打破数据域的壁垒。对标签特征值的不断更新，可以展现环境的动态变化，有助于实现跨域数据的全景分析。

10.1.5　数字技术的发展要求新的数据加工与整合方式

随着各类数字技术的不断涌现，各行各业的智能化水平越来越高，传统的数据加工与整合方式已经无法适应智能化识别和应用的要求。

比如：在传统的招投标环节中，采用抽签方式不能够对参与的投标人进行有效的择优；在专家评标环节中，融入较多专家的主观看法，没有关于投标人更多维度的数据支撑，无法对投标人进行智能识别。数据标签建设可以实现对各个目标主体进行全方位、多维度的刻画和洞察，建立标签体系并不断拓展数据维度，以实现对目标主体或目标群体的识别与圈定。

10.2　摆脱数据负累的包袱

标签最早出现在 18 世纪的欧洲，主要用于药品和布匹等商品的识别，

现在的标签用于标识各类商品的分类和属性信息。

在数据中台中，借用"标签"一词形成了以业务对象为中心的数据标签的服务概念，即将与业务对象相关的特征信息进行标记加以分类、分析和描述，通过标签表达出数据潜在的内容，支撑前端业务的跨域分析和模式创新。

10.2.1　标签的分类

标签数据层面向对象建模，具体操作是把一个对象的各种标志打通，把跨业务板块、数据域的对象数据在同一个颗粒度基础上组织起来反映到对象上。建设标签数据层，既可以提高数据的可阅读性和易理解性，方便业务人员使用数据，又可以以一种适用性更好的组织方式来匹配未来变化的业务场景需求。

对标签最常见的分类是把标签分为基础标签和组合标签。

基础标签是描述主体对象最小的标签单位，属于"原子级"的描述，不可进一步分割。基础标签可以用来精确描述主体对象（如人、数据）的某一特性，它根据主体对象的特点可以归类为属性标签、行为标签、规则标签和算法标签。属性标签用来刻画主体对象本身固有的属性，很少发生变化，比如性别、年龄、身高；行为标签是用来刻画主体对象与客观世界产生的关系与动作，如购物行为（包含购物频次、品质偏好、购买价格、支付方式偏好等）；规则标签用来描述主体对象的活动或其业务规则的标签，如购买次数超过十次、近三个月有交易、20—30 岁的会员数有多少。算法标签是用事实数据结合行为数据通过运用智能算法进行分析和预测的标签类别，如高价值客户数、流失客户数、产品价格趋势、外卖购买意向。

组合标签可以是通过多个标签组合描述数据特征，也可以是基于标签和指标的组合，给出进阶定义的复合类标签。比如活跃度比较高的人群、高价值人群。组合标签主要用于服务业务人员，业务人员根据管理决策需要选择相应的组合标签。

10.2.2　制定标签的标准

标签本质上是一种对客观世界中实体对象的度量或描述，是经过缜密的逻辑分析和处理后的产物，用以引导发挥数据应用价值。数据必须转化成能帮助企业优化业务的标签才具有价值，否则就是数据负累。企业通过数据标签匹配业务，可以适应变化的业务需求，因此数据标签可以有效提升复杂业务的响应效率。标签必须是符合业务需要并能体现业务价值的，它应既能帮助业务人员做出业务判断，也能创造性地唤醒新业务场景。在具体业务当中，标签往往会被称为属性、特征、指标、参数等。企业必须探查清楚根据业务需求提炼、整理的标签是否具有可行性，是否有原始数据可以用于加工成标签，不能天马行空，没有落地点。

数据标签具有以下特征。

①可理解性。人们能够通过语义理解每个标签的含义。

②短文本。每个标签通常只表示一个含义，为提取标准化信息提供便利。

③针对性强。根据业务需要针对任意特定业务对象建立标签体系。

④灵活性高。按业务对象不同维度进行标签的定义、组合、计算和衍生。

⑤速度快。可以根据不同维度定义的标签快速匹配业务结果。

当企业的业务规模越大、业务关系越复杂、业务响应度越敏捷时，数据标签在企业各个业务领域中的价值就越明显。

10.3　数据标签是数据中台的得力助手

数据中台需要基于业务对象视角对数据资产进行分类，需要采集与之相关的各类属性数据，找出其相互关系。在海量数据和高时效性要求下，若没有数据标签体系，则数据中台很难快速完成该工作。

10.3.1 生成精准化标签的依据

所有标签都是通过采集用户各类属性数据，再根据相关的算法生成的。如果底层的数据缺乏真实性或不完整，那么最终得到的标签也是无法使用的。若要构建数据标签体系，则需要明确数据资源的分类，根据数据分类组织资源、编目，之后为数据资源打上数据标签，让数据资源更贴近用户、更容易管理，以便充分发挥出数据的价值。

数据标签层与数据开发层相辅相成，不同业务对应不同数据标签信息，因此数据标签体系需要多维度的数据资产分类信息支撑。同时数据资产被打上标签信息，会让其更加贴近用户，更加容易管理，更加能充分地发挥数据的价值。

对于数据开发人员而言，在调研、收集、了解、提炼数据需求时，要理解业务人员所描述的内容与业务需求，并掌握他们参与的生产经营活动流程，这样才能在数据开发中，准确地定义与建立标签信息规则。业务需求通常是一线业务人员出于日常工作的需要而提出的，这些需求又由于业务人员来自不同的行业，面对的是不同的对象而有所差异。比如：如果电商行业的运营人员打算对复购率高的女性用户进行精细化运营，就会将"复购率"和"性别"作为主要的标签需求；而如果制造业的业务人员要提高设备制造产品的成品率，则零件的"制造失败率"就是主要的标签需求。

10.3.2 决定标签质量的因素

数据标签信息的质量影响对象实体画像的准确性，也会影响业务洞察的准确性，而数据标签的质量需要数据治理层来保证。

在数据标签体系建立的过程中，在数据分析和数据挖掘之后，都需要保存不同阶段的数据标签。在这个过程中数据标签仍然要按照标准，通过数据治理进行标准化后统一管理，无论是存储结果的表名，还是字段、格式等，数据标签的质量都需要数据治理层来保证。

例如，用户行为对商品品类的标签，下载音乐时有"女生最爱""深夜推荐"等，这些就是通过用户行为和特征给歌曲贴的标签。这些标签也是通过对用户的特征和行为总结而来的，体现了业务洞察力。

数据标签层所定义的一系列对象实体的标签信息，需要数据服务层对外提供数据标签服务才能创造价值。标签服务主要体现在标签分析、人群圈定、精准营销、反欺诈、客户关系管理和个性化推荐等多个方面。

10.4　数据标签是业务分析与优化的有力抓手

数据标签助力于企业商业场景的挖掘，如精准营销、生产管理、采购优化、舆情监控、资产管理和审计应用等，是企业业务分析与优化的重要手段。

10.4.1　数据标签在精准营销中的应用

将标签体系应用在营销体系有助于实现价值变现。基于标签体系建设的客户画像在精准营销方面构建了大量成功的商业模式，未来在企业营销端借助各类 AI 算法会产生更多应用。例如，各购物网站通过记录用户的在线操作数据，对用户进行建模，为用户建立人员标签。在精准营销过程中，通过标签组合从全量用户数据中筛选出具有指定特征的数据，并以 API 的形式对接上层的营销系统，从而实现营销广告的精准触达，最终达到老用户召回、休眠用户激活等运营目的，实现数据价值变现。这需要建立产品和用户的标签体系，形成产品画像及用户画像，通过标签圈选功能和数据标签大幅度提高效率和灵活性。

10.4.2　数据标签在生产管理中的应用

标签体系可以应用在工业企业生产管理的方方面面，协助厘清管理内容。企业可以根据产品画像、质量标准画像、设备画像、环保指标画像等，实时了解产品的生产状态和质量波动情况，实时了解设备运行状况和潜在的安全风险，实时监控企业的环保达标情况。

随着企业的生产设备及流程日益复杂，生产管控越发艰巨。随着信息化建设的不断完善和大数据研究技术的迅速发展，在不同的部门或者领域中，海量级的生产管理数据不断产生和累积。企业可以根据应用的需求及数据维度对设备进行画像，实现设备特征的标签化，通过建立数据模型，分析设备数据，抽取设备各维度标签。推而广之，通过对产品、质量标准、设备和环保指标等进行标签化，企业能够实时掌握生产设备等的实时状态等信息。

10.4.3　数据标签在采购优化中的作用

数据标签对采购优化管理非常重要，通过数据标签构建供应商画像，可以对采购业务活动和供应商进行全方位和多维度的综合评估，包括供应商属性、关联数据、行为偏好、风险行为等维度，辅助企业实现智能化评标、过程监控和风险预警。

智能化技术在各个行业的应用需求持续增长，在传统的数据应用模式下，交易环节中存在诸多需要优化提升的地方。比如，传统的数据统计模式只能识别出项目信息中固定、有限的格式化数据，对非格式化数据却束手无策。相应地，其也不能挖掘项目信息中更多有效的、有价值的内容。比如，其无法分析项目中清单价格、无法对项目的招标周期进行预估、无法对项目金额进行预估等，更谈不上对同类工程的识别及多维度分析比较。采用这种统计模式的企业需要优化项目和设备特征环节，对相关项目的数据进行梳理，确定需要分析的项目内容的特征以及覆盖的数据维度，而后针对项目特征值定义标签值并制定标签规则。这样可以使分析的内容更加准确和丰富。在企业经营主体、经营行为、经营风险、经营考核等方面构建多维度的数据标签体系，在数据层拉通商流、物流、资金流和信息流，有效构建企业在经营规则管控、运营监控及分析、快速决策，以及高效协同执行等方面的能力。

10.4.4　数据标签在舆情监控中的作用

企业采用数据标签和智能算法有助于归类分析对象数据，如形成的舆情监控手段可将企业外部数据和内部数据相结合，对企业相关舆情信息进行多维度分类，进而帮助企业动态监控舆情发展趋势，快速做出舆情处理，将损失降到最低。

网络舆情可以对企业产生巨大的潜在价值，帮助企业规避大多数潜在和已知的威胁。新媒体对舆论的影响力日益增强，同时舆论发展的方向越来越难控制。在自媒体时代，企业如果不及时对负面舆情进行监测，那么舆情信息可能会造成企业损失。风控人员依赖内部数据和人工分析数据来达到监测预警，数据的收集及整合存在局限。企业可以对舆情的一系列经验进行标签化，通过将舆情数据归集到行为标签上，再根据标签的行为参数进行趋势判断，大幅度提升舆情监控效率。

10.4.5　数据标签在资产管理中的作用

数据标签有助于加强企业的资产管理，针对企业各类资产设置资产属性类、资产状态类、设备运行类、设备缺陷类等多维度标签信息，在此基础上形成各类资产画像，有利于企业从全局看清资产信息，减少浪费，提高资产复用率，最大限度发挥资产的价值。

大型企业更加重视资产的价值。许多企业资产的规模庞大，但总体上资产管理效率偏低，需要提高资产回报率、劳动生产率等指标。那么，企业应如何对资产进行全生命周期管理呢？方法是对资产画像进行分析挖掘，将数据转化为价值，对设备运行、检修、退役和采购工作给出有效的指导和建议，从而减少浪费，提高资产价值。管理人员可对资产进行多维度画像，以实时了解资产的运行状况，根据资产标签数据绘制资产生命曲线，从而对资产进行全生命周期管理，合理安排设备的状态检修。

10.4.6　数据标签在审计中的应用

企业各类错综复杂的业务形成的数据，对高效审计过程和高质量审计成果构成了挑战。通过对各类业务数据建立多维度审计标签，企业可以更高效地审计复杂的业务。在此基础上的审计作业过程可以为企业提供更有战略性、系统性和前瞻性的审计建议，体现企业内部审计的高价值。

在大数据环境下，审计面临着多维、多变、多样的挑战，建立一套基于业务数据审计标签化的数据审计体系是企业应对挑战的措施。关键问题在于，海量的业务数据如何变为准确的审计数据。方法是构建有效的数据审计体系，通过对业务数据中已定义的结构化数据信息进行建模，得出符合审计逻辑的标签。数据审计人员根据审计要求进行趋势和异常分析，采用类自然语言构造基础审计标签库，并通过多种方式建模，对目标审计数据输出标签，从而实现各系统业务数据的标签化。

数据标签对企业分类分析数据非常重要，是数据产生价值并变现的关键。数据标签给予企业全新的出发点、更丰富的数据线索，给予营销场景更多支撑。

第11章

在安全的数据世界里徜徉

当我们进入大数据时代后，数据安全面临风险，个人、企业和国家都日益重视自身的数据保护，包括个人的隐私数据、企业的高价值数据等。企业通过建立数据安全体系、国家通过制定法律法规等一系列的手段，保护数据的安全和隐私。不同的社会角色对数据安全有具体的、不同的诉求。

11.1　数据泄露问题不可小觑

11.1.1　对国家层面的影响

在国家层面，数据安全就是防止任何个人、企业、团体利用数据侵犯国家安全和利益，为此，国家提高了对数据安全领域的重视程度。2017年5月，《信息安全技术大数据安全管理指南》征求意见稿就规定了数据安全管理的基本原则和目标；随后的《信息安全技术大数据服务安全能力要求》又从安全能力方面规定了企业开展数据安全工作所需具备的条件。2020年7月，《中华人民共和国数据安全法（草案）》公开征求意见，提出将对数据实行分级分类保护，将维护数据安全工作提上日程。要真正落实数据安全管理，还需紧抓源头：作为服务提供方的企业，应具有担当精神，主动承担相应的社会责任。之后历经三次修订，《中华人民共和国数据安全法》于2021年6月10日通过并于9月1日正式执行。2021年，滴滴、BOSS直聘等公司因数据安全问题而遭到调查，这也让数据安全问题成为社会共识。

11.1.2 对社会层面的影响

对社会而言，数据安全就是在保护公共安全和隐私的前提下，让个人和企业使用数据。《2019 年中国网民信息安全状况研究报告》显示，77.7% 的被调查网民遭遇过信息安全事件，同时遭受了不同程度的损失，总额高达 194 亿元。这种案例在生活中比比皆是，如看房者在售楼处留下个人电话，不久后就会被其他房地产中介骚扰。信息泄露的原因既包括黑客主动对安全漏洞进行攻击，也包括用户自身安全意识薄弱，使黑客有机可乘。2020 年，微软 Windows10 系统出现过一个高危级别的安全漏洞（编号 CVE-2020-0796），受攻击的目标系统只要在线就可能被入侵。虽然微软及时发布了相关补丁，但下载和更新补丁不及时的用户的信息仍然泄露了。

11.1.3 对个人层面影响

对个人而言，数据安全要求在满足个人对人身、财产安全保障的前提下享受数据带来的便利。2019 年 9 月，由于陕西普通话成绩查询程序员把所有考生信息（包括照片、身份证、准考证号、院校等）通过硬编码的方式直接写进了网页源代码里，大量考生信息泄露；2020 年 5 月，某建设银行员工将客户的身份信息、银行卡余额等信息以每条 100 元左右的价格进行售卖牟利，泄露信息五万余条；德勤会计师事务所曾在 2006 年发生过员工遗落非加密光盘的事件，泄露了客户单位 McAfee 海量员工信息。在 2020 年发生的信息泄露事件中，"内部员工"成为数据安全防范的热词。由此可见，操作员不规范的编程和操作、内部信息接触者监守自盗的行为和缺乏规范的数据储存，都会影响企业数据安全。

11.1.4 对企业层面的影响

企业在数据安全方面的诉求是在尽可能满足企业战略和业务的前提下，保护商誉。商誉风险的防范包括法律法规的遵从、社会责任及道德的履行以及对合作伙伴员工的隐私保护，数据的泄露会导致企业声誉和客户信心的丧失。对于企业而言，数据安全问题带来的影响是多方面的。21世纪以来，每一年都会发生多起重大信息泄露事件，谷歌、微软等知名互联网企业也不例外，而其巨量数据泄露也给自身的商业利益带来了巨额损失，并使用户满意度和品牌形象大打折扣。若数据泄露，则企业可能会出现机密外泄、失去竞争优势、客户流失、不再能够吸收资本的问题，也可能会涉及法律纠纷，从此走向衰落。

因而，在数据安全方面，企业需要考虑国家和社会的诉求，毕竟企业需要合规经营和保护商誉，另外涉及个人安全的，也要考虑个人的安全诉求。因为数据中台需要对人的行为、特征进行分析和预测，其中也涉及大量的机密信息，所以数据安全占据了重要地位。企业如果想要利用数据中台全面而系统地保证数据安全，明晰数据安全的相关概念是首要任务。

11.2　数据安全定义及相关概念

11.2.1　数据安全的定义与目标

不同的组织对数据安全有不同的界定。

国际标准化组织（International Organization for Standardization，ISO）认为，数据安全是为数据处理系统建立和采用的技术和管理的安全保护，保护计算机硬件、软件和数据不因偶然和恶意的原因遭到破坏、更改和泄露。

在1991年6月的欧共体官方出版物《信息技术安全评价标准》V1.2（Information Technology Security Evaluation Criteria Version1.2，Officer for Official Publication of the European Communities，June，1991）中将信息安全定义为"在既定的密级条件下，网络与信息系统抵御意外事件或恶意行为的能力。这些事件和行为将威胁所存储或传输的数据以及经由这些网络和信息系统所提供的服务的可用性、真实性、完整性和机密性"。

DAMA 认为数据安全的目标如下：①支持适当访问并防止企业数据的不当访问；②对隐私、保护和保密制度、法规的遵从；③确保利益相关方对隐私和保密的要求。笔者认为数据安全是指通过各项管理规范和信息技术，对企业经营活动相关数据的产生、使用、传输、转换、整合、存储等全过程进行数据合规性、保密性、完整性、可审查性的管理。

11.2.2　数据安全的相关概念

本小结介绍与数据安全相关的一些特定术语，这些术语有助于读者了解数据安全领域治理的要求。

1. 脆弱性

脆弱性（Vulnerability），又称弱点或漏洞，是资产或资产组中存在的可能被威胁利用造成损害的薄弱环节。脆弱性一旦被威胁并成功利用就可能对资产造成损害。威胁性可能存在于物理环境、组织、过程、人员、管理、配置、硬件、软件和信息等各个方面。

2. 威胁

威胁（Threat）是指对企业数据资产采取的潜在攻击可能。威胁包括内部威胁和外部威胁，针对每种威胁，企业都应该有相应的防御能力，以防止系统或者数据受到可能的损害。

3. 风险

风险（Risk）是指带来损害的可能性，也是构成潜在损失的事情或条件，每种威胁都会带来风险，可以从发生概率、损害类型、对收入或者业务的影响、修复成本、预防成本和攻击意图几个方面计算风险，可以按照发生概率确定风险优先级。

4. 风险分类

风险分类描述了数据的敏感性以及出于恶意的目的进行访问的可能性，并以此确立哪些用户可以访问数据。根据风险分类，数据一般可以分为关键风险数据、高风险数据和中等风险数据。

5. 数据安全组织

数据安全组织是针对数据安全的管理组织机构，例如大型企业下的首席信息安全官（Chief Information Security Officer，CISO）及其下属负责安全的职位和角色。在任何情况下，数据的管理者都需要参与到数据安全组织中，组织中的数据安全员、数据管理者和信息技术开发人员以及网络安全人员要积极合作，从数据生命周期对数据进行保护。

6. 安全过程

安全过程（4A）是指数据安全需求和过程的 4 个方面，即访问（Access）、审计（Audit）、验证（Authentication）和授权（Authorization）。进行信息分类，设置访问权限，管理组、角色和用户密码是实现 4A 的常用手段，安全监控对保障数据安全过程至关重要，监控和审计可以连续进行，也可以定期开展。

7. 数据完整性

在数据安全方面，数据完整性要求数据处于一个整体状态，以避免不当的增加/删除操作对数据整体造成影响。例如，著名的塞班斯法案（Sarbanes-Oxley）针对创建和编辑财务数据的规则进行识别，保护财务数据的完整性。

8. 数据加密

数据加密技术是指把明文数据转换成代码，以隐藏数据明文信息的技术，以隐藏特权信息、验证传输完整性或者验证发送至身份的过程。常见的加密算法有哈希算法、对称加密算法和非对称加密算法。

9. 混淆与脱敏

通过混淆处理或者脱敏的方式可降低数据的泄露风险，避免丢失数据的含义或者数据与其他数据的关系。数据混淆或者脱敏是保证数据使用过程安全的一种手段。数据脱敏分为两类：静态脱敏和动态脱敏。静态脱敏即永久不可逆地更改数据。动态脱敏即在不更改基础数据的情况下，在最终用户使用时改变数据的外观。脱敏方法具体有替换、混排、时空变异、数据变异、取消或删除等。

10. 网络安全

网络安全涉及静态和动态安全两种情况，动态数据需要在系统中直接通过网络移动，这就涉及网络安全防范。如果企业数据在互联网中开放，则需要更高级别的网络安全。网络安全常见的防范方式或软件主要有：黑客攻击、钓鱼软件、恶意软件、后门、机器人或僵尸、Cookie、防火墙、周界、隔离区（Demilitarized Zone，DMZ）、超级用户账户、键盘记录器、渗透测试和虚拟专用网络等。

11. 数据安全类型

数据安全不仅涉及防止不当访问，还涉及对数据的恰当访问，应通过授予权限来控制对敏感数据的访问。数据安全类型包括基础设施安全、硬件设备安全等。

12. 数据安全制约因素

数据安全制约因素包括数据的保密等级和监管要求。保密等级是指机密或者私密。组织确定哪些类型的数据不应被泄露，保密等级取决于谁需要知道某些类型的信息。监管要求指根据外部规则分配监管类别。保密和监管的主要区别在于要求不同，保密更多来源于内部，而监管更多在外部定义。

13. 系统安全风险

系统安全风险又称系统固有风险。识别安全风险的第一步是确定敏感数据存储的位置和数据需要的保护措施，这就需求确定系统固有风险，这些风险威胁会导致员工有意无意地滥用数据。常见系统安全风险包括滥用特权、滥用合法特权、未经授权的特权升级、滥用服务账户或者共享账户、平台入侵、注入漏洞、采用默认密码、滥用备份数据。

11.2.3 数据安全的类型

数据安全的类型如图 11.1 所示。

图 11.1 数据安全的类型

数据安全可以分为基础设施安全、硬件设备安全、身份认证安全和信息通信安全四个部分。

1.基础设施安全

数据安全中的基础设施，通俗来讲，指的是系统、网站等用于为客户提供基本服务的基础平台。事业单位网站、网络购物软件的平台、商业企业研发部门的中控系统、财务部门的账务往来系统等业务平台均属于基础设施。如果这些业务平台的数据遭到侵害或泄露，则将极大影响单位和企业业务的正常运营，造成不可估量的经济损失甚至影响恶劣的社会事件。基础设施安全，即各类业务基础平台的数据安全，对于维护数据安全而言是至关重要的。

2.硬件设备安全

数据安全中的硬件不同于计算机硬件，泛指智能硬件。智能硬件，也就是把传统的设备进行升级改造，使其智能化，包括智能手机、智能电视、嵌入式操作系统和 SIM（Subscriber Identity Module，客户识别模块）卡等。

硬件设备安全涉及多方面的安全。首先，移动设备用户在设备丢失后会面临设备中信息的存储安全风险；其次，在使用智能硬件的过程中，客户端设备会面临传输过程中的加密安全风险；最后，服务端设备的身份认证措施也涉及安全问题，其影响范围更广，因为其可以影响到全部客户端设备。以上任意一项安全没有得到保障，都会导致黑客利用漏洞攻击设备，从而导致数据泄露。

3.身份认证安全

身份认证安全，指的是对事物真实性的确认，即要确认通信过程中另一端个体是谁。

身份认证的关键，不仅在于接收端能够识别通信者传输过来的身份信息是否真实，而且在于身份信息被恶意篡改后，接收端是否可以检测出来。数字签名和数字证书均可以提供上述技术服务。

（1）数字签名

数字签名（Digital Signatures），是签名者使用私人密钥对待签名数据的杂凑值做密码运算得到的结果，它基于公开密钥加密基础，用于鉴别数字信息。由于签名与消息之间存在着可靠的联系，接收者可以利用数字签名确认消息来源以及确保消息的完整性、真实性和不可否认性。基于数字签名的身份认证往往需要结合数字证书使用。

（2）数字证书

数字证书也称公钥证书，是由证书认证机构（Certification Authority，CA）签名的包含公开密钥拥有者信息、公开密钥、签发者信息、有效期以及扩展信息的一种数据结构。

数字证书提供了一种网上验证身份的方式，采用公开密钥体制和诸如对称密钥加密、数字信封等技术进行支持。发送方可以使用数字证书，设置私人密钥、公开密钥，并分别用于解密和加密，以保证信息能够被正确地传送至接收方。根据用途的不同，数字证书可以被分为电子邮件证书、服务器证书和客户端个人证书。电子邮件证书可以证明邮件发件人的真实性，并且可以向接收方的持有者发送只有其才能打开的加密邮件；服务器证书可以用于防范钓鱼网站；客户端个人证书则是互联网中目前非常安全的身份认证手段，采用将智能密码附于特定物理存储介质之上的双因子认证手法进行身份验证和电子签名。

除此之外，生物特征（指纹、虹膜等）识别认证技术、匿名认证技术和群组认证技术也可以用于维护身份认证安全。

4. 信息通信安全

信息通信安全是建立在信号层面的安全，不涉及具体的数据信息内容，一般从网络通信协议方面进行研究。常用的网络通信协议有 TCP/IP、NetBEUI 协议和 IPX/SPX 协议。完整的通信协议包括语法、语义和定时规则，并且分为若干层次。若想保证通信安全，必须要保证协议中的各层次均是安全的。任何一层次的漏洞，均可能导致黑客攻击而使用户账户信息被窃取等后果。

11.2.4　数据安全能力成熟度模型

全国标准信息公共服务平台发布了《信息安全技术数据安全能力成熟度模型》（GB/T37988—2019），简称 DSMM（Data Security Maturity Model）的国家标准。

DSMM 采用不同的能力评估等级，将数据按照生命周期分为数据采集安全、数据存储安全、数据传输安全、数据处理安全、数据交换安全和数据销毁安全六个阶段；从组织建设、制度流程、技术工具、人员能力四个安全能力维度的建设进行综合的安全评估。数据安全能力成熟度模型如图 11.2 所示。本章后续内容将以 DSMM 为基础展开介绍。

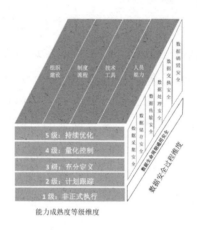

图 11.2　数据安全能力成熟度模型

11.3　数据安全是数据中台的数据安保官

根据 DSMM，在数据中台中，数据生命周期涉及的安全风险涵盖数据采集、数据存储、数据传输、数据处理、数据交换和数据销毁六个环节。也就是说，数据安全风险存在于数据中台建设的方方面面，为保证数据中台的正常运行，应保障数据安全。数据安全在数据中台的建设中属于关键能力指标和重要考核因素。

11.3.1　利用数据安全技术可以监管数据采集过程是否合规

数据采集过程包括搭建数据业务库、选择业务库的接口人、源头认证和数据质量管理等。数据安全可以搭建相关采集监控平台，监测所采集的数据是否是安全可用的，辅以数据使用合约，如与用户签订用户隐私信息使用知情同意书，做到合理合法地使用数据。在源头认证中，常常涉及智能硬件设备的加密和识别。数据安全可以利用数字签名、数字证书等身份认证技术，限定用户账户的登录设备、在异地登录时发出警报，或者利用设备锁、软件锁等措施，严加保护用户的个人数据。对于采集这类个人数据的企业人员，数据安全可以控制其权限，防止其通过漏洞或者利用监管疏忽将敏感数据带离企业。

11.3.2　数据安全是数据存储、数据传输的必备能力

数据安全是数据存储的必要能力之一，数据存储面临的风险不仅有数字信息的丢失和泄露，也包括存储产品的物理损坏，若重要数据丢失，对企业的打击是毁灭性的。数据安全对数据存储来说是必备能力，是考查存储系统是否符合数据中台要求的一项必要条件。

数据安全是数据传输与交换的必备能力。通常，企业在进行数据采集时会选择在用户所在的客户端进行，而由客户端至服务端过程中进行的数据传输，由于需要接入公网，所以会带来一系列有关数据采集的安全问题。在传输过程中，数据安全可以利用通信协议，在协议的各个层面做好加密和认证工作，防止第三方在传输过程中截获或者篡改敏感数据，从而防止企业机密信息泄露或者数据不准确的情况发生，使数据的传输更加安全有序地进行。传输过程涉及数据在不同终端设备之间的传输、导入导出和共享。与数据传输类似，数据安全可以给数据交换提供相应的加密、身份认证等支持，对数据共享过程进行监控审计，以保证不发生越权行事、数据被盗等情况。传输过程要保证数据的完整性、加密能力等。

11.3.3　数据安全是数据处理、数据销毁过程要考虑的基础要素

数据安全是数据处理过程需要考虑的因素，覆盖多方面内容，包含业务、技术、管理等多个单元的工作，内容涉及票据开具、绩效考核、生产加工进度监测、法律文件制定等，其基本目的是对大量数据进行筛选，从中发掘可利用的数据。数据处理需要运用编程软件和数据库系统，数据安全可以运用加密技术，防止重要数据在处理过程中泄露。数据处理过程需要考虑数据脱敏、开发隔离和数据副本等安全威胁。

数据安全是数据销毁过程的基本要求，数据销毁作为数据流转的最后一步，对数据保护具有重要意义。数据安全在数据销毁中用于监督销毁工作，可以通过软件检测、人工审查等手法确保需要销毁的数据确实被完全销毁，以免被不法分子利用。数据安全对数据销毁过程如同对数据存储一样，是基本要求。

11.4　数据安全是企业业务增长的砝码

数据安全对现代社会非常重要，从个人层面、企业层面、社会层面和国家层面来说，数据安全都极其重要。对于企业而言，数据安全的重要性在于有效的数据安全管理有助于降低企业风险，同时数据安全也是保证现代企业业务增长的必要条件。

11.4.1　从企业风险的角度来看

从企业风险的角度来看，企业涉及数据安全的风险包括商誉风险和对国家法律法规的遵守风险。若企业存在以上两种风险，则可能给企业带来灭顶之灾。例如，数据分析影响企业决策，一旦分析成果泄露或被竞争对手掌

据，则将导致企业在商业竞争中处于劣势。用户行为和当前所在位置信息等隐私影响个人安全，如果被不法之徒掌握，后果将不堪设想。企业数据安全出现问题，轻则在竞争中处于劣势，重则商誉受到重大损失、违反国家法律法规，可能面对大量客户流失、大额诉讼支出甚至破产的后果。

11.4.2　从保障业务增长来看

数据安全是保障业务增长的必要条件。在移动互联网新技术的发展中，可供企业采集的数据不断增多，业务的信息化程度也不断提升，若要提高效率、实现业务增长，则企业需要拥抱新技术。例如，现在的数字化转型和移动互联网，而在这些新环境下，数据安全保护策略和技术的重要性就凸现出来。例如，银行推出了 App，大大方便了用户，其业务基于移动互联网有了大幅增长，这要求银行在数据传输安全、敏感信息保护、数据完整性等方面都必须能够提供保障，这样新业务才能有增长的环境。

数据中台将对企业数据进行全面、深入的应用，所以数据安全防范工作是重中之重。

11.5　实现数据安全的三部曲

11.5.1　数据安全实现的能力要求

数据安全并非完全由相关技术保证，还需要人的配合，因而，工作人员需要不断学习，掌握相关专业知识。企业可通过对业务运作流程进行梳理，分别从管理部门、运营部门、技术部门和法务部门的角度出发，构建 DSMM 提出的四项安全能力——人员能力、技术工具、制度流程和组织建设的要求。

从上层建筑来说，企业需要有人了解数据安全的运作机制，发挥领导层的作用，做好统筹规划工作。从具体要求来说，相关管理层应该具有相关领域的管理经验，熟悉业务特征，并熟悉如何组建具有胜任能力的专业团队。在此基础上，管理层的领导还应该对国家数据中台方面的政策法规十分了解，能及时对其做出反应。

数据安全建设是一项持续性的工作，对运营部门来说，其需要根据业务的发展不断优化数据安全的设计逻辑、做好项目落地工作。在数据安全方面，运营层需要完成的工作包括但不限于风险监测、风险识别和风险处理。在数据安全的具体执行中，技术人员作为程序的具体编写者，重要性是不言而喻的。为使数据安全得到保障，应该对技术人员的专业水平提出要求，其必须熟悉国内外主流安全产品和工具，如数字光处理显示器（Digital Light Processing Display，DLP）和加密平台，能够在发现平台的安全风险后，在众多安全技术中找出最优方案并加以运用。

由于数据安全是一个循环过程，所以企业在处理风险后还需不断提升系统的数据风险评估能力，做好敏感数据审计，并定期对安全系统进行测试。企业可通过利用黑盒白盒对抗、差分隐私和用户和实体行为分析（User and Entity Behavior Analytics，UEBA）等技术，实现系统安全性能升级。企业构建数据安全能力，也需要法务部门配合。法务部门需要不断学习如《中华人民共和国网络安全法》《中华人民共和国个人信息保护法》等法律条文，同时需要积极地与采购和供应等部门配合，编制具有可操作性且符合法律法规的合同。

11.5.2 数据安全管理的实现过程

数据安全涉及数据生命周期，安全风险存在于数据采集、数据存储、数据传输、数据处理、数据交换和数据销毁六个环节，每个环节的安全管理具体可以从安全策略、安全管理和安全审计三个方面着手。

1.安全策略

在安全策略方面，要根据国家、行业等的监管需求和组织对数据安全的业务需要，进行数据安全策略规划，建立组织的数据安全管理策略和数据安全标准，确定数据安全等级及覆盖范围等，定义组织数据安全管理的目标、原则、管理制度、管理组织、管理流程等。

2. 安全管理

安全管理是在安全策略的指导下，对当前环节通过对数据访问的授权、分类分级，监控数据的访问等进行的管理，以满足数据安全的业务需要和监管需求，实现组织内部对数据生命周期的安全管理。具体体现在对数据的管理和操作行为进行记录和监控；对数据提供安全保护控制相关的措施，保证数据在采集、传输、开发和应用过程中的隐私；加强风险识别与管理，对已知或潜在风险进行分析，制定防范措施并监督落实。

3. 安全审计

数据安全审计负责定期分析、检查、改进数据安全管理相关的政策和过程，审计人员应独立于审计所涉及的数据和流程。数据安全审计的目标是为组织以及外部监管机构提供评估和建议。具体内容包括：过程审计，分析实施规程和实际做法，确保数据安全目标、策略、标准、指导方针和预期结果相一致；规范审计，评估现有标准和规程是否适当，是否与业务要求和技术要求相一致；合规审计，检索和审阅机构相关监管法规要求，验证机构是否符合监管法规要求；供应商审计，评审合同、数据共享协议，确保供应商切实履行数据安全义务；审计报告发布，向高级管理人员、数据管理专员以及其他利益相关者报告组织内的数据安全状态；数据安全建议，推荐数据安全的设计、操作和合规等方面的改进工作建议。

11.5.3 数据安全实现度量指标

数据安全保护的过程，需要有一系列度量指标，协助企业量化地了解数据安全管理的情况，继而进行数据安全的审计。可从图 11.3 所示的五个角度构建指标体系。

图 11.3 数据安全实现度量指标

①安全实施过程，可以是企业制定的方法、措施的执行情况。例如，最新的安全补丁在企业设备的部署百分比、已经成功解决审计发现问题的百分比、安全网关覆盖的百分比等。

②安全意识认知，如对企业员工安全意识的培训和问题的复盘情况，风险评估结果的定时培训覆盖率和频率、风险事件的学习覆盖率、补丁的有效性审计等。

③数据保护情况，对关键数据（在数据治理中称为数据资产）的管理范围和强度的度量指标，如关键数据或系统的排名、数据受到损害（丢失、破坏、攻击、泄露）造成的损失预测、特定数据损失的补救措施完善程度和补救方案准备的充分程度等。

④安全事件统计，对安全事件的记录情况，如被入侵的次数和结果、通过反入侵保护数据不受损失从而获得的收益等。

⑤数据资产扩散，根据优先级，统计数据资产的存储位置。高安全级别的数据副本越多，泄露风险越大。

企业可以基于安全威胁制定数据安全实现度量指标，从而更好地对数据安全管理进行跟踪、审计和改进。

第 **12** 章 别让迟滞的
数据服务蒙住了眼

12.1 把数据变成一种服务能力

在信息化阶段，数据主要保存在关系型数据库和数据仓库中，用户查询数据的难度大，数据查询和维护的成本高，大量数据调用的接口也带来了数据不一致的问题。

12.1.1 需要避免共享数据不一致的问题

企业每天都会产生海量、多种类型的数据，各个业务部门一般都会各自构建部门数据库，如订单中心构建了订单数据库，库存中心构建了库存数据库。而每个部门的数据库又会划分出不同层次的数据库，每个层次的数据库都有不同的含义。让人遗憾的是，每个数据库之间是相互孤立的，内部缺乏数据共享机制，导致企业在数据内部流通和统一管理方面存在困难。尤其是当一个业务场景需要联合多类业务数据库进行数据分析时，还需要分析复杂的业务关系，这对业务人员来说挑战难度极大。一些企业因此配备了专门的数据服务团队来负责数据内部流通和统一管理工作，帮助企业解决内部数据查询和维护的成本高，大量数据调用的接口不规范带来的难以管理、权限控制不严谨问题，以及接口配置不正确导致在提供数据时存在的数据不一致问题。

传统数据仓库响应前端业务需求的速度较慢，完成开发、测试、上线各环节需要1—2周，开发成本也比较高，同时相同数据接口重复开发造成接口冗余。

12.1.2　快速响应能力需要加强

企业在发展新业务时，相关业务人员需要联系开发人员，开发人员需要根据相关的需求在数据仓库中查找需要的相关业务表，由于企业还在使用传统数据仓库模式，对一些业务表没有合理的规划储存，导致查找需要的业务数据耗时较长。即使找到了相关联的业务表，也可能存在该表的元数据信息保存不规范导致理解起来比较困难的问题，最后导致完成开发任务所需的时间延长。即使在开发阶段完成相对应的任务后，在测试阶段也可能存在使用了传统的数据仓库架构导致任务运行比较慢的问题。经过反复的开发测试，到最终上线也需要 1 ~ 2 周。在面对企业不断变化的业务需求时，这种开发方式不但导致效率低下，还提高了成本，当企业新业务比较多或在企业内部需求变化比较快时，也会导致数据提供不及时，以及相同数据接口重复开发造成接口冗余，从而影响企业适应快速变化市场的能力。

12.1.3　数据安全防护能力需要提升

为满足经营决策分析的要求，大部分企业的数据查询、计算、加工等操作都直接在数据库或数据仓库当中进行，企业的各类经营信息缺少安全防护，面临较大的内部信息泄露和遭遇外部黑客攻击的风险。

A 公司在一次促销活动中产生了很多数据，领导让新人小张汇总活动数据。由于数据库缺少安全防御机制，小张在汇总数据的过程中接触到了关于此次促销的敏感数据以及该公司历史上促销活动的关键数据，包括公司客户信息、采购商信息，以及每种商品的毛利率、销售数量和库存情况。小张甚至还看到了公司员工的工资明细、出差登记表以及一些员工的私人信息。小张将以上信息逐一进行拍照后将其分享到了微信群，并在网上与人讨论公司的经营决策和公司的客户信息。没过多久，这些敏感信息便在网络上发酵了。最终导致 A 公司不仅失去了合作伙伴，而且遭到了同业竞争者的精准打压，损失惨重。由于没有合理地划分数据层级和严格控制数据权限，A 公司的敏感数据遭到泄露并由此产生了一系列问题，A

公司的教训值得各个企业深思。

12.1.4　数据服务能力助力全链条发挥价值

数据中台所构建的数据资产在企业的经营管理、客户运营和产业协同等各个业务场景中要发挥数据价值，就需要通过数据服务模块把数据变成一种服务能力，即向前端业务输送及时、准确和安全的数据应用能力。

B 企业是一家零售企业，每天都会产生大量的业务数据，但其苦于只能做事后的统计分析，无法发挥数据的最大价值。B 企业在构建数据中台的数据服务模块以后，以前 15 天才能做一次的预算现在 2 天就可以完成；以往需要花费大量时间进行的客户调研如今可以借助客户画像来实现，并由此进行精准营销；在供应链方面也从需要专门成立部门进行维护管理转变成为运用数据服务能力进行精细化、实时化的管控。数据已在 2020 年被中央文件列为第五类生产要素，其对企业发展的重要性不言而喻。作为新型生产要素，数据只有通过流动、分享才能创造价值，数据服务模块要做的就是及时、准确、安全地提供数据、最大化发挥数据的价值。

12.2　可视化、零代码的全周期数据服务

数据服务是数据资产通过可视化、零代码的形式快速生成 API 服务并提供全周期的数据的开发手段。

12.2.1　数据服务分类

在提供数据服务时，一般会按照服务的类型，将数据服务分为数据资产直连方式、机器学习算法方式和第三方授权方式。数据服务的方式如图 12.1 所示。

图 12.1　数据服务的方式

1. 数据资产直连方式

在数据仓库中汇聚大量数据，通过开发得出各种指标数据，并形成有效资产后，可通过数据资产直连方式向外提供数据，有效数据一般通过 SQL 生成数据服务 API（Hive/Greenplum/MySQL/Oracle 数据库等）。例如，在数据资产中调用的用户画像数据和标签数据等都可以通过 SQL 的形式呈现。

2. 机器学习算法方式

企业汇聚大量数据后，可由机器学习工具（TensorFlow/MXNET/Caffe2/XGBoost/LightGBM 等）中的各种算法模型分析出某些模型的规律，并根据数据进行模型预测；而在数据服务中则可以通过算法模型生成的算法数据生成 API，例如通过随机森林算法预测的数据和线性回归算法预测的数据等生成 API。

3. 第三方授权方式

有的企业目前已经搭建了 Web 服务（Http 协议）模块，但缺乏统一的管理，企业可以将已有的 Web 服务模块集成到平台中进行统一的管理并对任务进行更细致的权限管理。

12.2.2　数据服务的管理方式分类

数据服务的管理方式可以分为数据服务任务管理、数据服务权限管理、数据服务审计管理。

1. 数据服务任务管理

数据服务任务管理，以数据服务任务为核心，内容包括服务的创建、发布、管控、调用、审计，有利于用户快速查找任务，了解任务的情况，以安全、高效率运营为目标。其中在任务的管理上又分为数据服务任务的创建和分组、数据服务任务统一授权 / 撤权、数据服务任务上线 / 下线、数据服务任务的日志管理等。

2. 数据服务权限管理

在数据服务方面，安全是重中之重，在管理上需要细致化，例如可以把权限精确到访问 API 的登录权限、访问数据的大小、数量权限，访问 API 的时间段权限等。同时也需要灵活地配置权限审批人员的权限等。其中常见的权限管理方式有用户登录数据服务 API 权限方式，请求 API 黑白名单权限方式，请求 API 数量、次数、时间段的权限方式以及 API 任务告警权限方式等。

3. 数据服务审计管理

在正常提供数据服务的同时也需要对请求的任务做进一步的审计工作，以发现异常的任务，防止 API 请求耗时过长、API 权限大小分配不合理、API 请求的黑白名单受到限制等，做到 API 每一次请求都有据可查。具体审计任务一般包括数据服务任务的成功失败审计、数据服务任务耗时审计、数据服务的黑白名单任务审计、任务请求的数据的大小 / 次数 / 数量等的审计，以及数据服务告警任务的审计等。

12.3　利用数据服务破解冷链企业找不到货的难题

12.3.1　数据的可视化配置

数据服务模块的可视化配置界面为企业各层级用户的个性化数据应用带来了极大的便利性，用户无须掌握数据库语言就可以轻松地获取和整合所需的数据内容，消除了业务部门与 IT 部门之间的沟通障碍，极大地提升了需求实现效率。

在数字化时代，数据成了企业的重要资产，数据可视化对企业来说蕴含着极大的价值。尽管部分企业采用了一些面向业务人员的数据分析工具，但由于其使用难度高，更多业务人员还是需要通过技术人员导出数据或者做一些数据加工以后，再借助 Excel 等工具进行各种数据的关联处理，完成需求分析。企业在这个过程中经常面临业务部门与 IT 部门沟通不畅而导致获取数据效率低下的问题。面对这样的痛点，某保险企业分公司选择借助数据中台的数据服务模块。在无须花费大量时间与 IT 部门强调业务需求的情况下，该分公司管理层可以随时将地理位置与保费收入、保费赔付率等业绩指标相结合，通过清晰、直观的视图对下属经营机构的业绩情况和业务拓展机会做出判断。这不仅极大提升了该分公司的决策效率，其所带来的效益也得到了总公司的认可。

12.3.2　数据的实施推送

数据服务模块的实时数据推送能力，为数字化时代企业经营管理层所期望的实时数据分析输送了源源不断的数据，也为客户运营、员工赋能和产业协同等一系列创新应用场景提供了实时数据。

某第三方冷链企业在日常经营管理中经常出现出库单上的商品数量超过实际库存，商品调仓以后找不到货，以及无法快速响应货主需求等问题，这些问题困扰了企业管理层许久，最后其决定通过引入数字化服务平台来全面解决这些问题。通过实时数据推送，仓库作业人员可以在手持设备上看到每批每样货物的建议仓位，实现收货上架操作精准化和高效率；货品调仓完成以后，仓位库存实时更新，不再出现找不到货的情况；实时更新的库存报表避免了出库单上的商品数量超出库存数量的情况，管理人员在了解每个仓库实时的使用情况以及剩余空间以后可以随时调整出入库计划，进而提升客户体验和入库效率。通过实时数据推送，该企业不仅降低了冷库运营成本，提升了作业效率、客户服务体验，而且为管理者的经营管理决策提供了实时、准确、高质量的数据，大幅提高了企业的管理水平。

12.3.3 统一的数据服务窗口

数据服务模块形成了统一的数据服务窗口，规范了各类人员查询和调用数据的行为和路径，真正做到了数出一处，在调用和输出环节保证了数据的准确性。

在没有数据中台的情况下，数据后台与业务前台的交互方式一般分为两种。一种是由数据后台先进行数据的采集、存储、计算、加工，然后再将数据批量推送至业务前台系统的数据库，这种方式最大的问题在于数据经过多次的复制和搬运容易出现重复和不一致的情况。另一种则是业务前台的应用系统直接连接数据后台数据库访问和读取数据，这种方式最大的问题是数据后台数据库无法有效支持并发联机事务。

而数据中台以统一的数据服务为核心，通过统一的标准的数据服务接口提供数据服务。这不仅使得数据后台存储在不同类型数据库的、分散存储的异构数据能够以规范的格式对外提供，同时也减少了数据的复制和搬运，保证了数据的准确性，提高了数据的利用率。某金融机构日常经营十分依赖内外部数据的调用处理能力，而由于各类数据来源渠道不同、标准不统一且各业务系统对数据的需求多变，该机构一直存在数据接入速度缓慢、数据服务价值低、运营成本难控制的问题。通过数据中台的数据服务模块，该企业统一了数据接口，解决了数据多头管理问题，缩短了数据接入的时间，减少了数据重复开发的情况，有效保证了数据质量，为业务应用的快速落地提供了支撑。

12.3.4 安全与审计机制

数据服务模块的安全与审计机制，可有效防止企业各类经营信息被不合规地查询、使用和被外部黑客攻击的情况发生。

近些年数据安全问题时有发生，许多企业因此遭受损失，数据安全的重要性对处于大数据时代的企业来说已不言而喻。某互联网公司员工曾在工作期间，利用工作便利接入了公司的管理信息系统，通过贩卖客户个人信息获利数万元，最终被举报，其行为致使公司损失惨重。某大型商业银行也曾因黑客攻击其在线账户而使得客户信息遭到泄露,银行经营信用大受影响。其实不光是互联网行业和金融行业,各类核心财务数据来源于信息系统的企业都需要对自身数据安全给予极大的重视。数据中台的数据服务模块作为连接企业前后台的桥梁,其安全与审计机制能够防止企业各类经营信息被不合规地查询、使用和防范外部黑客攻击,对企业的数据资产进行有效保护。

12.4 数据服务模块是数据中台的外交官

12.4.1 数据服务模块的桥梁作用

数据中台最重要的能力之一就是数据服务能力,数据服务模块是数据中台连接数据资源与外部数据应用场景的桥梁,承担着将各类数据和各类算法对外统一输出的任务。

当在数据中台中汇聚了大量数据,对数据进行了清洗、加工,并运算出各种有价值的指标后,需要通过数据服务模块输出数据,为其他的业务场景源源不断地提供有价值的数据,这样才能发挥数据更大的价值。同时在创建服务任务时要做到合理的管理、权限更细的管理以及对日志统一审计,做到有异常及时告警,有问题及时修复。确保提供的数据准确无误,敏感数据不被泄露,并对每一个任务配置监控。

12.4.2 各个模块如何为外交官助力

1. 数据采集模块

只有数据采集模块将企业各类数据源不断地汇聚到数据中台当中,数据服务模块才能对外提供各类数据服务。数据中台中的数据采集模块功能将信息系统、SaaS 应用、互联网、物联网、第三方大数据系统的数据汇聚到平台中，并按照数据结构将其划分为结构化、半结构化和非结构化数据进行合理储存，并对数据进行不同层次的划分，一般分为原始数据层（ODS）、数据明细层（DWD）、数据汇总层（DWS）、数据应用层（ADS）等层级。对数据合理分层的意义在于在查找数据时可更快捷、高效。

2. 数据开发模块

数据开发模块将企业每天产生的各类原始数据进行数据资产化，以确保数据服务模块提供准确的数据。数据采集模块采集的数据存在着一些数据质量差，有些数据的元数据口径不一致，数据缺失、数据串列、数据格式错误以及数据中存在着特殊字符等问题，需要把这些问题数据进行修复后才可把数据资产化，才可以为数据服务模块提供高质量的数据。

3. 各类算法模型

数据建模形成的各类算法模型，通过数据服务模块进行统一的对外调用，同时数据服务模块所包含的算法模型类服务必须得到数据建模的支撑。有了数据模型后，查找各种类型的数据将更高效、快捷、便捷，例如算法模型可以为数据服务模块提供源源不断的算法数据。

4. 数据标签模块

数据服务模块所包含的数据标签类服务由数据标签模块提供数据能力。在数据中台中，通常是在数据库中对数据进行加工处理，形成标签数据。数据标签通常以业务为中心，对业务中的特性数据进行标记和分类，并把这些特性数据进行处理和分析，挖掘出这些数据潜在的规律和数据潜在的价值，企业可借此创新经营模式，进而提升自身的竞争力。同时数据标签类服务也可以为数据服务模块提供数据标签。

12.5　数据服务模块的建设之道

数据服务模块需要遵循数据架构规范，它与其他数据中台模块建设的不同点在于，其根据具体的业务诉求和场景应用对应的数据需求进行数据服务模块的搭建，注重开发与实施和运营与运维两个阶段的建设。

12.5.1　开发与实施

开发与实施包括数据服务创建和管理数据服务任务两个部分。

1. 数据服务创建

登录平台后找到数据服务模块，在数据服务模块中选择创建 API 开发，在 API 开发菜单中选择新建 API 选项，并选择创建 API 的类型，类型中会列出标签、自定义 SQL、算法模型和注册 API 等形式。选择当前需要创建的 API 进行下一步详细的操作。

①创建标签任务是在平台创建好的标签列表中直接选择，在设置请求参数和返回参数，以及对该任务的请求方式。

②自定义 SQL 任务是先进入 API 的详细属性配置界面，在该界面中设置 API 的名字、API 的分组以及 API 的请求路径和当前 API 的运行环境等信息。然后再进入编写 SQL 的界面，选择需要链接的数据源的类型，支持 Oracle/MySQL/Greenplum/PostgreSQL/Impala/ElasticSearch/Phoenix 等数据源。选择相应的表信息，进行 SQL 的编写，编写完成后返回正确数据格式和错误数据格式后就可以生成一个 SQL 的 API 服务。

③算法服务需要进入选择已经创建的算法模型的界面，再选择算法工具，算法工具有 TensorFlow/MXNET/Caffe2/XGBoost/LightGBM 等，通过以上算法工具再选择需要使用的算法，例如随机森林算法、线性回归算法、逻辑回归算法和决策树算法等。

④最后再进入 API 的详细属性配置界面，注册 API 需要先在该界面中设置 API 的名字、API 的分组以及 API 的请求路径和当前 API 的运行环境等信息。再配置现在注册 API 的请求方式，如 Http 形式或 Https 形式，最后配置后端服务和请求路径以及请求参数和返回参数等信息。

2. 管理数据服务任务

在创建数据服务后，还需要对任务进行合理的管理和权限的控制。只有对任务进行合理的管理，才可以在查找和修改任务时做到快捷、高效；

只有对任务权限进行控制，才可以保证任务的安全，确保平台的数据不被他人滥用，确保数据安全。

①数据服务任务管理一般包含数据服务的创建和分组管理，如管理任务的上线与下线时间，任务的请求时间段，任务请求的次数和数据的大小，任务绑定的策略告警方式，以及任务的授权/撤权方式等。

②数据服务权限管理一般包括任务的用户访问权限管理，如管理用户的访问时长，访问数据的大小，访问的次数以及访问任务的数量；也包含任务黑白名单的限制管理，如管理限制的时长以及任务异常后告警的方式，是邮件告警、短信告警，还是钉钉告警方式等。

12.5.2　运营与运维

对任务的运维是重中之重，可以及时发现异常的任务并对任务做出及时、正确的处理，确保每一次的请求都是有效、准确、无异常而且合理的。例如：及时发现请求数量比较多的任务，查看该任务是否异常，是否是已经授权的请求；发现耗时比较长的任务，根据该任务的配置信息查找出相关负责人，及时查找耗时长的原因。在数据服务运维方面，一般要查看任务的成功与失败、任务耗时排行情况、被限制的黑白名单任务和告警的任务等。

①查看任务的成功与失败时，先进入数据服务模块，找到 API 概览，查看当前每个任务的运行情况，其中包含任务的成功个数和失败个数，点击成功个数，查看已经运行成功的列表，对于失败的任务要查看日志，分析失败的具体原因，并通知任务相关负责人排查问题。

②查看任务耗时排行情况时，先进入数据服务模块，找到 API 概览，找到 API 调用耗时排行列表，点击任务，查看任务的详细运行情况，分析耗时长的原因，并通知任务相关负责人排查问题。

③查看被限制的黑白名单任务时，需要进入服务策略模块，找到请求的黑白名单，点击黑白名单，查看被限制的任务，并查看任务被限制的时间段和次数，分析每个被限制任务的详细信息，并将其反馈给相关人员。

④查看告警的任务时，需要进入服务策略模块，找到告警列表，点击

告警列表，查看已经告警的任务，查看任务是绑定哪些策略触发的，查看日志分析出触发的内容以及告警的方式，并把相关的告警列表反馈给相关人员。

12.6　数据服务成果评价的三大指标

数据服务成果可以从响应时间、安全性和便利性三个方面进行评价，如图 12.2 所示。

图 12.2　数据服务成果评价指标

12.6.1　响应时间

响应时间主要评价数据服务模块能否及时提供数据；能否及时满足用户调用数据服务接口的需求；用户可能调用单个或同时调用多个任务的数据服务接口；在请求量多的情况下，平台响应的时间是否会延长。在数据服务请求多的情况下，若提供的数据不及时，可能会给企业带来客户丢失、知名度下降，以及在市场中失去竞争力等问题。

12.6.2　安全性

保证数据服务模块的安全是非常重要的，如果没有安全，何谈数据的价值，更不用谈企业的价值。因为数据安全可能会涉及企业核心数据的泄露，如果有人把这些数据放到网上，那么后果不堪设想，可能会导致企业失去大量的新老客户，在市场中失去商业机会。

12.6.3　便利性

在创建数据服务任务时如果支持多种类型的调用方式，可以极大地降低开发者接入数据服务模块的门槛。若数据服务平台支持 Token 授权方式，则需要在平台上直接生成与请求相对应的 Token 值；若支持 AK/SK 方式，则需要在平台上生成相对应的 AppKey 值和 AppSecret 值；若支持第三方授权的方式，则需要在平台上获取第三方的 Token 值；若同时支持多种语言的调用方式，则需要支持 Java、Python、Perl、Shell 等语言调用数据服务任务。

第 13 章

数据智能技术让数据"能推理、会决策"

13.1 数据智能技术已进入高光时刻

数据智能是数据中台的重要组成部分，将对企业的数字化应用和转型带来重要的影响。以下将对数据智能技术的发展历程进行清晰的梳理，以使读者对数据智能有更深刻的理解。

13.1.1 让数据智能化的技术

数据智能，顾名思义，是让数据具有智能的技术，其核心就是数据和智能这两个要素。按照百度百科的定义，数据智能是指基于大数据，通过大规模机器学习和深度学习等技术，对海量数据进行处理、分析和挖掘，提取数据中所包含的有价值的信息和知识，使数据具有"智能"，并通过建立模型寻求现有问题的解决方案以及实现预测等的技术。

1. 数据智能当前的现状与技术

数据智能的两大核心技术分别是 BI 和 AI。当前数据智能的突破式发展及应用，与这两项技术各自的发展及相互的结合息息相关。BI 的历史可以追溯到很久之前，目前广为接受的一种描述是 1989 年霍华德·德雷内（Howard Dresner）提出的"使用基于事实的决策支持系统，来改善业务决策的一套理论与方法"。BI 通常被理解为将企业中现有的数据转化为知识，帮助企业做出明智的业务经营决策的工具。

AI 的繁荣将 BI 的概念延伸到更加广阔的领域，它是指利用智能技术让一切数据都具备推理和决策的能力，与大数据的发展紧密结合。由于人类当前的各类活动正在以指数级的速度迅速产生数据，如何对如此庞大的数据进行管理、与之交互、挖掘价值，进而利用其指导实践，成了个人和企业都必须面对的课题。

2010—2025 年全球每年产生的数据量的趋势如图 13.1 所示。

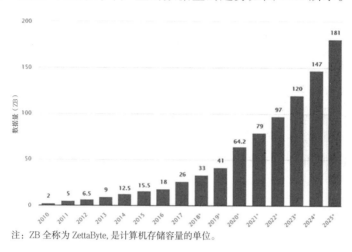

注：ZB 全称为 ZettaByte，是计算机存储容量的单位。

图 13.1　2010—2025 年全球每年产生的数据量的趋势

伴随着数据时代的发展，数据智能的概念应运而生。有关数据智能技术的研究横跨多个学科，其中包括 BI、大数据处理、机器学习、数据挖掘、数据交互、数据可视化以及物联网等多种技术。从数据的获取、保存、加工、管理到最终的应用等各环节均发展出了细分领域，并且各领域日益成熟。简单来说，数据智能的价值在于从数据中获取信息，挖掘高相关性信息，提炼数据洞察信息，并得到对人的认知或者行为有参考意义的信息，进而为人或者企业在进行各类决策时提供有效的决策依据和支持。数据智能技术通过对事件的数据化，产生数字孪生（一个事件或者对象的多维度的数据信息和模型，可以理解为事件或对象在数字世界的映射），赋予人们深化对不同的事件或者对象的认知的能力，以及在数据中探索规律，降低不确定性，从而更好地指导人们的行动。

2. 数据智能未来将有好的发展

数据智能的新一轮繁荣绝非偶然。数据和智能的发展是互相促进的过程，大数据为 AI 带来了足够的学习知识，AI 用先进的算法为大数据带来了更为深刻的洞察。这一变化重要的特征标志是基于大数据的深度学习为数据的计算和感知提供了强大的支撑。2006 年深度学习（深度神经网络）基本理论框架得到了验证，并于 2010 年率先在语音、自然语言处理领域取得突破。自 2011 年深度学习在图像识别领域的准确率超过人类后，这类算法在各个领域大放异彩。2016 年 AlphaGo 横空出世，战胜围棋顶尖选手，宣告了在现实数据感知方面，机器已经超越人类的顶尖水平，如今人类选手已经开始利用 AI 围棋来训练自己的棋艺。至此，人类活动中所产生的数据，从语音、文本、图像到策略（海量数据空间的搜索策略），都可以和智能技术结合应用。实际上，数据智能就是 AI 对各行各业数据进行赋能的过程，其核心是深度学习及其相关的一系列数据处理技术，深度学习以及更广义的 AI 实际上都是为数据服务的。

13.1.2　数据智能的历史回眸

由于数据智能是一个多学科的技术集，涉及从数据获取到最终应用的全流程，其中各个环节的发展呈现的状态并不一致，BI 以及 AI 这两种技术的发展最早，当前的趋势是两者结合形成更广泛意义上的数据智能。相比于物联网（Internet of Things，IoT）以及数据可视化技术，BI 技术和 AI 技术起源较早，也存在较为明显的阶段性。数据智能中的"智能"在早期更多体现为数据获取、流程控制、分析过程等的自动化，AI 的加入使得流程中的每一个部分具有独立分析的能力，从而具有更多智能成分。BI 和 AI 作为数据智能应用层面的两个支柱级的技术领域，可以透过它们的发展历程窥见整个数据智能的发展历史，了解数据智能技术的发展阶段。

接下来将分别从 BI 技术和 AI 技术的本质、发展历程等方面具体、深入地介绍这两种技术的价值以及当前所处的阶段，以及它们是如何发展至今的。

1.BI 技术的两个半世纪：从银行走出，迈入各行各业

（1）什么是 BI

BI 是指可以用来帮助企业进行更好的业务和管理决策的数据技术的集合，包括从大数据中对业务问题进行解构和归因，从大数据中分析商业活动的周期性，提炼零售客户的消费习惯等。BI 由企业用来进行数据分析和商业信息管理以及洞察的技术和策略共同构成，针对企业的历史表现、当

前状态、未来预期的业务经营提供分析报告。从本质上看，BI 技术的目标是从大量数据中提炼出有用的信息，并将其用于制定最佳的企业战略和策略。

（2）BI 的历史发展

BI 最早是在 1865 年由理查德·米勒·德文斯（Richard Millar Devens）在《商业趣闻百科全书》（*Cyclopaedia of Commercial and Business Anecdotes*）中第一次提出，理查德用 BI 的概念形容一个银行家，通过收集信息并对其进行加工，进而在与同行的竞争中获得优势并从中获利的方法。1958 年，IBM 的计算机科学家汉斯·彼得·卢恩（Hans Peter Luhn）提出通过计算机技术收集商业信息的做法。在 20 世纪 70 年代，只有具备极强专业技术力的专家才可以将数据转换成有用的信息。埃德加·科德（Edgar Codd）意识到这个问题并在 1970 年发表了一篇著名的论文，提出了关系型数据模型的雏形，该模型在全球范围内被广泛接受和应用，极大地改善了当时人们对数据模型的认知，推动了关系型数据库的应用。决策支持系统（Decision Support System，DSS）是最早被开发出来的数据库管理系统，随后越来越多的个人和公司开始意识到 BI 技术的价值，更多的资源被投入 BI 技术的开发，催生了 OLTP 和 OLAP 系统，前者面向交易数据的处理，后者面向数据分析和查询。OLAP 使用多为数据模型支撑复杂的数据分析和非标准化的即时查询，并且被大量公司广泛采用。20 世纪 80 年代，数据仓库的概念开始逐渐流行。数据仓库与数据库的主要区别在于，从功能上来说，前者主要用于数据分析，而后者多用于业务处理。因此数据仓库会储存大量的冗余数据以便不同的使用者从多角度进行数据分析；而数据库针对较为基础的用途，更多面向较为固定的业务交易，所以表结构和信息相对紧凑。

（3）数据仓库优化了 PC 端性能展现的疲态

随着企业对内部数据分析的逐渐常态化，当时计算机硬件的性能限制愈发凸显。当时 PC 处理器性能跟不上需求，导致数据分析的时间消耗较多，很多分析只能在下班时间或者周末让计算机运行一整天才能够得到结果。而数据仓库的出现，对数据读取和分析进行了极大的优化，大大缩短了从数据库中读取数据的时间，它与 E-mail、互联网技术以及一些互联网公司一同加速了大数据时代的到来。

2.AI 技术的半个世纪：曾经盛名难副，如今荣耀归来

（1）AI 的历史发展

那 AI 技术又是如何诞生的呢？在 1950 年，"AI 之父"艾伦·图灵提出了著名的图灵测试，即如果一台机器能够与人类展开对话而不能被辨别出其机器身份，那么这台机器便可被看作具备智能。随后，在 1956 年，美国达特茅斯学院举行了历史上首次 AI 研讨会。在会议上，麦卡锡首次提出了 AI 这个概念，纽厄尔和西蒙则展示了编写的逻辑理论机器。该会议标志着 AI 技术的诞生。

在 20 世纪 50—70 年代，AI 经历了一段黄金时代。在 1966—1972 年，美国斯坦福国际研究所研制出机器人 Shakey，这是首台采用 AI 的移动机器人；1966 年，美国麻省理工学院的魏泽鲍姆发布了世界首个聊天机器人 ELIZA，ELIZA 可以与人进行拟人化的互动；1968 年，美国加州斯坦福研究所的道格·恩格勒巴特发明计算机鼠标，构思出了超文本链接，超文本链接也是几十年后互联网革命的重要基础。20 世纪 70—80 年代，AI 的发展进入了第一个瓶颈期。因为当时计算机的运算能力、内存容量和硬盘容量等硬件技术尚未进入高速发展期，无法满足 AI 的运算要求，所以 AI 技术的应用落地进展缓慢，缺乏实质性的应用层面突破。随后，英美政府陆续减少在 AI 方面的投入，研究者们陷入了困境。但幸运的是，在 20 世纪 80 年代经济大放异彩的日本，在 1981 年拨款 8.5 亿美元进行第五代计算机项目的研发，当时日本人称之为"AI 计算机"。为保持竞争力，英美等国不得不被动响应，开始增加向数据智能和信息技术领域的研究投入。不过，好景不长，在短暂的复苏后，AI 技术进入了"AI 之冬"。由于政府和社会对 AI 技术的期望偏向于专家系统，而当时的 AI 难以满足该类使用场景，因此政府和社会对 AI 技术逐渐失望，减少了投入。20 世纪 80 年代晚期，美国国防部高级研究计划局的新任领导认为 AI 并非下一个浪潮，倾向于向那些看起来更容易出成果的项目拨款。

在 20 世纪 90 年代，AI 技术重新迎来第二次发展浪潮。在 1997 年 IBM 深蓝计算机战胜国际象棋世界冠军卡斯帕罗夫后，AI 技术重新引起了人们的关注，进入了真正的"AI 之春"。2011 年，可以用自然语言交互并回答问题的 AI 技术平台——IBM Watson，参加了美国智力问答比赛

节目，击败两位人类冠军并赢得 100 万美元的奖金。2006 年，加拿大多伦多大学教授杰弗里·辛顿（Geoffrey Hinton）获得了机器学习领域泰斗和神经网络之父的荣誉。他和他的学生鲁斯兰·萨拉赫丁诺夫（Ruslan Salakhutdinov）在顶尖学术刊物《科学》上发表了文章"基于深度信念网络的快速学习算法"（A fast learning algorithm for deep belief nets），为深度学习技术带来巨大突破，并在 2012 年首次参加 ImageNet 图像识别比赛，以碾压之势夺取冠军，随后加拿大蒙特利尔大学、美国斯坦福大学和纽约大学等在深度学习领域增大投入，成为研究深度学习的重要组织，至此开启了深度学习在学术界和工业界的浪潮。2016 年由谷歌旗下的 DeepMind 公司开发的，基于深度学习技术的 AlphaGo 在人机围棋大战中以 4 比 1 的总比分打败了围棋世界冠军李世石，并且在 2016 年末 2017 年初，AlphaGo 在网络上以 Master 身份与中日韩数十位围棋高手对决，连续 60 胜 0 败；接着在 2017 年中国乌镇围棋峰会上与排名世界第一的围棋冠军柯洁对战，总比分 3 比 0 获胜。AlphaGo 已经超越了人类职业围棋最顶尖的水平。

（2）AI 技术的应用

AI 技术目前被广泛地应用于生活的各个方面，包括自动驾驶、物联网、新零售、智能推荐、智能图表和智慧金融等，通过算法和数据为企业和个人提供便利、提升效率和更好地连接人与信息，并且在当下各类 AI 应用百花齐放的环境下加速发展。中国、美国、加拿大、英国、欧盟各国和日本等无一不意识到 AI 技术对以后国家生产力和国际竞争力的重要性，均加大了在 AI 领域的预算投入和资源倾斜。

13.1.3　数据智能什么时候取代人类

数据智能技术领域包含 BI、AI 和 IoT 等一系列跨领域的技术，其主要发展阶段并没有学术上的清晰定义，而是由数据智能技术集所呈现出来的具体能力来划分阶段，从商业分析的角度来看，数据智能技术总体应当分为五个阶段。

1. 第一个阶段是辅助分析

本阶段以实现自然语言交互方式的数据查询与探索，支持简单的通用计算模型，同时，数据专家深入学习和了解企业在特定领域的问题，构建端到端的分析流程，以解决特定领域的专业问题为主要任务。在该阶段，数据智能技术还存在较高的门槛，需要专家团队进行专门的设计、加工、分析，才能够提炼数据的价值。

2．第二个阶段是部分自主分析

本阶段支持通用的分析模型，对特定场景进行数据计算、数据结果查询和常识性判断。数据专家提炼出在不同领域、不同分析场景中的通用分析单元，比如分布差异分析、主驱动因素分析、预测分析等，形成数据分析的组件。企业用户按照自身分析任务的需求，在分析过程中选择相应的组件。在这个阶段，部分数据加工和分析的能力会被模组化，数据分析的效率得到提升，数据智能技术的使用门槛下降。

3. 第三个阶段是条件自主分析

本阶段基于知识图谱的推理能力，机器能代替人执行明确规则的数据监控和异常识别、溯因，具有对特定领域的非结构化数据进行自主处理的能力。在日常分析任务的各个环节，AI主动提供相关数据见解，为企业用户的决策提供信息、充足的引导性建议，实现人类智慧与机器智能的互补，高效协作完成数据分析。在这个阶段，数据智能技术已经能主动地进行分析，提供分析洞察，支持和引导人类进行信息更为充分的决策。

4. 第四个阶段是高度自主分析

本阶段应用自然语言生成（Natural Language Generation，NLG）技术完成对数据分析结果的解释，主动进行数据挖掘和预测，适用于大多数应用场景。自主机器学习（AutoML）技术，可对已有机器学习成果进行总结，并进行系统化抽象，在算力的帮助下，可逐渐实现自动化。这将大幅降低数据智能模块的开发门槛，对长尾需求提供更好的支持，使不同领域的普通用户以自助方式按需定制针对具体任务的数据智能模块变得可能。

5. 第五个阶段是完全自主分析

前四个阶段中数据专家在数据的处理、特征的选取、模型的设计以及参数的优化等核心环节起主导作用，本阶段的主要目的是让机器对数据分析的能力达到专业人士的水平。在第五个阶段，数据智能将替代人类进行完全自主分析并且起到主导作用。

13.2　从计算智能、感知智能到认知智能

13.2.1　数据智能技术体系发展的现状

1. 现状概述

信息智能化时代，即 IT 基础建设、计算机硬件已经发展到较高水平的时代，可以比较方便地完成数据的采集、加工、管理、交互、分析等工作；同时，BI 技术中的数据仓库技术也较为成熟，多维数据库、数据读取优化技术均已经可以成熟运用。因此，数据分析能力成了各大企业进行价值创造的必备能力。在大数据时代，AI（含各类机器学习、深度学习）成了大数据的活跃消费者，企业利用 AI 对庞大的信息系统进行降维，形成结构化数据，并构成要素矩阵，对信息进行高效的提炼、加工，得出有价值的数据洞察结果。

如今人工智能已经成为工业 4.0 时代的标志性特征。回顾历史，工业 1.0 时期是以蒸汽机应用为代表的时代，工业 2.0 时期是以电力应用为代表的时代，工业 3.0 时期是以计算机和互联网技术应用为代表的时代，工业 4.0 时期则是以信息化技术应用为代表，促进产业变革的时代，是智能化时代。在工业 4.0 时代，人工智能技术走到了各类信息化技术之前，其多种类型的应用引领着时代前进的步伐。

人工智能技术，已经从早期的以形式逻辑推理、规则库和专家系统为代表的计算智能时代，经过几次沉浮，发展到了目前以深度学习为主流技术的感知智能时代，深度神经网络强大的表示（特征表示）学习能力，能够实现对企业全流程数据的感知和理解。

2. 人工智能、机器学习和深度学习的关系

广义上的人工智能、机器学习、深度学习之间的关系如图 13.2 所示。

图 13.2　人工智能、机器学习与深度学习之间的关系

（1）人工智能

人工智能是一门交叉学科，涵盖统计学习、数据挖掘、语音识别、自然语言处理、计算机视觉和模式识别等很多方面。现在提到的人工智能一般指机器学习（Machine Learning，ML），这是一种主要使用统计学和机器学习算法，从大量数据中实现特定任务的技术。基于统计的机器学习可以看作浅层机器学习，能用统计机器学习实现的需求，一般都能用基于反向传播的深度神经网络算法（Deep Neural Network，也称为深度学习算法）来实现，其算力更强，能处理的数据量更大，特征表示也更加深刻。

（2）机器学习与深度学习

当前数据智能技术发展的前沿是人工智能，而人工智能技术体系发展的前沿是深度神经网络。人工智能经历了从浅层机器学习到深度学习两次浪潮，深度学习模型与浅层机器学习模型之间存在重要区别。浅层机器学习模型不使用分布式表示（Distributed Representation），而且需要人为提取特征。模型本身只是根据特征进行分类或预测，因此人为提取的特征好坏很大程度上决定了整个系统的好坏。特征提取及特征工程不仅需要专业知识，而且需要花费大量人力、物力。深度学习模型是一种表示学习（Representation Learning），能够学到数据更高层次的抽象表示，能够自动从数据中提取特征，并且深度学习的模型能力会随着模型深度的增加而呈指数级提升。

（3）人工智能的应用

人工智能可应用在很多领域。除了前面提到的 AlphaGo，人工智能的计算机视觉（Computer Vision，CV）技术在智能制造领域帮助像 TCL 华星光电等企业在液晶面板生产线上自动识别产品瑕疵，自动分类处理；在 2015 年，卷积神经网络在 ImageNet 数据集上的预测错误率（4.94%）第一次小于人类预测错误率（5.1%），即在识别视觉错误上超越了人类。虽然有不少亮眼表现，但是人工智能的弱点目前仍然比较明显，包括对数据资源（数据量和质量）的高要求，结果可解释性较弱，难以通过常规逻辑推理方式解释算法得出的结论，没有通用的解决方案，需要定制化、针对性的组织解决方案等。人工智能技术是数据智能领域的尖兵，但是其需要以数据为燃料，以算法为引擎，否则便是巧妇难为无米之炊。

13.2.2　AI 在产业结构上的划分与应用

1.AI 的 3 个阶段

AI 技术体系除了从技术发展应用层面划分，还存在其他维度的划分方式，比如从 AI 的能力阶段来看，AI 可以划分为三个阶段。

①计算智能。早期的规则库、专家系统等属于这个阶段。

②感知智能。可以通过算法来感知图片、语音和文本中的信息，在特定任务中机器做得比人好的阶段。这一阶段又被称为弱 AI 阶段，也是当前所处的阶段。

③认知智能。在这一阶段，机器具有自我意识，属于强 AI 阶段，机器可以同时具备多种技能。

2. 产业结构

从产业结构视角看，AI 的技术体系分为三个层级。

①基础层。其包括硬件，如芯片、传感器，以及软件和数据仓库、数据服务等。

②技术层。其包括框架、算法模型，以及通用技术，比如深度学习、知识图谱、计算机视觉和自然语言处理等。

③应用层。其包括具体的产品、服务以及解决方案，比如 AlphaGo。目前 AI 技术已经在医疗、电商和设备制造等行业得到了广泛的应用。

（1）医疗行业

医疗行业目前是对 AI 研究非常广泛和深入的行业，有大量应用落地。

根据 RockHealth 在 2018 年做的调研，仅在美国，在 2011—2017 年，有超过 121 家新医疗公司（仅统计融资规模超过 200 万美元的公司）成立并且总共融资 27 亿美元，从 2011 年的 3 300 万美元一路走高到 2017 年的 7 亿美元。当下 AI 技术在医疗影像方面的应用较为成熟，放射科可借助 AI 分析影像来提升诊断结论的准确性。AI 技术在核磁共振、CT（Computer Tomography，计算机断层扫描术）、超声影像等方面均有大量应用。

接下来看一些更为具体的例子。CureMetrix 是一家位于美国圣地亚哥的公司，其使用复杂的神经网络算法和大量的医疗数据，利用计算机视觉技术进行癌症检测分析。该公司的智能医生可以比人类医生更早地发现癌症，并且可减少 70% 的阳性诊断错误。该公司目前的 AI 算法已经通过美国食品药品监督管理局（Food and Drug Administration，FDA）审核，FDA 为其专门创建了代号为 cmTriage 的平台，并督促其他医疗机构使用该平台进行预诊。IBM Watson 是 IBM 设计和开发的增强型 AI，2016 年在东京大学医院研究所被应用于癌症诊断，它仅用了 10 分钟便诊断出患者患有一种罕见的白血病。IBM Watson 通过系统比对 2 000 万份癌症研究文献，抽取数据，匹配搜索，进而得出诊断结论。除了诊断领域，在医疗行业，AI 也被用于企业管理。GE HealthCare（通用医疗）内部的数据科学家团队打造了一组专用的 ML 算法，用于关键绩效指标（Key Performance Index，KPI）的管理，包括发掘新兴的 KPI、摒弃过时的 KPI、优化冲突性 KPI，从而让算法校调出最优的 KPI，用以指导 GE HealthCare 整体的考核。

（2）电商行业

电商行业也是一个 AI 技术应用较为密集的行业，其典型的 AI 应用包括用户画像、智能客服机器人、智能推荐引擎、库存智能预测、趋势预测和语音交互等。电商行业的一大特点是大数据化，即由于业务交易平台依托于网络，因此在业务中会产生和收集大量的用户数据。因此，用户画像和智能推荐引擎就顺理成章地成为电商行业 AI 运用的先行者。例如，现在各电商平台（淘宝、京东、闲鱼、拼多多等），均开发出了基于用户的浏览记录、页面停留、关注店铺或产品、购买或交易记录等的数据，定制化地在 App 平台上推荐相关产品的算法，属于用户画像和智能推荐引擎的结合应用。而支付宝的芝麻信用（收集用户的各类行为和资产信息并进行风险评定），是典型的用户画像 AI 应用，通过算法和数据勾勒出用户某些方面的特点（芝麻信用针对的是违约风险）。

① AI 客服，即各类聊天机器人，因为其明显的成本节约效应，成了众多电商公司较早尝试的 AI 应用。但是根据当前的市场反馈，AI 客服并不能为客户提供较好的使用体验，所以大部分客户在碰到问题时，都会首选人工客服。而 AI 客服只能成为各行业（不局限于电商行业，包括银行业、通信行业等）压缩客服成本的一个手段。

② AI 定价算法。该应用则饱受争议。AI 定价算法可以通过机器学习对价格进行动态调整，典型的应用为打车等平台会通过用户数据，结合时间段和车辆供需实时情况对价格进行调整。这类应用对公司的定价管理有极大的好处，为"歧视性定价"提供了技术手段。但是，由于互联网公司大都追求极致的利润，更偏向于利用这项技术挤压普通用户的议价空间，因此在寡头垄断局面下的互联网市场，"大数据杀熟"的情况屡见不鲜，用户对这类技术也大都展现出抵制的情绪，而国家监管机构也陆续出台法律法规规范这类技术的应用。例如，2020 年颁布的《在线旅游经营服务管理暂行规定》《关于平台经济领域的反垄断指南（征求意见稿）》和 2021年颁布的《国务院反垄断委员会关于平台经济领域的反垄断指南》等，均对大数据杀熟的情况予以明确的禁止，比如通过"数据 + 算法"的方式对用户的支付能力、消费偏好、使用习惯等进行差异性定价的现象。

（3）设备制造行业

设备制造业对 AI 技术的应用也较为成熟，并且应用场景与前两个行业有较大的差异。

① 制造设备（比如生产线、机床等）的健康管理。AI 技术结合 IoT，可实现对设备运行的状态数据实时获取、实时监控；同时，可使用特征分析和机器学习技术，对设备发生故障的可能性进行预测，减少非计划性停机。例如，对于数控机床，利用 ML 算法对机床的切削刀、主轴以及电机的各种运行数据（功率、电流、受力、磨损状态、稳定性等）进行监控和分析，预测何时需要更换刀片，保证作业精度和连续性。根据中国科学技术大学和中国科学院的研究，该模型对刀具磨损状态预测准确率可达到93.038%。

②智能分拣。对于许多需要人工分拣的流水线，人工成本较高且分拣速度较缓慢，同时对工厂的温度、湿度和通风等环境要求较高、成本较高。工业机器人可以通过机器学习和人为训练，自动进行零配件的分拣，并且随着机器学习的时间增加，分拣的成功率能持续提高，在某些场景可以达到跟熟练工人相当的分拣成功率。

③基于计算机视觉 AI 技术的表面缺陷检测。利用机器视觉，可以在生产流水线上以毫秒为单位迅速识别出产品表面非常微小的缺陷并进行分类，比如检测产品表面是否有物理性损伤、污染物等，并根据所出现的问题自动在生产线上进行分类。液晶面板行业的巨头 TCL 华星光电，就在其高世代生产线上部署了相关的计算机视觉缺陷识别及自动分类智能系统，极大地提高了生产线的效率，降低了生产成本。

13.2.3　AI+BI：一种高效的数据智能模式

BI 与 AI 技术结合，可以为企业打开数据智能应用的万花筒。配合数据中台技术，AI+BI 的技术组合可以极大地增强企业数据智能技术的敏捷性，让系统与业务变化同步，使企业从一直以来系统建设跟不上业务变化的泥潭中脱离，沉淀共性服务，增强规模效应。通过在数据技术端的性能释放，赋能业务创新，企业管理者、业务前端人员可以专注于业务领域的快速创新和变革，从而提升企业的管理能力和业务创新能力。

1.AI 弥补 BI 的短板

BI 作为辅助企业各层管理者决策的关键技术，更多的是通过数据的管理和分析，对企业的历史表现和当前状态进行洞察。BI 可以较为清晰地梳理企业的价值链、生产关系，而 AI 可以为 BI 技术提供更为深入以及全面的延伸和补充，让 BI 的使用场景更为深入。这也是不少 AI 和 BI 领域的巨头进行战略合并或收购的根本原因。2019 年 6 月，谷歌宣布斥资 26 亿美元收购 Looker（一家专注于 BI 和大数据分析平台的公司），此为 AI 巨头收购 BI 公司的典型案例。与此同时，Salesforce 宣布斥资 157 亿美元要约收购 BI 界的巨鳄 Tableau，旨在把自身的 Salesforce Einstein Analytics（AI）与 Tableau BI 结合，推出 Tableau CRM 系统，强化其 AI 系统的可视化及敏捷能力。这两个案例充分说明了市场对 AI+BI 技术结合的认可。

2.AI 与 BI 成功结合的案例

AI 与 BI 相结合的应用目前还处于早期阶段，但也不乏已经成功的例子。例如，金融行业已经开始用 AI 的机器学习算法对其贷款客户进行精细化的风险评级和管控。在没有 AI 技术之前，使用 BI 技术，银行可以通过统计学的方法，通过内部数据库对客户的风险进行评级。但是，当结合了 AI 技术后，银行可以通过使用 AI 算法，调取客户在非银行平台（比如淘宝、京东等）的数据，对客户进行精确的风险画像，更为精准地勾勒出客户的风险等级和风险偏好，进而可以更早、更准确地识别信贷风险，从而提升银行风险定价和管理的能力。除了银行，面向零售客户的快消行业也较早地进行了这两种技术的结合。一个较为典型的案例就是沃尔玛超市通过机器学习算法，对超市内部的商品布局进行优化，以提升坪效。

3.AI+BI 技术的不足之处

但是，当前企业对 AI+BI 技术的结合并不成熟，并且由于 BI 技术用于支撑企业决策能力，只有少部分非常成熟的 AI 技术，才适合与 BI 技术相结合，进而提升决策质量。倘若运用大量不成熟的 AI 技术，反而会降低决策所参考信息的质量。对于企业而言，AI 技术的门槛较高，需求不明确且分散在企业内部、重复开发较多、模型解读困难等都是实现 AI 应用的痛点。为解决这些痛点，AI 中台的概念应运而生。

AI 中台主要针对企业在建设 AI 能力过程中所面临的痛点，为企业提供一系列的解决方案。无代码的可配置化平台，大幅降低开发门槛；统一集成化管理，将分散的需求集中解决；然后是功能模块化，例如智能预测功能可作为单独的预测模块，减少重复开发，增强规模效应；最后是归因分析通过知识图谱能力帮助解读模型，解释每一个数据特征。因此，AI 中台的价值在于让企业向数据驱动业务决策的转型更为容易，并在过程中帮助企业打通各个部门，打破数据孤岛，更好地转换和利用其数据资源的价值。AI 中台的目标和理念，也十分契合 BI 技术发展的理念方向，即往用户友好、低门槛的方向不断进步。

13.3　赢在数据智能技术

13.3.1　数据时代带来的挑战和机遇：焦虑和红利

大数据时代的一大特点就是无时无刻不在产生数据，以及伴随而来的日益丰富的数据消费行为。

1. 宏观方面对数据智能的重视

在这个大背景之下，很多国家已经理解并接受数据智能技术将能够在大数据时代创造价值，增强国家竞争力的这个观点。因此，这些国家纷纷在人工智能领域进行国家战略布局，建立资源引导政策以及人才引进政策。美国、英国、日本均已经发布了针对人工智能发展目标的政府工作报告或计划，将人工智能技术的发展上升到国家战略层面。

2. 数据未实现价值，需更好地成为数据消费者

数据智能技术是多种技术的融合，究其本质，就是通过 BI、AI、IoT等各项技术结合企业的数据，挖掘数据信息，形成智能，从而创造价值。当前国内绝大部分企业，均属于大数据的生产者，每天的业务行为和交易会产生大量数据，储存在企业各个业务模块的数据库或者云端。但是，大部分企业并不是合格的数据消费者，并不懂得如何利用自身数据和外部数据创造价值。因此，虽然有大量数据，但是数据没有展示出太多价值，反而成了一种负担，增加了企业管理者的焦虑程度。企业应提升管理者，尤其是高层管理者的数据素养，同时加大在数据智能技术打造方面的资源投入，打造敏捷的数据分析和智能化系统，来应对当前变化速度极快的市场和业务模式，成为更好的数据消费者，从数据的管理和分析方面增强企业的竞争力。

13.3.2　数据价值率不高，亟待深度开发 AI+BI

根据国外某公司 2017 年的一份企业 BI 应用调查报告《用于自助 BI 的可视表盘》（*Visual dashboards for self-service* BI）：最近 10 年，平均只有 22% 的中国企业采用了 BI 系统或者服务，仍然有 78% 的企业没有能够从现代的 BI 工具中获取洞察，创造价值。而德勤在一份调查报告中指出，当前企业财务 / 运营部门的分析师平均花费 48% 的时间投入报告的编制及更新；实际投入数据的分析及解读的时间仅为 32%；而投入与业务人员沟通，进行信息求证、校验，商业建议的沟通等的时间不足 20%，但这些工作才是业财融合、提升企业竞争力的核心工作。德勤的报告还提出，应用 AI+BI 分析工具，理想状态下可以将报告编制及更新的时间投入压缩到 3%，大大减少分析师在操作型事务上的时间消耗，让他们可以将主要精力投入数据的分析和解读，以及与业务人员的交互和沟通等高价值的创造性事务上。

在数据智能技术较为成熟的当下，谁能够较好地利用技术，谁就能够大幅提升决策质量、经营效率和投资回报率等，进而提升生产力和竞争力。越来越多的企业逐渐深化对数据智能技术的认知，数字化转型趋势会持续加速。

13.3.3　人工智能技术如何帮助企业提炼数据价值

1. 确保需要数据的人获得数据，并使全员认可数据价值

从数据到价值的转换需要确保数据的有向流动，即数据能够被利益相关者方便自由地调取和使用。例如：银行信贷客户经理在跟客户讨论确定贷款利率报价的时候，能够实时方便地调取客户的相关信息；制造业企业的销售人员在订单价格议价阶段能够实时接收到与该订单相关的生产排期、交付周期、估算运费等，以制定合理的订单价格。因此，企业各层级管理者和业务人员，能够灵活便捷地与高相关度的数据进行交互，是企业利用数据智能技术支撑决策和提升价值的基础。

在具备了应用场景之后，企业需要将数据作为资产，进行规范化管理。

要做到这点，一方面，企业各层级的员工需要意识到数据是企业的重要资产，并且累积和管理业务数据，规范主数据的管理，并将数据分析的一些经营洞察沉淀为知识，在企业内部进行传承。另一方面，将业务交易转换成的数据，与财务数据相结合，实现真正意义上的业财融合，以为企业的各类经营决策提供坚实的量化信息支撑。比如，在业财数据融合之后，企业的财务分析和预算部门将能够提炼洞察信息，优化来年的企业资产和费用等资源的分配，通过优化资源配置进而提升企业整体的净资产收益率（Return On Equity，ROE）。

2. 处理数字化转型战略的瓶颈

当前许多企业在打造数字化转型战略的过程中，都发现了一个资源瓶颈，即紧缺分析师。所谓的分析师，是指同时精通业务和技术，能够将两者结合，从而从数据中挖掘业务经营的洞察信息，并用于指导业务提升的专家。在北美，这类人群一般会被定义为数据科学家。分析师作为数据与洞察之间的桥梁，是提炼数据价值的关键人物。而 AI 中台技术，能够在一定程度上补位分析师，减轻分析师瓶颈拖延企业数字化转型的程度。

13.4 未来的数据智能技术

13.4.1 数据智能技术面临的难题

数据智能技术的发展趋势虽然明显，但是仍然面临着较多问题，其中较为突出的问题有以下四个。

1. 数据标注成本较高

数据智能技术的根基是数据质量，而数据质量的提升往往伴随着成本增加，其中数据标注成本比较高，导致很多算法级的应用受限于数据标注的高成本而无法持续精进，算法的应用效果难以提升。

2.AI 算法模型的可解释性不强

这是企业用户迫切想要解决的问题，因为可解释性会极大地影响企业内部人员对数据洞察的理解和认知。可解释性的强弱，会直接影响企业是否能够将数据洞察作为决策的依据以及作为知识进行沉淀。如 AI 算法模型缺乏可解释性，则其难以对企业形成长期的帮助，只能针对性地解决短期问题。

3. 伦理问题

如何将人类的规范和道德价值观嵌入 AI 系统，是一个棘手的难题。例如：电商平台使用 AI 进行精准营销，如何避免类似平台过度收集个人数据，侵犯用户隐私的问题；自动驾驶技术在面临突发状况时，是要优先保证行人安全还是乘客安全；医疗行业的 AI 诊断算法的可解释性较弱，与病人产生冲突等。这些均属于在数据智能技术发展中需要解决的伦理问题。

4. 法律监管和权责界定问题

比如，搭载自动驾驶技术的汽车，出现了交通事故，如何明确责任归属？如果是 AI 算法导致的交通、医疗等事故，需要让谁来承担责任？监管体系和系统需要不断地发展以跟上数据智能、AI 技术的发展，但这是一个比较困难而缓慢的进程。在监管能够跟上技术脚步之前，只要涉及 AI 自动进行决策的事项，都难以解决权责界定这个难题。

13.4.2　畅想数据智能的发展应用

随着企业和国家在 IT 建设，包括 IoT、5G 等技术的持续投入，移动设备不断深入人们生活的各个方面，整个社会将加速数字化转型，而人工智能技术的变革将会给整个大数据时代带来巨大的改变。但是，要从当前的弱人工智能阶段往强人工智能阶段发展，除了需要人工智能领域自身的不断发展，还需要依托外部技术的推动。NVIDIA 在图形处理器（Graphic Processing Unit，GPU）技术上的突破，让深度学习算法有了承载平台，深度学习在 GPU 上的运行效率远远超过中央处理器（Central Processing Unit，CPU）。后来，适合深度学习的 GPU 技术的不断升级和推广，以及更多芯片厂家（AMD GPU）的跟进，为人工智能技术提供了运算载体，软硬件均衡的发展为深度学习带来了良好的技术基础设施。

1. 有关深度学习的问题与解决方法

在人工智能领域，学术界和工业界针对目前深度学习存在的问题，也提出了许多改进的方法或者发展的方向，例如小样本学习、图神经网络、多任务学习、元学习、多模态机器学习、图像–整合常识、图像–几何推理、图像–关系建模等。

①小样本学习，它是非监督学习和自监督学习技术。其主要目标是解决标注成本较高和标签更新的问题以及将监督学习任务转换为非监督或者自监督学习任务。

②图神经网络。图神经网络可以对图数据进行端对端的学习；具备较强的推理能力，可将深度神经网络从处理传统非结构化数据推广到处理结构化数据（例如图结构）；同时具有很强的解释性。因此，图神经网络能够改善传统人工智能解释性弱的问题。

③多任务学习（Multi-Task Learning，MTL），即让人工智能脱离单一任务的范畴，强化其泛化能力，往通用人工智能阶段发展。同时，多任务学习可以减少深度学习对大数据量的依赖，对单任务有相互促进的效果。

④元学习（Meta Learning）。元学习的目标是让算法学习"如何去学习"，核心是让算法具备自学能力。元学习是非常热门的课题，因为它可以充分利用过去的经验来指导未来的任务，所以被认为是实现通用人工智能的关键技术。

⑤多模态机器学习（Multimodal Machine Learning），是一种通过机器学习的方法实现处理和理解多元模态信息的能力。模态主要指信息的来源或者形式，比如语音、视频、文字、各类传感器信息等。多模态机器学习从形态而言，较为接近人的学习模式，也因此受到重视。

⑥图像–整合常识。人能够对所看到的东西进行推理，以排除不合逻辑的识别结果。并且，当遇到未知的事情时，人可以迅速调整大脑内部的逻辑链路，根据新的信息重新解释新的事物。如何在深度网络中获取、表示常识以及利用常识进行推理是一个挑战。

⑦图像–几何推理。图像识别的主要模型只考虑了二维外观，而人可以感知三维场景布局以及推断其内在的语义类别。从几何推理中确定的三维布局有助于在看不见视角、外观和变形的情况下引导识别。它还

可以消除不合理的语义布局，并帮助识别由其三维形状或功能定义的类别。例如，沙发中存在着巨大的内外观差异，然而，它们拥有共同的属性，可以借此识别其内外观。比如它们都有一个水平面用于坐，一个背面用于支撑。另外，识别出来的语义可以规范化几何推理的解空间。例如，如果一只狗在一个场景中被识别，那么相应的三维结构应该符合狗的三维形状模型。

⑧图像–关系建模。关系建模也有很大的研究潜力。想要全面理解一个场景，对场景中存在的目标实体之间的关系和相互作用的建模非常重要。比如，有两张图片，每张图片都包含一个人和一匹马。如果一张图片展示的是骑着马的人，另一张展示的是踩着人的马，显然这两张图片表达了完全不同的意思。

2. 数据智能技术的应用

在产业界，数据智能技术已应用在以下六个领域。

①自动驾驶技术。自动驾驶技术主要涉及计算机视觉及控制系统，对人工智能的环境感知及判断能力不断地精进。

②个性化推荐算法。其在众多电商平台、各类短视频 App，以及新闻 App 均有广泛的运用。个性化推荐算法是能够较为直观地为企业产生价值的数据智能技术，因此容易被采纳和接受。

③工业流程智能化。智能车间、智能生产线管理、智能能源控制等应用在工业生产领域的技术落地案例越来越多，工业 4.0– 智能制造的概念也被市场广泛接受。

④企业信息智能化。其涉及业务财务数据一体化、业财融合、智能运营等概念。

⑤ IoT，即万物互联。其包括多种技术，如云端数据存取技术、终端设备接入及计算技术、传感器技术、RFID、纳米技术、嵌入式系统技术等。

⑥智能家居。随着 IoT 框架下的各类技术不断发展，智能家居的数据智能技术应用也越来越多，从声控音箱、电视，到窗帘等一系列产品不断地推陈出新。

13.4.3　技术在迭代，企业怎样才能不被落下

数据智能技术当前正在快速发展，不断迭代。企业需要持续地跟进并且利用数据智能技术集里面的某些技术，并将其与自身商业模式、管理手段结合，不断提升自身竞争力。通常来说，阻碍企业数据智能技术提升的首要因素，是企业的观念。企业的观念包括企业管理者及技术人员对某类技术的认知和理解，以及企业是否乐于拥抱新技术。因此，中高层管理人员应提升自身数据素养，要意识到与实体资产对应的数据资产也同样是企业的资产，一样可以为企业创造价值，并且数据资产对企业的长期战略意义重大。

在企业进行数据智能技术转型的过程中，可以参考以下方法。

①实施试点项目并获得动能。企业通过实施有意义的试点项目，增加对 AI 等各项数据智能相关技术的熟悉度，并通过成功的试点项目引导和说服内部人员为这类技术增加资源投入。实施试点项目的关键在于引发飞轮效应，进而可以不断地为内部的数据智能技术团队提供内部的资源支撑。

②建立企业内部 AI 技术团队。虽然与外部 AI 技术提供商合作能够在短期内带来较大的能力提升，但从长期来看，内部 AI 技术团队执行某些内部项目往往能够为企业打造独特的竞争力。企业内部成立 AI 技术团队往往是数据智能转型的一个关键举措。

③在企业内部进行 AI 技能培训。由于目前普遍短缺 AI 人才，通过企业内部系统的培训培养 AI 人才往往更为经济。可以考虑采用与外部专家合作的方式对内部人员进行分类别的培训。比如，针对高层管理团队、部门经理、内部 AI 工程师的培训内容以及时长均不一样，定制化的培训往往能达到较好的效果。

④制定数据智能技术战略。数据智能技术战略能够引导企业利用 AI 技术进行价值创造，并且企业可以在发展及实践中根据对数据智能技术的理解和应用的逐渐深化来调整和优化该战略。由于企业数据是数据智能体系的根基，一个良好的数据智能技术战略也是很多数据智能技术领先企业的基本战略。

⑤建立内外部沟通机制。因为数据智能技术对企业的业务会有显著的

影响，因此可通过建立一个稳健的沟通机制确保利益相关方的理解一致，减少内部意见冲突。企业应与投资者、政府、客户、招聘市场建立稳定的沟通机制，并在内部建立稳定的沟通通道和机制。同时，企业在与各利益相关者的交互中，为顺应数据智能技术的发展，也建议进行相应的转型。在投资者关系方面，融入 AI、BI、IoT、智能制造等技术到企业的发展计划中，提升企业融资能力；在政府关系方面，需要严格遵循监管法规，并且主动往对行业和社会带来正向价值的方向发展，建立监管制度；在客户关系方面，可以进行精准营销，针对合适的客户进行长期培养，优先培养一批早期使用者；在内部员工方面，需要持续消除员工对 AI 等技术的疑虑，降低转换成本，通过试点项目的成果在内部员工中产生激励和推动效果。

第 **14** 章

智慧经营打破
理想与现实之间的
壁垒

　　张总正在会议室准备第二天向董事会汇报的材料，公司的股票价格在这个月出现了 5% 的明显下跌，董事会要求张总查明原因并做专题汇报。张总查看经营管理仪表盘中智答机器人小元元发出的预警信息，其中提示未来 3 个月的订单比去年同期减少超过 5%，以及本月库存比预算库存增加 10%。张总说："小元元，帮我调出公司前 10 大客户未来 3 个月的订单信息，并将其与去年同期订单和今年预算进行比较。"

　　张总发现订单减少主要来源于其中两个客户——公司 A 和 B，随后立即把报告分享给归口管理的客户经理小王。

　　小王随即跟采购经理沟通，了解到这两个客户没有下订单的主要原因是竞争对手针对性地提出了价格上非常有吸引力的方案，导致公司 A 和 B 犹豫是否从公司采购。小王将信息反馈给张总后，张总调用小元元的情景模拟测算功能，测算出如果丢掉这两单，那么公司今年将无法达成预期收入；同时，智能测算给出了基于盈亏平衡点的最低价格。张总当机立断，为确保今年完成业绩，抵挡竞争对手对现有客户的渗透，按高于盈亏平衡点 5% 的报价提交给公司 A 和 B，作为一次性特价交易处理。交易顺利成交后，该公司的收入达到预期，并且库存清理超过 10%，及时地化解了一次经营危机。

　　这或许是 2025 年某公司 CEO 工作中寻常的一幕。如同智能手机改变了人们的生活习惯，智能技术正在改变企业管理的方方面面，以数据驱动运营为核心的智慧经营体系将给企业的业务发展带来前所未有的推动力。

14.1 当智慧经营照进企业现实

14.1.1 企业经营管理的技术现状

在大数据和 AI 等技术飞速发展的今天，各行各业都在研究和开发数字化和智能化的应用，用以解放人力，提高工作效率，减少企业人工成本。

比如，交通领域的无人驾驶，医疗领域的医生辅助诊断系统，零售领域的无人超市、商品补货预测，物流领域的无人仓库、机器人配送，金融领域的刷脸支付、智能风控，教育领域的人工智能批改作业，新闻领域的写稿机器人……

企业经营管理这个对管理人员来说非常重要的领域，自然也要跟上技术发展的浪潮，借助新型的数据智能技术，提升管理工作的效率和可靠性。近几年，国内外部分咨询机构和 IT 厂商已经开始在这一领域布局发力，但是由于经营管理工作内容涉及范围广、影响因素多和逻辑复杂等，目前该领域的数字化建设仍然处于起步阶段。

14.1.2 智慧经营中存在的问题

理想中的智慧经营应当表现为以数据发现、智能决策和智能行动为核心的智慧经营系统，可以帮助管理者进行智能判断、策略生成和策略选择。智慧经营系统基于对"大智移云物"等信息技术的深入应用，不仅可以进行更广泛的数据收集、更深入的数据加工和更丰富的数据展现，还可以直接代替管理者进行智能决策。例如，当管理者需要就产品结构调整进行规划时，其不再需要自己调出相关数据加以分析，系统可以快速准确地对不同产品在现有和模拟产量、销量下的利润进行计算，并基于计算结果做出判断并给出结果。

但是现实中的情况是，大多数企业的智慧经营仍然还在用传统商务智能的方法和工具，数字思想和技术架构普遍落后，甚至有的企业连基本的准确展示数据都存在问题。这些企业的数据采集主要还是以内部数据为主，业务数据和财务数据仍然无法融合，数据加工处理主要以历史数据为主，缺少实时计算的能力配置，数据建模没有 AI 算法的加持，数据的使用方式主要以报表展示为主，归因预测能力缺失或者准确性低……

由于数据中台和大数据等技术的飞速发展，经营管理的数字化已经不再受技术因素的制约。智慧经营早已不是只能存在于人们想象中的事物，企业的管理人员、数字化和信息化的从业者都知道智慧经营是可以通过现有技术手段变成现实的。但是为什么智慧经营迟迟没能成为现实？根本的原因是大家对智慧经营到底是什么，以及企业智慧经营应该怎么系统化地建设还没有达成共识。

14.2　用"4+1"破解智慧经营迷雾

14.2.1　什么才算是智慧经营

对于智慧经营，目前还没有一个官方的定义，但是它似乎已经成了企业管理者在潜意识里已达成共识的事物，在各种经营管理或者数字化转型的论坛、峰会等场合中，都能听到"智慧经营"一词。

1. 腾讯、阿里巴巴对智慧经营的解释

腾讯网的官方文章里有这样一段话：智慧经营是腾讯微信官方，为商家量身定制，帮助商家免费投放微信朋友圈广告、"附近券"广告等其他多种线上线下结合的营销模式，免费精准引流位于门店附近 3 千米的客户到店消费的专属活动。当然这是一个比较狭义的说法，但是不难看出，智慧经营其实就是利用数字化能力，为企业和商家的经营提供更加智能、便捷的方式，改变传统经营耗钱、耗时和耗力的局面。

除了腾讯提出的智慧经营，阿里巴巴也提出了智慧经营，其本质都是通过数字化的方式对企业传统经营管理能力体系的升级和重构。

笔者认为，智慧经营应当包含两方面的内容：支撑企业经营管理数字化的新型管理架构和面向各类具体业务场景的智能应用平台。

2. 构建数智运营中心

笔者所在的团队经过 20 多年在企业经营管理领域的经验积累和企业数字化转型项目的实战总结，在 2020 年提出了符合当代企业数字化转型诉求的智慧经营管理架构——四中心一平台（四中心合称数智运营中心）。

如 1.4.2 节所讲，四个中心分别是监控中心、决策中心、指挥中心和策略中心，一个平台是指数据中台。

（1）四个中心

①监控中心提供敏捷、及时的运营状态监控，实时捕捉业务动态，监控经营趋势，发现经营问题。

②决策中心提供深入的管理洞察能力，为企业决策层、管理层实时提供管理分析报告，帮助管理层准确掌握企业运营状态。

③指挥中心应用以人工智能为代表的智能化技术，为管理层提供敏捷、实时的决策能力，将管理决策和任务自动化下达到各业务系统，形成自动运营管理闭环。

④策略中心提供以企业管理规则为基础的支持能力，将企业经营过程中积累的问题、策略方案、管理方法等内容数字化，是实现数字化运营的基础。

面向各类具体业务场景的智能应用对智慧经营来说同等重要，智慧经营除了为管理层提供及时、可靠的管理决策机制外，企业价值链中的各个业务环节都同样需要数字化和智能化的能力支撑。尤其是信息化高度发展的今天，企业面临的市场竞争越来越激烈，企业需要随时地适应市场环境的变化所带来的新的业务需求，所以迫切地需要在业务端建立敏捷的数字化应用来帮助自身灵活应对各种不确定性。

（2）数据中台

为了让各类型场景化应用可以集中管理、统一维护，不仅需要以数据中台作为数据底座，还需要以低代码、可视化开发平台作为开发能力中心，形成企业敏捷的、可复用的应用开发中台。

元年科技的数字化运营重心如图 14.1 所示。

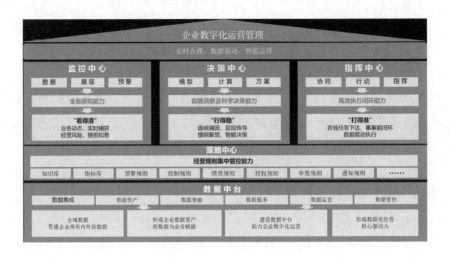

图 14.1　元年科技的数字化运营重心

14.2.2　数智运营中心支撑企业智慧经营

作为智慧经营管理框架重要组成部分的数智运营中心，它到底是如何打破传统的信息化思想壁垒，成为新一代企业经营管理数字化转型的架构体系的呢？以下将从各个中心的组成部分和工作机理出发，对其进行进一步的介绍。

1. 四中心协同运作，精准实现智慧经营

监控中心、决策中心、指挥中心是数字化运营的核心，以数字化、智能化驱动各类业务、财务管理场景，以"数据＋模型＋算法"的方式实现智能化的问题发现、策略匹配和推荐、决策辅助、任务下达与监控，为企业管理者提供全新的数字化闭环管理体验。

监控中心为业务管理者和决策者提供各类分析模型和数据分析工具，在业务发生的过程中实时进行数据监控，并与策略中心的控制规则、预警规则、财务指标库等规则进行比对，以发现经营异常、业务问题和运营风险，实现对异常业务的预警预测。

在发现经营问题后，决策中心通过分析模型和数据分析结果，通过策略中心匹配财税知识库中的解决方案，并通过数据模拟、决策沙盘等方式

找到多种可用的解决方案及策略，为企业管理者提供定制化的决策方案。

管理者通过指挥中心，将最终选择的方案及策略通过平台将业务指令直接下达到各业务系统，触发相关业务流程，实现决策到执行的自动化。信息传递的零失真，保证决策与执行完全一致。

策略中心是数智运营中心的管理中枢，它的主要作用是将与业务管理紧密相关的政策、规定、策略等进行数字化转化，形成数字化管理的基础规则库，以及基于知识图谱的知识库和财务指标库等规则系统。数字化管理规则应用于业务的处理过程，是实现业务自动化、规则化、智能化的基础。策略中心对各类业务处理策略、业务数据监控规则、业务触发控制规则、绩效管理规则、业务权限控制规则、审批流程规则、消息通知触发规则等进行统一管理。

2. 数据中台为四中心提供数据服务

四中心的正常运转必须要有强大的数据服务模块源源不断地提供数据资源。数据中台对企业数据进行统一管理，为各业务单元提供数据支撑，包括数据集成、数据分层存储、数据资产管理、数据离线 / 在线计算引擎、数据治理、数据服务等系统。除了为四大中心提供数据服务外，各个业务端的场景化智能应用同样是数据中台提供的。

14.2.3　智慧经营的应用场景

虽然企业经营管理所涉及的范围很广，但是最受关注的是预算管理、成本管理、绩效管理、战略管理、营运管理、投融资管理、风险管理七大领域。这也是智慧经营的七大核心应用领域。这些领域互相融合、互相影响，共同构成了智慧经营应用体系。

1. 预算管理

作为企业管理体系中的核心工具方法，预算管理在智能技术迅猛发展和不断普及的时代正呈现出滚动化、场景化、预测化的发展趋势。各类场景化业务预测和 T+3 滚动预测都是预算管理在智能化时代的创新性应用。

2. 成本管理

智能制造对成本管理形成了巨大的挑战。随着物联网、"互联网 +"

技术的深入应用，企业生产组织和分工方式更倾向于网络化、扁平化，个性化客户需求将逐渐成为企业设计和生产产品或服务的起点，个性化定制模式的兴起改变了生产方式，对成本控制和产品定价提出了更高的要求；同时，出于对绿色、创新、自动化技术的追求，企业在生产设备、技术研发、控制系统上需进行更大的投入，这无疑将使企业的成本结构、成本管理对象、成本环境发生变化。在此背景下，企业的成本管理正呈现出新的内涵，成本管理和成本分析方法都有了新的应用场景。

3. 绩效管理

近年来，饱受诟病的绩效管理在智能化时代呈现出新的发展态势。在智能技术、大数据、区块链等新技术的驱动下，智能绩效管理系统能够对绩效结果进行科学的归因分析，据此制定合理的绩效改进方案并动态追踪改进过程，能够化解绩效管理的应用困局，推动绩效持续改善。智能化的销售绩效管理通过自动处理流程帮助企业更好地控制销售佣金的发放，从而提高效率，减少错误并获得实时的结果，这就是智慧经营在绩效管理领域的典型应用。

4. 战略管理

由于智慧经营集合了海量内外部数据，开展"向前看"的数据洞察，能够对战略管理从战略分析、战略制定、战略决策、战略执行到绩效管理的各环节提供有力的数据支持。战略测算模型是战略管理在智能技术迅猛发展的背景下的一个创新性的应用。企业基于当前经营现状和战略目标，应用战略测算模型对企业未来经营情况进行战略推演和测算，以帮助企业实现快速的战略模拟，并输出会计利润、毛利润、现金流量等指标，将战略目标分解细化为具体、可执行的动作，以便于确定战略缺口、制订行动计划，确保战略落地。

5. 营运管理

智慧经营在营运管理的各个环节中都有所应用。从研发环节中的新目标成本法应用，销售管理环节中的客户画像管理、定价决策、促销方案决策等，到生产管理环节中的供应链预测决策管理，以及采购管理中的采购一体化管理，企业基于智慧经营系统开展基础假设、数据计算、情景模拟、方案对比等专项工作，让数据赋能营运决策。

6. 投融资管理

智能化对投融资管理的影响不仅体现在对投融资计划制定、融资资金安排、投资可行性分析和投资决策的及时性、准确性的提升，还体现在投资活动的投后分析、融资活动的成本收益分析等方面。基于智能技术的应用，企业能够收集全面且真实的投资信息，解决信息不对称带来的投资误判问题；能够科学、准确地预测投资项目所涉行业、区域发展趋势及项目关键参数，对投资效益进行事前预测和事后分析评价；能够深入评估项目风险，避免低估项目风险；还能够实时跟踪资金存量和资金需求，预测融资需求量和需求时点，据此提前做出融资安排，保证资金链的安全并节省融资成本。

7. 风险管理

传统的风险管理以事后检查为主，很难将风险控制手段应用于事前和事中阶段，且事后检查也缺少更加高效的工具，难以发现关联风险。而智能技术可以有效提升风险管理的效率和质量，可以从事前、事中和事后三个阶段防范风险。在场景化数字风险控制的思路下，大量的风险控制可以通过自动化规则，前置在交易过程中，实现对风险的场景化事前识别和事前控制。传统的风险控制工具方法也在智能技术的加持下进行了全方位的迭代。

14.3　没有数据中台，智慧经营无异于纸上谈兵

若没有数据中台，智慧经营便是空谈。数据中台是智慧经营管理架构的基石，智慧经营的另外一个名字是数字化经营，显而易见，数据中台对企业智慧经营能力的建设至关重要。数据中台对企业智慧经营的建设体现在数据、算法模型、智能应用和人才四个方面。

14.3.1　数据是智慧经营的基本生产要素

数据是智慧经营的基本生产要素，也是重要的战略资源，更是智慧经

营平台的基础。智能化时代将扩大企业有用数据的边界。传统经营分析所应用的数据主要局限于财务数据和部分业务数据，智慧经营则需要依赖涵盖内部数据和外部数据在内的大规模数据产生价值。

1. 大数据的应用价值

大数据是一种规模大到在获取、存储、管理、分析方面大大超出传统数据库软件工具能力范围的数据集合，具有海量的数据规模、快速的数据流转功能、多样的数据类型和较低的价值密度四大特征。对企业而言，大数据主要涵盖与企业所处行业相关的竞争环境、盈利模式、业务模式、客户消费模式等一系列内外部经营相关的信息流，是来自企业外部的数据。

在万物互联的时代，大数据的演进已经成为不可逆的浪潮。企业之间的壁垒变得越来越小，甚至有可能被瞬间打破。获取资源的过程和内部交易的过程都依赖于大数据。企业不再单单制造产品，还要整合外部平台。这将令大数据的价值日益凸显，也是近年来企业大数据应用场景越来越丰富的根本原因。

2. 业财数据结合才能发挥更大的价值

同时，企业在经营活动中还会产生大量内部数据，包括以收入、成本、利润、资产、负债等为代表的财务数据和与产品、客户、渠道、生产、研发等相关的业务数据。这些数据可以反映企业的经营情况和财务状况，是企业在经营和管理决策中长期应用的、必不可少的重要依据。以预算管理为例，在从目标、计划、预算、资源到行动的整个过程中，其首先用到的数据就是生产计划、销售计划等业务数据和收入、费用等财务数据。

成功的数据应用是深度融合内外部数据的应用。例如：某房地产企业在投前测算中综合采用运营计划、项目成本、销售进度等内部数据以及地块基本情况、竞争对手拿地情况等外部数据；某快消企业在供应链决策中综合协同销售、生产、采购、财务等部门内部数据以及竞争对手状况、区域天气、市场环境等外部数据。内部业财数据只有与大数据相结合，才能达到令人满意的数据应用效果。依托大数据、物联网等新一代信息技术采集到的海量内外部数据，智慧经营获得了前所未有的、绝佳的数据基础支撑，能够形成更有价值的数据应用。

14.3.2　算法模型是智慧经营的核心生产力

1. 数据中台的核心是数据建模

智慧经营的最大价值就是为各层级管理者的科学决策提供量化信息支持，其本质在于将企业业务模型化，即通过建立量化模型来模拟企业的商业模式和业务模式。在智能技术架构下，数据中台的核心能力就是数据建模，可基于智能数据研发开展在线数据建模、基于智能算法进行统一画像和构建公共数据模型。借助强大的建模和计算引擎，企业可按不同主题建立业务模型和财务分析模型，发现数据之间的关系，做出基于数据的推断，满足智慧经营对系统的性能需求。

数据模型可分为基础模型、融合模型和挖掘模型。基础模型一般是关系建模，主要实现数据的标准化；融合模型一般是维度建模，主要实现跨越数据的整合，整合的形式可以是汇总、关联、解析；挖掘模型是偏应用的模型，作为企业的知识沉淀在数据中台内，可在数据应用端调取进行复用。

2. 数据建模的核心环节

数据建模在智慧经营系统中的应用主要经由两大环节实现：首先是通过分主题的数据建模组建一个全面的企业级内存多维数据库，得到企业数据的全局视图；在此基础上，应用分布式计算、机器学习、智能分析等技术对数据进行挖掘、分析和处理，从企业核心的财务数据延伸到业务数据，从企业内部数据延伸到外部数据，形成有用信息。

（1）内存多维数据库

内存多维数据库实现了数据时效性的革命性突破。经营人员每天都会面临不断增长的数据量、数据处理不够迅速、分析延后和数据响应速度慢的挑战。在数据爆炸的今天，获得更高数据价值的重要途径就是提高数据处理的速度。IDC 发布的《2019 年数据及存储发展研究报告》显示，海量、多元和非结构化的数据将成为常态。同时，企业对数据实时性的需求日益增加。传统多维数据库基于磁盘文件方式存储数据，当进行海量数据的计算时，就需要进行频繁的磁盘读写，而磁盘读写的速度大大降低了数据计算的效率。内存计算是基于内存的计算，其实质就是 CPU 直接从内存而非磁盘上读取数据，并对数据进行计算、分析。基于内存计算的多维数据库，可以利用普通的 PC 服务器，在 3 秒内处理上亿个单元格的数据汇总，从而令系统拥有快速、可扩展的数据处理能力，为智慧经营的应用推广打下基础。

（2）分布式计算

分布式计算大大提升了数据计算的速度。它通过把一个需要惊人计算量才能解决的问题分成许多小的部分，并分享给多个程序或多台计算机进行处理，从而达到平衡计算负载、提升计算效率的目标。

（3）机器学习

机器学习令系统具备了自助分析的能力。机器学习具备解决多变量、很难用一个规则来计算的问题的计算模型，通过机器可以采集大量的预测参数，对数据进行快速计算。在经营管理领域，机器学习可以基于对业务知识的理解，帮助企业实现科学预测、合理控制、智能分析，成为财务和管理人员的智能助手。机器学习结合自然语言处理、知识图谱、图像识别等前沿的人工智能技术，还可以帮助企业实现商务智能的升级，打造自助式数据分析平台（自助商务智能），辅以移动化、协同化，打造更易交互、更智能化的新一代商务智能产品。

14.3.3　智能应用是实现智慧经营的主要工具

智慧经营对业务的价值很大程度是需要面向场景化的智能应用来体现的。智能应用涵盖对信息系统自动化、智能化、在线化、实时化和业务流程的数字化等多方面要求，智能技术无疑是其得以全面实现的底层技术和前提条件。

智能应用在智慧经营中主要有三个发展方向：运算智能、感知智能和认知智能。运算智能让系统"能存会算"，感知智能让系统"能听会说，能看会认"，认知智能让系统"能理解，会思考"，也就是系统可以进行联想推理。智慧经营涵盖对人工智能的全方面深入应用。

通过应用内存多维数据库和分布式计算，系统能够实现数据时效性的突破和数据计算速度的提升，用户能够以前所未有的方式获得新的洞察和完成业务流程。通过应用自然语言识别技术，系统将具备感知并认知自然语言的能力，用户可以通过语音给系统发出指令，甚至与之对话。通过应用知识图谱和智能推理技术，系统可以自动检索阅读，并与用户进行智能问答。

以数据分析为例，传统的分析工作需要靠人按照一定的路径对管理数据进行浏览和探索（下钻、旋转），并通过与预算、经营目标对比来寻找数据异常以发现经营和管理中的问题并形成分析结论。智慧经营能够对数据进行自助的快速、多维度分析，并输出或者保存分析报表。

目前，依托初期的智能技术，企业已经可以实现对主体的财务预测、经营推演和风险量化等。未来，随着人工智能技术的深度发展和其在经营领域的高阶应用，拥有高级人脑智慧的智慧经营平台将基于对业务知识的理解，实现科学预测、合理控制、智能分析，甚至直接代替管理者进行自动化决策。

14.3.4 人才是智慧经营的重要保障

1. 平台运维需要专业型人才

方案设计人才、项目实施人才都是重要的人才，没有人才一切都是空谈。通过对系统平台的合理使用，让产品发挥价值，同样离不开人才。对于智慧经营这样一种新型、复杂的架构平台，由于其发展也才刚刚起步，更加需要专业型人才来保证体系建设和正常运作。

所以负责平台运维的人员，首先一定要是数据中台理论专家和数据分析专家，其次他应该是企业经营管理的专家、精通业务的专家。因为企业的智慧经营本质上也是对企业组织架构和组织职能的重构，IT 人员不再像过去一样，仅仅负责对业务运营进行信息和数据的支撑，而是要作为企业经营管理的主角引领业务的发展。所以企业对 IT 人员的业务要求会越来越高，甚至需要其理解数字化工作的原理。

2. 企业运营需要复合型人才

随着各行各业企业数字化转型的发展和完善，智慧经营会逐渐变成企业主流的经营管理方式。但随之而来的问题也会越来越多，往后会需要越来越多的 IT 与业务的复合型人才参与到数字化、智能化的企业运营工作当中，以保证智慧经营体系的正常和高效运转。

笔者曾与某企业的 CIO 聊天，他谈到，之前公司使用了一套盈利预测的系统。刚开始的一段时间，预测很准，他们也很高兴。但是几个月后，系统的预测结果越来越不准。后来经过供应商排查发现，预测不准的原因是近几个月客户的内外部情况发生了一系列变化，而模型预置因子有限，并没有考虑到这些变化带来的影响，仍然按照旧的规律预测，针对这种情况，该公司只能重新设计一个新的模型。

所以在现阶段的商业分析中，人的判断、分析和决策依然起着最重要的作用，而数据分析平台只是辅助决策的工具，模型仍然无法替代人的作用。企业若想智慧经营平台准确、及时地发挥价值，则必须注重人才的引进和培养。

14.4　智慧经营之路案例

14.4.1　智慧经营之路案例：T 公司的放手一搏

T 公司正在建设企业级的数字化运营平台。T 公司的 CEO 认为将各种新技术应用于企业经营管理，是智慧经营发展的必由之路。他强调经营管理的未来一定是信息化、自动化、数字化和智能化。最近几年，大数据、人工智能、云计算、物联网、移动互联网、区块链等新技术、新概念层出不穷，T 公司信息部门积极对相关新技术在业务领域的应用方面进行了深入的研究。

1. T 公司对数字化新技术的积极探索

2020 年中，T 公司提出全面开展数字化转型工作，IT 的定位要从过去对业务运营的支撑转向更加主动地引领业务的转型；利用最新的 IT 技术引领业务创新，完成从技术架构、运营、系统方面的数字化转型工作，从流程驱动向数据驱动转型，打造公司的长期竞争优势。

为探索和提升智能财务管理在 T 公司的应用范围和能力，同时也为解决多年来各部门对业财工作效率低下的抱怨问题，以及满足公司高层领导对财务数据查询提出的越来越高的效率和准确性要求等需求，T 公司结合财务管理要求和 IT 系统现状，经充分研究和论证，决定将 RPA、AI、知识图谱等为代表的智能化新技术首先应用于财务共享、核算、月末结账以及数据分析和查询领域。通过数据平台和数智运营中心的建设，T 公司实现了财务流程高度自动化、决策支撑智能化。同时，T 公司在智能化过程中不断完善和扩大应用范围，为未来更加深入、全面的财务数字化转型奠定良好基础。

2. T 公司搭建的数智运营中心的系统运作

T 公司在"业务在线、数据驱动、数智运营"的数字化转型总体战略的指导下，设计和规划了以"四中心一平台"为核心的数智运营中心系统架构。

财务数字化平台作为 T 公司数智运营中心的核心平台系统，提供数字化转型的基础支撑能力，在财务数字化平台之上构建财务业务能力中心、财务数据能力中心和 AI 能力中心等能力中心，为实现数字化运营提供可靠、灵活的基础能力支撑。

（1）财务业务能力中心

财务业务能力中心实现对业务的数字化支持，以数据中台思想构建基础能力单元，为前端业务提供预算预测、财务核算、管理核算、财务共享、成本核算等各类业务财务基础处理能力支撑。通过能力单元的灵活组合，该中心可以快速构建出符合创新业务要求的各类应用系统。

（2）财务数据能力中心

财务数据能力中心以数据中台系统为基础，为财务提供完整、全面的数据支撑能力，实现企业业财数据的统一管理，为各业务单元提供数据支撑，包括数据集成、数据分层存储、数据资产管理、数据离线/在线计算引擎、数据治理、数据服务等系统。

（3）AI 能力中心

AI 能力中心提供人工智能支撑能力，各 AI 子系统为前端业务提供智能分析、数据挖掘、数据模拟预测等功能，实现各业务的自动化和智能化。AI 能力中心包括 RPA 引擎、AI 分析引擎、AI/ML 模型管理、可视化引擎、知识图谱、算法管理引擎等子系统；财务数字化平台还提供低代码开发、流程引擎、表单引擎、权限引擎、微服务管理等基础技术组件，以构建 T 公司创新业务场景的支持能力。

四个中心各司其职。监控中心负责升级 T 公司的数据洞察能力，保障业务动态能被实时捕获，经营风险能被提前预知；决策中心让管理决策更加智能化，保证对问题做到追根溯源，层层传导，提供智慧、合理的决策方案；指挥中心全面提升执行效率，做到一键触发会议，在线下达任务，形成协同和管理的大闭环；策略中心作为整个平台的枢纽，负责将业务规则系统化、数字化，形成通用的规则库，为其他三个中心提供数据驱动的标准接口。

14.4.2　智慧经营之路案例：数据智能经营分析助手

企业通过将数据智能技术与企业管理会计报告相结合，构建企业级数据分析的智能助手，已经成为当下智慧经营应用研究和实践的热点。新一代智能化的管理会计报告应用不再像过去一样，只负责数据的展示，其还要负责帮助系统使用者发现问题、探索问题、沟通问题和解决问题。

接下来用一个经营分析以及管理闭环的系列场景介绍数据智能（小智）是如何在管理会计报告中帮助用户发现问题、探索问题、沟通问题和解决问题的。

背景信息：数据智能经营分析场景

主要产品

主要产品为大型医疗器械，包括呼吸机、麻醉机、手术床、监护仪、血球检验仪、超声影像仪等设备。

主要角色

主要角色包括集团 CEO（王总）、集团财务总监（张伟）、欧洲区总

经理（李强）、欧洲区麻醉机产品线总负责人（周玲）、集团首席运营官
（Chief Operating Officer，COO）（刘燕）。

场景简介

企业经营管理人员需要实时了解企业运行状态，通过专业的业务数据
分析人员制作的智慧报告和数据互动，在企业日常经营中发现问题、探索
问题、沟通问题并解决问题。

场景 1：经营分析驾驶舱

经营分析驾驶舱内置丰富的图形和文本组件，为分析内容自动装配最
优展现方式。消息提示功能、准实时调度校验规则提供指标预警。

在 5 月的经营分析会前 3 日，财务总监张伟打开手机，看到智答机器
人小元元主动推送了 2 条风险提示。

张伟在点开风险提示并了解基本情况后，认为可能有潜在运营风险，
因此打开了 PC 端的商业智能仪表盘进一步查看。

场景 2：智能预警

智答机器人小元元实时监控运营状态，第一时间推送异常数据给相关
责任人，实现数据找人和运营风险事中管理。

张伟点击风险提示 1 "费用异常增高，超 YTD（年累计）预算"。

点击后，智答机器人小元元对问题进行了文字陈述及可视化图表呈现。

小元元阐述："运费呈现上升趋势，相较于去年同期同比增长 135%，
5 月环比增长 52%，超过 YTD 预算金额 50%；主要影响的区域为欧洲区，
其中影响最大的是运费科目。"

费用执行进度如图 14.2 所示。

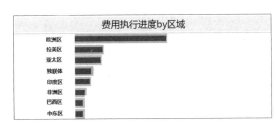 

图 14.2 费用执行进度

场景 3：运营数据异常自动归因分析

系统可以自动对比数据差异（同比、环比、与预算的差异等），快速定位导致异常偏差的关键因子。

张伟希望进一步了解与运费有关的信息以及更进一步地挖掘风险的驱动因素，便对小元元说："除了区域的维度，查看今年运费上涨的其他原因。"

智答界面全面呈现了除区域维度外，运费其他维度的相关数据并给出归因结论："2020 年运费上涨主要集中在 4—5 月，集中在空运、麻醉机产品线。"运费的具体分布情况如图 14.3 所示。

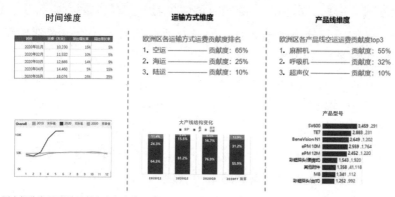

注：此图中部分产品型号无对应中文名称。

图 14.3　运费的具体分布情况

场景 4：知识图谱和管理判断

系统可以通过知识图谱技术来实现自动关联查询和影响因素分析，让分析师更好地发掘业务动因，支持业务资源分配优化。

张伟对运费上涨的原因有了大致了解后，想要对运费科目进行更深入的分析，了解其驱动因素，因此又询问智答机器人小元元："小元元，查看影响 2020 年运费科目的驱动因素。"

智答机器人小元元随即调用知识图谱，呈现运费科目的各类驱动因素，并且给出 2020 年 1—5 月 YTD 运费超支影响因素的瀑布图。

张伟直观地看到对运费影响最大的两个因素为运输费率和运输量。运输费率大幅增长主要是 2020 年新冠肺炎疫情导致航班量大幅减少，空运供给大幅下调导致供不应求的涨价，属于不可控因素。因此张伟决定从运输量因素入手，尝试控制运费的上涨速度。运费明细支出如图 14.4 所示。

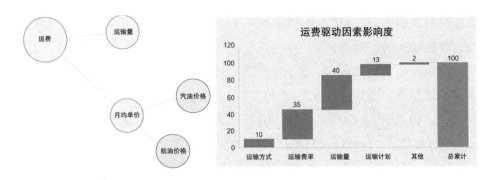

图 14.4　运费明细支出

场景 5：库存分析

系统可以对各类经营指标实现 AI 自动监控和分析，为分析人员提供与风险问题相关的复核指标的多维度对比分析。

张伟看到预警的第二条信息"5 月 YTD 产品库存超预算"，这恰好是与运输量相关联的问题，他随即点开。

智答机器人小元元对问题进行了详细陈述及可视化图表呈现。

小元元阐述道："库存呈现上升趋势，相较于去年同期同比增长 260%，5 月环比增长 35%，超过 YTD 预算金额 155%；主要影响的区域为欧洲区，其中主要影响 31 ～ 90 天的库存。"

库存情况如图 14.5 所示。

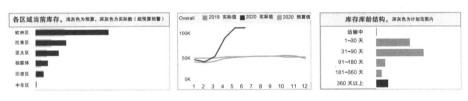

图 14.5　库存情况

张伟从图中看到，短库龄的占比较大，表明近期新增库存较多，预示着呆滞库存风险，如果形成呆滞库存（库龄超过 180 天），则需要按照库存金额的 50% 计提存货跌价准备，基于高库存带来的存货减值准备将直接冲减公司净利润，张伟预测这将导致第三季度利润指标的完成度低于预期，进而对公司股价造成负面影响。

场景 6：库存归因分析和智能预测

系统提供了便捷的下钻和解构功能，还有 AI 算法和内存计算为指标预测提供秒级响应，让分析人员和业务人员快速了解到影响业务的主要因素，快速掌握业务的发展趋势。

为防止出现上述风险，张伟询问小元元产生风险的原因。小元元对库存高企进行了归因分析，得到的分析结论如下。

"2020 年库存上涨主要集中在 4—5 月，集中在欧洲区、麻醉机产品线"。（示意图与运费归因分析一致，在此省略）

随后，张伟希望印证是否是欧洲区的需求爆发导致订单暴涨，订单没有发货而导致库存高企，随即对小元元说："查看第二季度的麻醉机订单预测数据。"

订货台数滚动预测如图 14.6 所示。

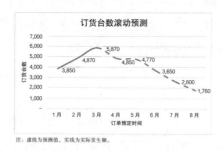

图 14.6 订货台数滚动预测

智能预测结果显示：第二季度订单需求并没有呈现同比或环比大幅增长。为什么库存如此之高呢？张伟心中疑惑不解。

场景 7：社交化分享和业务沟通

社交化分享和业务沟通界面示意如图 14.7 所示。

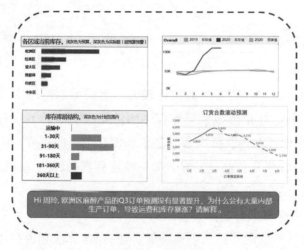

图 14.7 社交化分享和业务沟通界面示意

　　系统提供分析报告一键式发布和跨平台分享，以及随时随地在线交流功能，进而提高协同效率。

　　张伟选中智慧报告中的四个子报告，一键通过企业微信分享至欧洲区麻醉机产品线总负责人周玲，咨询具体业务情况。

　　3 小时后，得到周玲反馈：“由于欧洲当地疫情严重，呼吸机如今一机难求，而高端麻醉机自带呼吸系统，可以代替呼吸机为病人供氧。因此，英国和法国子公司负责人预判市场会对麻醉机有大量潜在需求。由于总部产能不足，为了抢占集团产能，英法两个子公司负责人提前下达大量内部生产订单，并且通过空运，形成当地子公司库存。”

　　张伟了解原因后，随即与 CEO 王总沟通，王总立即邀请欧洲区总经理李强和 COO 刘燕召开紧急会议，随后王总决策：“麻醉机替代呼吸机的方案为临时方案，不具备可推广性，并且在呼吸机供应上来后该方案将不可持续。大量麻醉机库存极有可能形成呆滞库存。为避免产能浪费和库存呆滞风险，只供应有外部需求的客户订单。”王总通过企业微信发送信息：“公司层面不允许在没有客户订单的情况下向总部下达生产的内部订单，请对库存和运费情况进行针对性说明并整改。”

场景 8：管理落地

　　交互式分析体验让管理人员拥有了一个 24 小时不离身的智能助理，帮助其监督管理决策的落地情况。

　　为确保决策能够落地，王总发送指令给智答机器人小元元：

　　“当英国或法国子公司的仓库库存环比增长超过 10% 的时候提醒我。”

　　智答机器人小元元回复：“预警规则已设置成功，如需修改配置请点击这里。”

　　预警规则设置界面如图 14.8 所示。

图 14.8 预警规则设置界面

一周之后，预警被触发，英国子公司的库存环比增长超过 20%。王总收到预警信息后，立刻点开预警报告并将其分享至 COO 刘燕，同时要求暂停英国子公司向集团发出生产订单的权限。预警信息如图 14.9 所示。

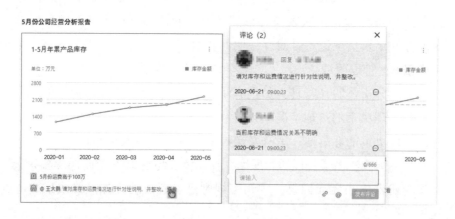

图 14.9 预警信息

随后，刘燕根据指令进行了相关操作。"英国子公司被暂停商务系统订单权限后，子公司 CEO 墨菲（Murphy）立即召开内部整改会议，将公司运费和库存的分析情况与公司销售人员进行同步，要求子公司各销售人员必须按照总部制定的原则执行，同时要求将短期工作重点转移为降库存。至此，呆滞库存风险有所下降，运费超预算问题也得到了缓解。库存从 6 月开始呈现环比下降趋势。"在一周之后，刘燕向王总汇报如是说。

场景 9：增强分析——数据自动洞察 1

系统可在与用户的交互中不断挖掘其个性化偏好，并通过自我迭代，更准确地把握用户需求，精准推送相关报告和图表。

在处理完运营风险后，王总要求李强："你需要想办法尽快提高欧洲区的销售收入，这样不仅有利于清理库存，而且对集团今年在欧洲区的战略突破具有重要意义。"

李强接收到王总的要求后，开始对 2021 年 1—5 月的销售收入数据进行深入探查，寻找提高销售收入的突破点，他对小元元说："查看 2021 年我公司在各国的年累计收入的排序。"

公司在各国的累计收入的排序如图 14.10 所示。

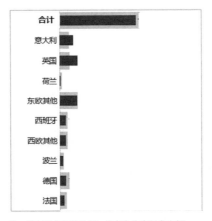

注：浅灰色为预算金额，深灰色为实际发生额。

图 14.10　公司在各国的累计收入的排序

李强发现在欧洲各国中，公司在英国的销售收入最高，因此想要了解详细情况，对小元元说："查看 2020 年 5 月英国地区的销售情况。"

小元元回答道："为您找到以下数据（见图 14.11）。"

时间	产品类型	区域	渠道	销售人员	销售收入（KUSD）	运输方式
202005	医用器械	英格兰	直销	张三	2666	陆运
202005	医用检测设备	威尔士	直销	李四	667	空运
202005	家用护理设备	苏格兰	转销	王五	800	空运
202005	医用诊断试剂	北爱尔兰	转销	赵六	1066	空运

图 14.11　公司在欧洲各国的销售情况

同时智答机器人小元元在下方提示："您或许想知道"（见图 14.12）。

"英格兰地区，医用器械销售占比同比提升300%

英格兰地区，大客户集中度上升30%

英格兰地区，Q1订单数量同比下降20%，单笔订单金额同比上升400%"

显示更多……

图 14.12　关联推送信息

场景 10：增强分析——数据自动洞察 2

李强点击第三条提示，以了解英格兰地区 2020 年第一季度订单数量同比下降但是订单金额上升的原因。

小元元通过离群值检验算法，提示英国国家医疗服务体系（National Health Service，NHS）的销售订单金额远超其他客户，而 2 月英格兰地区的销量激增主要是由该客户引起的。异常点分析如图 14.13 所示。

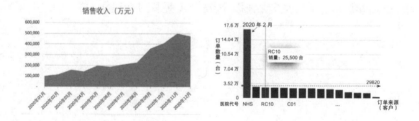

图 14.13　异常点分析

李强随即使用分享功能将该条消息发送给英国子公司 CEO 墨菲，询问具体原因。墨菲回复具体原因是：疫情导致 NHS 加速推广集中采购政策，在该政策下，平均订单金额大幅增长，因此只要拿下订单，单笔采购金额就会比平均订单金额多出 5 ～ 10 倍。

场景 11：管理落地

系统能确保数据全流程在线，经营管理的每个环节都有准确的数据支撑，通过数据结果监控运营情况、提出合理决策、控制过程执行，从而保证管理闭环的形成。

李强将该信息反馈给王总，王总与李强一同研究过后，说道："欧洲区该行业的做法具有较强的协同和通用性，英国出现的这种趋势，极有可能后续会在其他国家出现。我接下来会在全球范围内进行资源调配，将更多营销资源倾斜至欧洲区，你分析一下哪些国家和地区最有可能出现类似趋势。"

李强在接下来的两周进行了细致的调研，发现德国、波兰、意大利等国家均出现了类似的趋势。

随后公司将资源在欧洲区针对性地进行重点布局：对特价预算（折扣）、营销推广费用、关键大客户销售等多种资源加大投入，拿下了好几个国家的集中采购大单，结果欧洲区在 2020 年 7 月便超额完成 2020 年全年收入及利润预算目标。库存和利润的环比趋势如图 14.14 所示。

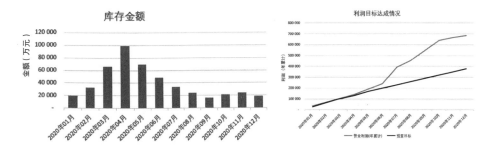

图 14.14　库存和利润的环比趋势